中国经济

张利国　胡德龙　等◎编著

THE ROAD OF CHINA'S ECONOMIC DEVELOPMENT

发展之路

经济管理出版社
ECONOMY & MANAGEMENT PUBLISHING HOUSE

图书在版编目（CIP）数据

中国经济发展之路 / 张利国等编著. —北京：经济管理出版社，2023.11
ISBN 978-7-5096-9455-8

Ⅰ.①中…　Ⅱ.①张…　Ⅲ.①中国特色社会主义—社会主义政治经济学—教材
Ⅳ.①F120.2

中国国家版本馆 CIP 数据核字（2023）第 224804 号

组稿编辑：王光艳
责任编辑：王光艳
责任印制：黄章平

出版发行：经济管理出版社
　　　　　（北京市海淀区北蜂窝 8 号中雅大厦 A 座 11 层　　100038）
网　　　址：www. E-mp. com. cn
电　　　话：（010）51915602
印　　　刷：北京市海淀区唐家岭福利印刷厂
经　　　销：新华书店
开　　　本：720mm×1000mm /16
印　　　张：19
字　　　数：341 千字
版　　　次：2023 年 12 月第 1 版　　2023 年 12 月第 1 次印刷
书　　　号：ISBN 978-7-5096-9455-8
定　　　价：68. 00 元

2017 年 12 月召开的中央经济工作会议指出，我们坚持观大势、谋全局、干实事，成功驾驭了我国经济发展大局，在实践中形成了以新发展理念为主要内容的习近平经济思想。习近平经济思想是习近平新时代中国特色社会主义思想的重要组成部分，是中国共产党不懈探索社会主义经济发展道路形成的宝贵思想结晶，是马克思主义政治经济学在当代中国、21 世纪的重大理论成果，是我国经济高质量发展、全面建设社会主义现代化国家的科学指南。

2019 年教育部启动一流本科课程建设，为落实推进习近平经济思想进教材、进课堂的要求，江西财经大学经济学院在 2019 年 9 月开始酝酿建设与习近平经济思想相关的线上课程，旨在深入学习贯彻习近平经济思想，展示我国经济发展成就，宣扬经济发展道路，讲好经济发展故事。2020 年 3 月，"The Road of China's Economic Development"立项为校级慕课予以资助建设，2021 年 9 月在中国大学慕课平台上线，2022 年被评为省级一流线上课程。

为提高英文慕课"The Road of China's Economic Development"的学习成效，教学团队决定编写与之相配套的中文教材。本书的基本框架可以分四部分：第一部分为导论，主要介绍社会主义经济制度的建立和中国特色社会主义政治经济学的形成以及习近平经济思想；第二部分为我国基本经济制度，含第一、第二、第三章；第三部分为经济运行机制，含第四章的微观机制和第五章的宏观机制；第四部分为我国经济发展理念，含第六章至第十章，分别对应创新、协调、绿色、开放、共享五大发展理念。

本书的编写集中了江西财经大学经济学院骨干力量，是集体成果。张利国主持全书的编写工作，并负责统稿工作。胡德龙参与了组织和统稿工作，并负责导论和第十章的编写，刘爱文负责第一章和第三章的编写，杨勇负责第二章的编写，周谷珍和孙广召负责第四章的编写，卢阳负责第五章的编写，吴涛负责第六章的编写，裘莹负责第七章的编写，曾永明负责第八章的编写，许昌平负责第九章的编写。石满珍、余瑶、邱新华、唐静、范文超、王振波、曾鸿雁等研究生为本书的编写收集了资料和素材。

由于时间仓促和水平有限，本书难免存在一些不足，希望广大读者和同行提出宝贵意见和建议。

编写组
二〇二三年七月

目 录
CONTENTS

导 论 / 001

第一节 社会主义经济制度的建立 / 001

一、社会主义经济制度在中国的建立和发展 / 001

二、中国为什么选择社会主义 / 004

三、社会主义经济制度优越性的初步体现 / 007

第二节 毛泽东思想对马克思主义政治经济学的贡献 / 009

一、新民主主义革命理论中的经济思想 / 010

二、新民主主义向社会主义过渡时期的经济思想 / 010

三、建设社会主义时期的经济思想 / 011

第三节 中国特色社会主义理论体系对马克思主义政治经济学的贡献 / 012

一、关于社会主义本质和根本任务 / 012

二、关于中国社会的发展阶段 / 013

三、关于社会主义经济体制改革 / 013

四、关于社会主义对外开放 / 013

五、关于社会主义初级阶段的基本经济制度 / 014

六、关于社会主义初级阶段的分配制度 / 014

七、关于社会主义经济管理和宏观调控 / 014

八、关于社会主义经济发展 / 015

第四节 习近平经济思想是新时代做好经济工作的根本遵循和行动指南 / 016

一、习近平经济思想是习近平新时代中国特色社会主义思想的重要
组成部分 / 016

二、习近平经济思想是中国共产党不懈探索社会主义经济发展道路
形成的宝贵思想结晶 / 018

三、习近平经济思想是运用马克思主义政治经济学基本原理指导
新时代经济发展实践形成的重大理论成果 / 019

四、习近平经济思想是新时代我国经济工作的科学行动指南 / 020

第五节　新时代中国特色社会主义经济基本特征 / 022

一、坚持和完善社会主义基本经济制度 / 022

二、坚持以人民为中心 / 023

三、坚持和深化供给侧结构性改革 / 025

四、坚持新发展理念 / 026

第一章　中国特色社会主义所有制 / 029

第一节　中国特色社会主义所有制的基本内涵 / 029

一、生产资料所有制的核心地位 / 029

二、中国特色社会主义所有制的主要规定 / 031

三、发展混合所有制经济 / 032

第二节　社会主义公有制的主体地位和实现形式 / 033

一、社会主义公有制的本质特征 / 033

二、必须坚持公有制的主体地位 / 035

三、公有制的实现形式 / 036

第三节　非公有制经济形式及其政策环境 / 037

一、必须发展多种所有制经济 / 037

二、非公有制经济与民营经济 / 038

三、对非公有制经济认识的发展 / 039

四、促进非公有制经济的健康发展 / 039

第二章　中国特色社会主义分配方式 / 041

第一节　国民收入的分配与再分配 / 041

一、国民收入概念 / 041

二、国民收入的初次分配 / 042

三、国民收入的再分配 / 043

四、国民收入的第三次分配 / 044

五、三次分配的关系 / 045

第二节　我国国民收入分配的基本格局 / 046

一、中国特色社会主义分配制度的形成和发展 / 046

二、按劳分配为主体、多种分配方式并存是我国的一项基本经济制度 / 048

三、我国收入分配的制度安排 / 049

第三节 坚持按劳分配为主体 / 051

一、按劳分配理论基础 / 051

二、按劳分配政策变迁 / 052

三、我国按劳分配制度的创新 / 053

第四节 完善按要素分配体系 / 054

一、理论基础 / 054

二、政策实践 / 055

三、主要实现方式 / 055

第五节 深化分配领域改革 / 057

一、以人民为中心的发展思想是新时代收入分配改革和实践的主线 / 058

二、巩固按劳分配主体地位，着力提高劳动报酬比重和劳动者
    收入比重 / 058

三、完善按生产要素分配，多渠道增加居民的财产性收入 / 059

四、注重培育壮大中等收入群体 / 060

第六节 实现共同富裕的目标及手段 / 061

一、共同富裕思想的演进 / 061

二、新时代共同富裕的实践基础与实现障碍 / 062

三、新时代实现共同富裕的路径 / 063

第三章 中国特色社会主义市场经济体制 / 067

第一节 社会主义商品经济的客观必然性及其特点 / 067

一、社会生产性质和社会生产经济形式的关系 / 067

二、社会主义社会存在商品经济的客观必然性 / 068

三、社会主义商品经济的特点 / 069

第二节 从计划经济体制向市场经济体制转变 / 070

一、对社会主义市场经济认识的发展 / 070

二、计划经济不等于社会主义 / 071

三、社会主义可以发展市场经济 / 072

四、市场经济的优势 / 073

第三节 中国市场经济体制的建立与完善 / 074

一、社会主义市场经济体制转向的必然性 / 074

二、我国社会主义市场经济体制的建立 / 074

三、完善我国社会主义市场经济体制 / 080

第四节　公有制与市场经济的有机结合 / 085

　　一、社会主义市场经济发展的两条主线 / 085

　　二、公有制与市场经济的结合是社会主义市场经济的核心 / 086

　　三、公有制与市场经济的对立统一 / 087

第五节　中国现代化经济体系 / 088

　　一、经济体制转换的新信号 / 088

　　二、现代化经济体系的特征 / 089

　　三、建立现代化经济体系的战略任务 / 091

第四章　中国微观经济运行 / 093

第一节　微观经济运行主体 / 093

　　一、微观经济主体的内涵 / 093

　　二、微观经济主体之间的关系 / 094

　　三、微观经济活动的内容和运行机制 / 096

第二节　新时代国有企业的地位与作用 / 098

　　一、国有企业的地位 / 098

　　二、国有企业的属性与目标 / 099

　　三、国有企业的主导作用 / 100

　　四、国有经济主导作用的变化 / 101

　　五、国有经济主导作用的实现 / 102

第三节　新时代的非国有企业 / 103

　　一、非公有制企业的内涵 / 103

　　二、为什么发展多种所有制经济 / 104

　　三、新时代民营经济发展呈现新特征 / 105

　　四、新时代民营经济所面临的挑战 / 107

　　五、新时代促进民营经济发展壮大的途径 / 109

第四节　新时代的农户与居民 / 111

　　一、农户的地位和经营目标 / 111

　　二、农户的经济行为 / 112

　　三、居民的经济行为 / 112

第五节　微观经济主体的市场监管 / 115

　　一、市场监管的含义 / 115

　　二、市场监管的基本原则 / 116

　　三、市场监管的主要目标 / 117

四、市场监管的主要任务 / 118

第五章　中国宏观经济运行与调控 / 122

第一节　经济新常态 / 122
一、新常态的概念 / 122
二、新常态的特征 / 123
三、新常态的机遇 / 124
四、新常态理论的意义 / 124

第二节　政府职能 / 125
一、政府职能的种类 / 125
二、加快转变政府职能 / 125
三、转变政府职能的措施 / 126

第三节　正确处理政府与市场的关系 / 128
一、市场调节 / 128
二、计划调节 / 129
三、公有制为主体与市场经济的结合 / 129

第四节　宏观经济调控的内容与目标 / 131
一、宏观调控的必要性 / 131
二、宏观调控的领域 / 131
三、宏观调控的目标 / 132
四、新常态下的中国宏观调控实践 / 133

第五节　宏观调控的手段和政策 / 135
一、宏观经济调控的手段 / 135
二、宏观经济调控的政策 / 136

第六章　科技进步与创新发展创新理论概述 / 139

第一节　创新理论概述 / 139
一、科技创新的四个环节 / 139
二、创新是一个生态 / 141
三、中国在全球创新生态中的价值 / 141

第二节　创新生态体系 / 142
一、前沿科技的高校基因 / 142
二、产品化是一项专业活 / 143
三、科技产品的量产难题 / 144

四、中国制造支持全球创新 / 144

五、"跨越裂谷"理论 / 145

第三节 科技创新政策 / 147

一、助推技术产品化 / 147

二、助推技术产业化 / 148

三、助推技术市场化 / 149

第四节 中国参与全球创新 / 150

一、中国科技创新的现状 / 150

二、中国产业升级的路径 / 151

三、中国特色自主创新道路 / 151

第七章 产业发展与区域协调发展 / 155

第一节 中国产业政策变迁 / 155

一、产业政策的定义 / 155

二、产业政策的类型及其特征 / 155

三、与社会主义市场经济相适应的产业政策 / 156

第二节 中国特色农业现代化 / 157

一、农业现代化的内涵 / 157

二、农业现代化的经营主体和模式 / 157

三、农业现代化的基本要求 / 159

第三节 中国特色新型工业化 / 161

一、新型工业化的提出和内涵 / 161

二、新型工业化的特征 / 161

三、新型工业化的基本要求 / 165

第四节 区域发展战略 / 167

一、中国区域协调发展战略的基本框架 / 167

二、四大区域基本经济和社会指标比较 / 167

三、中国区域发展战略具体内容 / 168

四、区域协调发展总体布局 / 170

第八章 资源环境与绿色中国 / 175

第一节 中国资源环境概况 / 175

一、中国自然资源现状 / 175

二、中国生态环境现状 / 177

第二节　"天人合一"古智慧与"绿色发展"新理念 / 179

一、"天人合一"的中国古智慧 / 179

二、"绿色发展"的中国新理念 / 181

第三节　中国绿色发展的典型案例 / 183

一、"绿色长城"工程 / 183

二、浙江"千万工程" / 184

第四节　生态文明与"绿色中国" / 185

一、习近平生态文明思想 / 185

二、"绿色中国"的宏伟目标 / 187

第九章　经济全球化与开放发展 / 189

第一节　经济全球化和中国对外开放历程 / 189

一、经济全球化的定义和主要表现 / 189

二、经济全球化对世界经济的影响 / 191

三、经济全球化给中国带来的机遇与挑战 / 193

四、经济全球化的发展趋势 / 194

五、我国对外开放的演进轨迹 / 197

六、中国对外开放的成就及问题 / 201

第二节　国际贸易与资本流动 / 203

一、改革开放以来中国对外贸易的变革 / 203

二、改革开放以来中国利用外资概况 / 207

三、改革开放以来中国对外投资概况 / 216

第三节　中国自由贸易试验区 / 228

一、自由贸易试验区成立的背景 / 228

二、自由贸易试验区的概念 / 228

三、自由贸易试验区的发展历程 / 229

第四节　推进"一带一路"建设 / 230

一、"一带一路"倡议的提出背景及意义 / 230

二、"一带一路"倡议的基本内涵和建设原则 / 232

三、从"五通"看"一带一路"建设取得的成就 / 234

四、从"三共"看"一带一路"建设的中国贡献 / 239

五、"一带一路"建设面临的挑战及应对 / 242

第五节　推动构建人类命运共同体 / 243

一、人类命运共同体基本介绍 / 243

二、推动构建人类命运共同体的中国实践 / 248

三、推动构建人类命运共同体的中国经验 / 255

四、推动构建人类命运共同体的现实挑战和应对策略 / 257

第十章 城乡统筹与共享发展 / 263

第一节 全面建成小康社会 / 263

一、小康及小康社会的提出 / 263

二、全面建成小康社会的内涵 / 265

三、中国特色减贫道路 / 267

第二节 中国特色城镇化 / 271

一、城镇化水平显著提高 / 271

二、城镇化存在的突出问题 / 271

三、新型城镇化的提出与内涵 / 272

四、中国特色新型城镇化之路 / 273

第三节 乡村振兴 / 275

一、乡村振兴与新型城镇化 / 275

二、乡村振兴的内涵 / 276

三、中国特色乡村振兴需注意的问题 / 277

四、中国特色乡村振兴的基本原则 / 278

第四节 不断保障和改善民生 / 279

一、民生保障的内涵 / 280

二、社会保障体系的基本框架 / 280

三、保障和改善民生的重点任务 / 283

四、保障和改善民生的经验总结 / 285

第五节 以人民为中心 / 286

一、以人民为中心是新时代社会主义发展的根本指针 / 287

二、坚持共享发展理念 / 288

三、贯彻以人民为中心的发展思想 / 289

中国共产党人团结带领全国人民完成了社会主义革命，确立了社会主义基本制度，在实践中不断总结社会主义革命、建设和改革的经验，不断丰富和完善马克思主义政治经济学，中华民族迎来了从站起来、富起来到强起来的伟大飞跃。习近平经济思想是当代中国马克思主义政治经济学的最新成果，是新时代做好经济工作的根本遵循和行动指南。

第一节
社会主义经济制度的建立

一、社会主义经济制度在中国的建立和发展

（一）中华人民共和国的成立

1840 年鸦片战争以后，由于外国列强的侵入，中国一步一步地沦为半殖民地半封建社会，生产力水平低下，经济文化十分落后，发展也极不平衡，机器生产的现代化工业在国民经济中只占约 10%，其余 90% 左右都是落后的、分散的个体农业经济和手工业经济。重要的工业部门、交通、批发商业、对外贸易和银行等国民经济命脉掌握在官僚资本主义和帝国主义手里，土地掌握在封建地主手中。帝国主义、封建主义、官僚资本主义勾结在一起，对劳动人民的残酷剥削和压迫严重地束缚了生产力的发展。伟大的革命先行者孙中山领导的辛亥革命推翻了清王朝，结束了 2000 多年的封建帝制。但是，中国半殖民地半封建社会的性质并没有改变。无论是北洋政府、国民党，还是其他资产阶级和小资产阶级政治派别，都没有也不可能找到国家和

民族的出路。只有中国共产党，把马克思主义基本原理同中国实际相结合，才找到了民族复兴的正确道路，这就是彻底推翻帝国主义、封建主义和官僚资本主义的反动统治，并走向社会主义，最终实现共产主义。中国共产党领导各族人民进行新民主主义革命，建立了中华人民共和国。

中华人民共和国的成立，标志着中国人民从此站起来了。自此，帝国主义列强压迫中国、奴役中国人民的历史结束了，中华民族一洗近百年来的屈辱，开始以崭新的姿态屹立于世界民族之林。封建主义、官僚资本主义等极少数剥削者统治劳动人民的历史结束了，劳动人民成了国家、社会的主人。军阀割据、战乱频发、匪患不断的历史结束了，全国各族人民开启了新生活。

(二)社会主义改造与社会主义经济制度的建立

中华人民共和国成立后，中国共产党带领人民在迅速医治战争创伤、恢复国民经济的基础上，不失时机地提出了过渡时期总路线，创造性地完成了由新民主主义革命向社会主义革命的转变，开辟了一条具有中国特色的社会主义改造道路，对资本主义工商业创造了委托加工、计划订货、统购包销、委托经销代销、公私合营、全行业公私合营等一系列从低级到高级的国家资本主义的过渡形式，最后实现了马克思和列宁曾经设想、其他社会主义国家未能实行的对资产阶级的和平赎买。对个体农业，遵循自愿互利、典型示范和国家帮助的原则创造了从临时互助组和常年互助组发展到半社会主义性质的初级农业生产合作社，再发展到社会主义性质的高级农业生产合作社的过渡形式。对于个体手工业的改造，也采取了类似的方法。

由于缺乏经验和工作中存在急躁情绪，在社会主义改造的过程中也存在要求过急、工作过粗、改变过快、形式过于简单划一等问题。但是，从总体上讲，在一个几亿人口的大国中比较顺利地实现了如此复杂、困难和深刻的社会变革，促进了工农业和整个国民经济的发展，这的确是伟大的历史性胜利。这一胜利使中国这个约占世界1/4人口的东方大国进入了社会主义社会，成功地实现了中国历史上最深刻、最伟大的社会变革。

(三)社会主义经济建设的艰辛探索

社会主义改造基本完成以后，中国开始转入大规模的社会主义建设，国民经济发展日新月异，计划经济体制得以建立并在社会主义建立初期的实践中发挥了重要作用。1956 年 4 月，毛泽东发表《论十大关系》，初步总结了我国社会主义建设的经验，提出"以苏为鉴"，积极探索适合我国国情的社会主义建设道路。在社会主义经济建设方面，毛泽东强调，要实行以农业为基础、以工业为主导的方针，正确处理重工业、轻工业和农业的关系；坚持工业和农业并举、重工业和轻工业并举、中央工业和地方工业并举、大中小企业并举等"两条腿走路"的方针；正确解决好综合平衡的问题，处理好积累和消费、生产和生活的问题，处理好国家、集体和个人的关系，统筹兼顾、适当安排。1956 年 9 月，党的八大召开，正确分析了社会主义改造完成后中国社会的主要矛盾和主要任务。大会指出，社会主义制度在我国已经基本上建立起来；国内主要矛盾已经不再是工人阶级和资产阶级的矛盾，是人民对于建立先进工业国的要求同落后农业国的现实之间的矛盾，是人民对于经济文化迅速发展的需要同当前经济文化不能满足人民需要的状况之间的矛盾；全国人民的主要任务是集中力量发展社会生产力、实现国家工业化，逐步满足人民日益增长的物质和文化需要。

从 1956 年社会主义改造基本完成到 1966 年"文化大革命"发动前的 10 年中，中国大规模推进工业化，集中使用有限的物力和财力进行重点建设，取得了很大的成就，为社会主义现代化的建设打下了较为坚实的物质技术基础。但在这 10 年的发展过程中，也经历了曲折，在指导方针上有过"左"的严重失误，发生过脱离中国国情、违背经济规律的"大跃进"，国民经济遭受过严重损失。

1966 年 5 月至 1976 年 10 月的"文化大革命"，是一场给党、国家和各族人民带来严重灾难的内乱，使社会主义经济建设遭受挫折。然而，由于全党和广大人民群众的共同努力，国民经济在十分困难的条件下仍然取得了一定的发展，粮食生产保持了比较稳定的增长，在工业交通、基本建设和科学技术方面都取得了重要成就。

经过多年的奋斗，我国逐步建立了独立的比较完整的工业体系和国民经济体系，改变了原来一穷二白的落后面貌，积累了在中国这样一个社会生产力水平十分落后的东方大国进行社会主义建设的重要经验。据《新中国五十年统计资料汇编》统计，1952～1978 年，国内生产总值（Gross Domestic Product，GDP）年均增长 6.1%，不仅高于同期发达国家，而且高于其他发展中国家。1978 年，钢、原油、原煤、水泥、化肥的产量分别是 1952 年的 23.56 倍、238.65 倍、9.36 倍、22.80 倍、57.80 倍，发电量是 1952 年的 35.34 倍。汽车、拖拉机、飞机制造和电子、石油化工等工业部门，从无到有。铁路、公路、水运、空运和邮电事业都有了很大的发展。尖端科学技术也取得了巨大成就，成功爆炸了原子弹、氢弹，发射了人造地球卫星。社会主义建设的艰辛探索和实践，为新的历史时期中国特色社会主义的发展提供了宝贵经验、理论准备、物质支撑。

二、中国为什么选择社会主义

(一) 中国近代社会的特点

半殖民地半封建的中国近代社会最重要的特点：

第一，封建时代自给自足的自然经济基础被破坏了，但是封建剥削制度的根基——地主阶级对农民的剥削，不但依旧保持着，而且同买办资本和高利贷资本的剥削结合在一起，在中国的社会经济生活中占有明显的优势。

第二，民族资本主义有了某些发展，并在中国政治、文化生活中起了颇大的作用，但是它没有成为中国社会经济的主要形式，它的力量是很软弱的，大部分与外国帝国主义和国内封建主义都有或多或少的联系。

第三，皇帝和贵族的专制政权被推翻了，代之而起的先是地主阶级的军阀官僚的统治，接着是地主阶级和大资产阶级联盟的专政，在沦陷区则是日本帝国主义及其傀儡的统治。

第四，帝国主义不但操纵了中国的财政和经济命脉，而且操纵了中国的政治和军事力量，在沦陷区则一切被日本帝国主义所独占。

第五，由于中国是在许多帝国主义国家的统治或半统治之下，中国实际上处于长期的不统一状态，中国的土地广袤，各地经济、政治和文化的发展表现出极端的不平衡。

第六，中国人民的贫困和不自由的程度，是世界所少见的。由于帝国主义和封建主义的双重压迫，特别是由于日本帝国主义的大举进攻，中国的广大人民，尤其是农民，日益贫困化以至大批破产，他们过着饥寒交迫和毫无政治权利的生活。"中国人民的贫困和不自由的程度，是世界所少见的。"[1]

认清了中国社会的特点，就能知道中国近代社会的基本矛盾和革命的主

---

① 毛泽东选集：第 2 卷 [M]. 北京：人民出版社，1991：630-631.

要任务。帝国主义和中华民族的矛盾、封建主义和人民大众的矛盾，是近代中国社会的主要矛盾。而反对帝国主义和封建主义成为近代中国革命的主要任务。这样一种革命就其性质来说是资产阶级民主主义的革命，而不是无产阶级社会主义的革命。但实际上，中国革命的结果是走向了社会主义而不是资本主义。

(二) 中国选择社会主义的理论逻辑

中国为什么选择社会主义道路，它的一般逻辑是，按照马克思、恩格斯的设想，社会主义制度是资本主义基本矛盾充分发展的产物，社会主义革命将首先在资本主义发达的国家发生，然后从发达的资本主义向社会主义过渡。这是中国选择社会主义的一般逻辑。它的特殊逻辑是，中国是在资本主义没有充分发展的半殖民地半封建社会的条件下，通过新民主主义革命走上了社会主义道路。这是中国选择社会主义的特殊逻辑。

从表面上看，这种特殊的历史发展轨迹似乎违背了马克思主义理论，但正如列宁所说："马克思主义者必须考虑生动的实际生活，必须考虑现实的确切事实，而不应当抱住昨天的理论不放，因为这种理论和任何理论一样，至多只能指出基本的、一般的东西，只能大体上概括实际生活中的复杂情况。"①因此，走社会主义道路，是中国近代社会发展的必然结果，是运用马克思主义理论分析中国社会发展规律的必然结论。

(三) 中国选择社会主义道路的现实背景

为什么中国革命的结果是走向了社会主义而不是资本主义？这是由当时的国际国内环境决定的。

第一，从世界资本主义体系的格局看，半殖民地半封建的中国不可能走上独立发展资本主义的道路。众所周知，资本主义生产方式自诞生以来，极大地推动了生产力的发展和世界市场的形成，使一切国家的生产和消费都变成世界性的了。在世界资本主义体系中，发达资本主义国家和落后国家的地位是不同的。发达资本主义国家在世界资本主义体系中处于中心和支配的地位，资本主义制度在这些国家主要是在内部因素的推动下逐步建立起来的；落后国家则在世界资本主义体系中处于外围和被支配地位，这些国家的资本

---

① 中共中央马克思恩格斯列宁斯大林著作编译局．列宁专题文集．论马克思主义[M]．北京：人民出版社，2009：169．

主义制度是由中心国家通过殖民扩张和侵略的方式强制建立的。19世纪末20世纪初，资本主义由自由竞争阶段发展到垄断阶段，帝国主义把其统治的触角延伸到世界各地，中国通过自身的努力建立资本主义现代化强国的路已经被堵死了，帝国主义入侵中国的目的不是把中国变成独立的、强大的资本主义国家并与之竞争，而是把它纳入世界资本主义体系，变成自己的附庸。因此，在近代中国，一切选择资本主义道路的历史尝试都以失败告终。

第二，从国内社会各阶级的结构看，中国的民族资产阶级由于经济上、政治上的软弱性，不可能担负起领导反对帝国主义、封建主义的历史重任。在英国、法国、德国等早期的资本主义国家中，民族资产阶级随着资本主义经济关系的逐步发展而壮大，与封建统治的矛盾日益尖锐，最终导致了资产阶级革命，建立起资产阶级统治和资本主义制度。而当时的中国是一个经济文化十分落后的半殖民地半封建国家，以帝国主义和封建主义为基础的腐朽的生产关系严重阻碍了生产力的发展，在此基础上成长起来的民族资本主义不仅力量弱小，而且本身具有两面性。一方面，民族资产阶级既受帝国主义的压迫，又受封建主义的束缚，因此他们同帝国主义和封建主义有矛盾。从这方面来说，他们是革命的力量之一。另一方面，由于他们在经济上和政治上的软弱性，他们对帝国主义和封建主义有依赖，他们没有彻底的反帝反封建的勇气，没有能力进行彻底的反对帝国主义、封建主义的斗争并最终取得胜利。因此，中国不可能通过彻底的资产阶级革命建立资产阶级共和国，使中国走上资本主义道路。

第三，从近代中国社会生产力发展的要求看，资本主义制度不利于迅速实现国家的工业化和国强民富的目标。实现工业化，把落后的农业国转变为先进的工业国，是人类社会发展的必由之路。在西方资本主义国家，工业化的实现虽然是以资本主义私有制和市场经济为基础的，但是国家在其中也发挥了极为重要的作用。通过殖民掠夺、垄断贸易、国家税收和公债等暴力手段，资产阶级获得了大量原始资本，完成了资本的原始积累。而近代中国这种落后的工业化是在完全不同的国际国内环境下进行的。从国际环境看，它们不仅缺乏外部资本积累的来源，而且其本身就是被剥削的对象；从国内环境看，民族资本力量弱小，资本积累能力非常有限。在这样的条件下，如果单纯依靠资本主义制度，通过私人资本和市场机制进行资本积累、资源配置和实现国家的工业化，是很难实现的。只有建立社会主义经济制度，对主要生产资料实行社会占有，对有限的社会资源集中有计划地进行配置，才有可能迅速建立国家的工业体系，摆脱贫困、落后以及被帝国主义奴役的困境。

由于以上因素，中国通过资本主义实现国强民富的道路被堵死了，走社会主义道路成为历史发展的必然选择。中国的资产阶级革命已经不是旧式的一般的资产阶级民主革命，而是新式的特殊的资产阶级革命，即新民主主义革命。

中国共产党诞生后，中国共产党人把马列主义的基本原理与中国革命的具体实践相结合，创立了新民主主义革命的理论。在这一理论的指导下，中国共产党领导全国各族人民，建立了人民民主专政的中华人民共和国，并在此基础上迅速实现了向社会主义的过渡，建立了社会主义制度。

三、社会主义经济制度优越性的初步体现

(一)社会主义经济制度建立的共同规律

社会主义经济制度是在经济发展比较落后的一些国家建立的，为了在较短时期内缩短与资本主义的差距，摆脱落后挨打的被动局面，必须依靠国家的力量，集中国内的有限资源，实行重工业优先的发展战略，进行大规模的工业化建设，为此，在资源配置上必须实行高度集中的计划经济体制，在所有制结构上必须建立起公有制经济的绝对优势地位。

(二)社会主义经济制度建立的不同特点

苏联对城乡资本主义的社会主义改造比较多地使用了暴力强制的办法，而中国对城乡资本主义的社会主义改造则是以和平转变为主，成功地实现了马克思、恩格斯和列宁曾经设想的对资产阶级进行和平赎买的社会主义革命道路，这是一个史无前例的创造。

具体来说，在过渡时期，我国的民族资本既有剥削工人阶级、与工人阶级利益相矛盾的一面，也有有利于国计民生的积极一面，对其实行和平赎买有利于国民经济的恢复和发展，同时可以避免和减少由于所有制急剧变革引起的混乱和损失，顺利实现所有制的变革。因此，对资本主义工商业的改造，采取了加工订货、统购包销、经销代销、公私合营等国家资本主义形

式，使资本主义私有制逐步向社会主义公有制过渡。在农村，通过从建立互助组、初级社到高级社这样三个相互衔接、逐步推进的具体形式和步骤，实现了对农民个体经济的改造，建立起农村集体所有制经济。在城镇，通过合作化的道路实现了手工业的社会主义改造，建立起城镇集体所有制经济。1956年，我国基本上完成了对生产资料私有制的社会主义改造，实现了从新民主主义到社会主义的转变，从此社会主义制度在全国范围内确立。社会主义经济制度的建立是我国几千年来最深刻、最伟大的社会变革，是20世纪中国社会发展的历史性转折，为当代中国的一切发展进步奠定了根本的政治前提和制度基础。

(三)我国社会主义经济制度建立和发展的巨大优越性

第一，极大地解放和发展了生产力。旧中国的经济发展在帝国主义、封建主义和官僚资本主义三座大山的压迫下步履维艰。中华人民共和国成立后，推翻了三座大山，消灭了剥削现象，劳动者的生产热情高涨，社会生产力得到了空前的大解放。20世纪40年代末期生产凋敝、物价飞涨、民不聊生的景象，旧时代留下的一穷二白的烂摊子，仅仅经过短短三年的恢复时期就极大地改变了面貌，并在此基础上主要依靠自己的力量，独立自主地推进工业化，发展国民经济，极大地解放了破旧的社会经济制度所束缚的生产力，促进了社会生产力的迅速发展。1952~1978年，工农业总产值年均增长率为8.2%，其中工业总产值年均增长率为11.4%。从GDP核算的角度看，1978年我国GDP达到3678.7亿元，为1952年GDP的5.4倍。这一时期中国经济建设的伟大成就，不仅使中国发生了翻天覆地的变化，而且在人类经济发展的历史上也是一个奇迹。

第二，建立起独立的比较完整的工业体系和国民经济体系。中华人民共和国成立初期，毛泽东曾感慨地说："现在我们能造什么？能造桌子椅子，能造茶碗茶壶，能种粮食，还能磨成面粉，还能造纸，但是，一辆汽车、一架飞机、一辆坦克、一辆拖拉机都不能造。"[①]在1953~1957年的第一个五年计划时期，我国进行了大规模的经济建设，当时在苏联的援助下，重点建设了156个大型工业项目，涉及钢铁、煤炭、冶金、机械等国民经济基础工业主要领域。到改革开放前，我国已基本实现了初级工业化，建立起了独立的

---

① 毛泽东文集：第六卷[M]. 北京：人民出版社，1999：329.

比较完整的国民经济体系，主要表现在：基础工业有较大发展，钢铁产量大幅度提高；甩掉了"贫油"帽子，基本实现了原油自给；铁路、公路、航空、水运等交通设施及水利、电力、邮电等基础设施方面的建设，基本上能满足当时工业和整个国民经济发展的需要；在一些关键领域如"两弹一星"的研制方面，走在了世界前列。1952 年，工业占国民生产总值（Gross National Product, GNP）的 30%，农业占 64%，而到 1975 年，比率颠倒过来了，工业占比为 72%，农业则仅占 28%。

第三，消灭了阶级剥削和压迫，实现了社会公平。在社会主义制度建立之前，中国处于半殖民地半封建社会，社会财富集中在少数大资本家、大地主手里，广大工人、城市贫民和农民都处于贫困状态。社会主义经济制度的建立，根除了几千年的剥削制度，人民群众当家作主，成为社会的主人，物质生活和文化生活水平得到逐步提高。从全国居民的人均消费水平看，农民从 1952 年的 62 元增加到 1976 年的 125 元，城市居民同期从 148 元增加到 340 元。在全国人民节衣缩食支援国家工业化基础建设的情况下，尽管人民群众生活逐年改善的幅度不大，但是初步满足了约占世界 1/4 人口的基本生活需求，这在当时被世界公认为一个奇迹。教育事业得到长足发展，学龄儿童入学率达到 90% 以上。劳动者的整体素质得到了很大的提高。医疗卫生体系广泛普及，中国的人均寿命增长了近一倍，从 1949 年前的 35 岁增长到 20 世纪 70 年代的 65 岁。

社会主义建设的伟大实践充分证明，只有社会主义才能救中国，只有社会主义才能发展中国。

毛泽东思想对马克思主义政治经济学的贡献

中国共产党诞生后，中国共产党人把马克思主义基本原理同中国革命和建设的具体实际结合起来，团结带领人民经过长期奋斗，完成了新民主主义革命和社会主义革命，建立起中华人民共和国和社会主义基本制度，进行了社会主义建设的艰辛探索，实现了中华民族的伟大飞跃。在这个过程中形成的毛泽东思想，是被实践证明了的关于中国革命和建设的正确的理论原则和经验总结，是马克思列宁主义在中国的运用和发展，其中所蕴含的宝贵经济思想也为丰富和发展马克思主义政治经济学作出了贡献。

一、新民主主义革命理论中的经济思想

新民主主义革命理论中包含着丰富的经济思想。其一，关于革命根据地的经济建设。在土地革命时期，毛泽东提出中央苏区建设必须重视经济工作，"集中经济力量供给战争，同时极力改良民众的生活，巩固工农在经济方面的联合"①。在抗日战争时期，针对日本帝国主义和国民党顽固派的压迫和封锁，提出"自己动手、丰衣足食"的口号，开展大生产运动，并提出发展经济、保障供给是经济工作和财政工作的总方针。根据地经济建设的推进，为革命战争的胜利提供了重要保证。其二，关于新民主主义革命的经济纲领。提出新民主主义革命要实现"三大经济纲领"：没收封建地主阶级的土地归农民所有，没收官僚垄断资本归新民主主义的国家所有，保护民族工商业。其三，关于新民主主义革命的任务。毛泽东指出："新民主主义的革命任务，除了取消帝国主义在中国的特权以外，在国内，就是要消灭地主阶级和官僚资产阶级（大资产阶级）的剥削和压迫，改变买办的封建的生产关系，解放被束缚的生产力。"②其四，关于新民主主义的经济结构。提出实行多种经济成分并存，其中，"国营经济是社会主义性质的，合作社经济是半社会主义性质的，加上私人资本主义，加上个体经济，加上国家和私人合作的国家资本主义经济"③。

二、新民主主义向社会主义过渡时期的经济思想

从1949年10月中华人民共和国成立到1956年，以毛泽东同志为主要代表的中国共产党人，领导全国人民在完成民主革命遗留任务、迅速医治战争创伤、恢复国民经济的基础上，依据新民主主义革命胜利所创造的向社会主义过渡的政治经济条件，不失时机地提出了过渡时期总路线，即逐步实现国

---

① 毛泽东选集：第一卷[M]. 北京：人民出版社，1991：130.
② 毛泽东选集：第四卷[M]. 北京：人民出版社，1991：1254.
③ 毛泽东选集：第四卷[M]. 北京：人民出版社，1991：1433.

家的社会主义工业化，并逐步实现国家对农业、对手工业和对资本主义工商业的社会主义改造，同时根据中国的国情，提出用国家资本主义形式与"和平赎买"政策改造资本主义工商业，用逐步过渡的形式改造个体农业和个体手工业，成功开辟了一条适合中国国情的社会主义改造道路，从理论和实践上完成了在中国这样一个约占世界人口 1/4、经济文化落后的大国建立社会主义制度的艰难任务。在社会主义改造的过程中，保持了社会生产力的继续发展，广大人民生活水平继续得到提高，这是中国共产党的独特创造。社会主义基本制度的建立，为当代中国的一切发展进步奠定了根本政治前提和制度基础。

三、建设社会主义时期的经济思想

社会主义改造基本完成以后，以毛泽东同志为主要代表的中国共产党人，领导全国人民对适合中国国情的社会主义建设道路进行了艰辛探索，积累了在中国这样一个社会生产力水平十分落后的东方大国进行社会主义建设的重要经验，并取得了重要的理论成果。其一，提出社会主义社会的基本矛盾仍然是生产关系和生产力之间的矛盾、上层建筑和经济基础之间的矛盾；国内的主要矛盾已经是人民对于建立先进的工业国的要求同落后的农业国的现实之间的矛盾，已经是人民对于经济文化迅速发展的需要同当前经济文化不能满足人民需要的状况之间的矛盾。其二，提出集中力量发展生产力，建立独立的比较完整的工业体系和国民经济体系，全面实现农业、工业、国防和科学技术现代化。其三，提出了许多关于社会主义建设的重要思想和方针，如处理好重工业和轻工业、农业的关系，沿海工业和内陆工业的关系，经济建设和国防建设的关系，国家、生产单位和生产者个人的关系，中央和地方的关系，中国和外国的关系；要统筹兼顾、适当安排，处理好积累和消费的关系，注意综合平衡等。其四，在研究《苏联社会主义经济问题》和苏联《政治经济学教科书》的基础上，以苏联的经验教训为借鉴，结合中国实际，从理论上探讨了许多社会主义经济问题。在这一时期，以毛泽东同志为主要代表的中国共产党人努力寻找适合中国国情的社会主义建设道路，尽管在探索中有曲折甚至有失误，但是经过长期奋斗，在中国建立起了适合中国国情的社会主义基本经济制度，进行了大规模的社会主义经济建设，为社会主义现代化建设奠定了重要的制度基础和物质技术基础。

第三节

中国特色社会主义理论体系对马克思主义政治经济学的贡献

改革开放以来，中国共产党人把马克思主义基本原理同中国具体实际结合起来，团结带领人民进行建设中国特色社会主义新的伟大实践，使中国大踏步赶上了时代，迎来了中华民族从站起来、富起来到强起来的伟大飞跃。在这一过程中形成和发展了包括邓小平理论、"三个代表"重要思想、科学发展观和习近平新时代中国特色社会主义思想在内的中国特色社会主义理论体系，这一理论体系把马克思主义政治经济学基本原理同改革开放新的实践结合起来，不断探索中国特色社会主义建设规律，形成了关于改革开放和经济发展的一系列重大创新成果。特别是提出在社会主义条件下发展市场经济，这是前无古人的伟大创举，是中国共产党人对马克思主义发展作出的历史性贡献。1984 年 10 月《中共中央关于经济体制改革的决定》通过后，邓小平评价说，"写出了一个政治经济学的初稿，是马克思主义基本原理和中国社会主义实践相结合的政治经济学"①。随着改革开放不断深入，我们党形成了中国马克思主义政治经济学的许多重要理论成果。

一、关于社会主义本质和根本任务

社会主义的本质是解放生产力，发展生产力，消灭剥削，消除两极分化，最终达到共同富裕。社会主义现代化必须建立在发达的生产力基础上。把以经济建设为中心同坚持四项基本原则、坚持改革开放两个基本点统一起来，正确认识和妥善处理改革、发展、稳定之间的关系，聚精会神搞建设、一心一意谋发展。紧紧抓住和切实用好发展机遇，以高度的责任感和紧迫感大力解放和发展社会生产力，为中国特色社会主义事业奠定坚实的物质基础。

---

① 邓小平文选：第三卷[M]. 北京：人民出版社，1993：83.

二、关于中国社会的发展阶段

中国仍处于并将长期处于社会主义初级阶段，这是逐步摆脱不发达状态、基本实现社会主义现代化的特定历史阶段，是中国特色社会主义很长历史过程的初始阶段。中华人民共和国成立以来特别是改革开放以来，中国取得了举世瞩目的发展成就，从生产力到生产关系、从经济基础到上层建筑都发生了意义深远的重大变化，但中国仍处于并将长期处于社会主义初级阶段的基本国情没有变，人口多、底子薄、城乡区域发展不平衡、生产力不发达的状况仍然是中国的最大实际。要始终立足于社会主义初级阶段的基本国情，牢牢把握经济社会发展新的阶段性特征。

三、关于社会主义经济体制改革

社会主义要保持强大的生命力，就必须通过改革不断完善自己。改革是经济社会发展的活力源泉，是中国走向繁荣富强的必由之路。改革是一场新的伟大革命，其目的是冲破束缚生产力发展的体制障碍，解放和发展社会生产力。坚持用改革的办法解决前进中的问题，努力形成与社会主义初级阶段基本国情相适应的比较成熟、比较定型的经济体制。中国经济体制改革的目标，是建立社会主义市场经济体制。社会主义市场经济是同社会主义基本制度相结合、同社会主义精神文明相结合的市场经济。始终坚持改革的正确方向，提高改革决策的科学性，增强改革措施的协调性，不断推动社会主义市场经济体制的发展和完善。

四、关于社会主义对外开放

对外开放是中国一项长期的基本国策。必须树立全球战略意识，实施互利共赢的开放战略，着力转变对外贸易增长方式，全面提高对外开放水平，扬长避短、趋利避害，在更大范围、更广领域、更高层次上参与国际经济技术合作和竞争，使对外开放更好地促进国内改革发展。把"引进来"和"走出去"更好地结合起来，扩大开放领域，优化开放结构，提高开放质量，完善内外联动、互利共赢、安全高效的开放型经济体系，形成经济全球化条件下参与国际经济合作和竞争的新优势。在对外开放中，必须始终注意维护国家的主权和经济安全，注意防范和化解国际风险的冲击，处理好对外开放同独立自主、自力更生的关系，把立足点放在依靠自身力量的基础上。

五、关于社会主义初级阶段的基本经济制度

公有制为主体、多种所有制经济共同发展是社会主义初级阶段的基本经济制度①。公有制经济不仅包括国有经济和集体经济，还包括混合所有制经济中的国有成分和集体成分。公有制的主体地位主要体现在：公有资产在社会总资产中占优势；国有经济控制国民经济命脉，对经济发展起主导作用。集体经济是公有制经济的重要组成部分，对实现共同富裕具有重要作用。公有制的实现形式可以而且应当多样化。个体、私营等各种形式的非公有制经济是社会主义市场经济的重要组成部分，对充分调动社会各方面的积极性、加快生产力发展具有重要作用。必须毫不动摇地巩固和发展公有制经济，毫不动摇地鼓励、支持、引导非公有制经济发展，坚持平等保护物权，形成各种所有制经济平等竞争、相互促进的新格局。

六、关于社会主义初级阶段的分配制度

按劳分配为主体、多种分配方式并存是社会主义初级阶段的分配制度。按劳分配为主体，是社会主义公有制经济主体地位的客观要求，也是防止两极分化、最终实现共同富裕的保障。资本、技术、管理等生产要素按贡献参与分配，有利于调动各种要素参与经济发展，不断增加国民财富。必须坚持和完善社会主义初级阶段的分配制度，初次分配和再分配都要处理好效率和公平的关系，再分配更加注重公平，加快建立覆盖城乡居民的社会保障体系，努力使人民共享改革发展的成果。

七、关于社会主义经济管理和宏观调控

在充分发挥市场对资源配置起基础性作用的同时，加强国家对国民经济

---

① 党的十九届四中全会发展了社会主义基本经济制度理论。

的有效管理和宏观调控。依法维护公平竞争的市场秩序，调节收入分配，提供公共产品和服务，管理国有资产，从宏观上对国民经济和社会发展的目标、结构、速度、效果等基本因素进行有计划调节。统筹城乡发展，统筹区域发展，统筹经济社会发展，统筹人与自然和谐发展，统筹国内发展和对外开放，统筹中央和地方关系，统筹个人利益和集体利益、局部利益和整体利益、当前利益和长远利益，统筹国内国际两个大局，使经济发展各方面相协调，推动经济又好又快发展。

八、关于社会主义经济发展

社会主义的发展必须是又好又快的发展。要坚持以人为本这个核心，坚持全面协调可持续这个基本要求，坚持统筹兼顾这个根本方法。加快转变经济发展方式，坚持走中国特色新型工业化道路，促进经济增长由主要依靠投资、出口拉动向依靠消费、投资、出口协调拉动转变，由主要依靠第二产业带动向依靠第一、第二、第三产业协同带动转变，由主要依靠增加物质资源消耗向主要依靠科技进步、劳动者素质提高、管理创新转变，推动产业结构优化升级，增强发展的协调性和可持续性。坚持走中国特色农业现代化道路，建立以工促农、以城带乡的长效机制，形成城乡经济社会发展一体化新格局；坚持走中国特色自主创新道路，把增强自主创新能力贯彻到现代化建设各个方面；坚持走中国特色城镇化道路，遵循大中小城市和小城镇协调发展的方针，积极稳妥地推动城镇化进程；坚持走生产发展、生活富裕、生态良好的文明发展道路，努力实现人与自然和谐相处，促进经济社会可持续发展；坚持走和平发展道路，通过维护世界和平发展自己，通过自身发展维护世界和平，促进世界经济共同繁荣发展。

这些重要理论成果，马克思主义经典作家没有讲过，改革开放前也没有这方面的实践和认识，是适应当代中国国情和时代特点的政治经济学，是当代中国的马克思主义政治经济学，有力地指导了我国经济发展实践，开拓了马克思主义政治经济学新境界，形成了马克思主义政治经济学基本理论与改革开放新的实践相结合的政治经济学，即中国特色社会主义政治经济学。

在以上重要理论成果的基础上，党的十八大以来，在坚持和发展新时代中国特色社会主义经济的实践中，不断丰富和发展马克思主义政治经济学、中国特色社会主义政治经济学，形成了习近平经济思想，为马克思主义政治经济学的创新发展作出了新的重要贡献。

第四节

习近平经济思想是新时代做好经济工作的根本遵循和行动指南

一、习近平经济思想是习近平新时代中国特色社会主义思想的重要组成部分

党的十八大以来，以习近平同志为核心的党中央，以伟大的历史主动精神、巨大的政治勇气、强烈的责任担当，统筹国内国际两个大局，统揽伟大斗争、伟大工程、伟大事业、伟大梦想，解决了许多长期想解决而没有解决的难题，办成了许多过去想办而没有办成的大事，创造了新时代中国特色社会主义的伟大成就，创立了习近平新时代中国特色社会主义思想。

习近平新时代中国特色社会主义思想内涵十分丰富，涵盖新时代坚持和发展中国特色社会主义的总目标、总任务、总体布局、战略布局和发展方向、发展方式、发展动力、战略步骤、外部条件、政治保证等基本问题，并根据新的实践对党的领导和党的建设、经济、政治、法治、科技、文化、教育、民生、民族、宗教、社会、生态文明、国家安全、国防和军队、"一国两制"和祖国统一、统一战线、外交等各方面作出新的理论概括和战略指引。党的十九大、十九届六中全会提出的"十个明确""十四个坚持""十三个方面成就"概括了习近平新时代中国特色社会主义思想的主要内容。党的二十大提出的"六个必须坚持"概括阐述了习近平新时代中国特色社会主义思想的世界观、方法论和贯穿其中的立场、观点和方法。

党的十九届六中全会在全面总结党的百年奋斗重大成就和历史经验时强调，党确立习近平同志党中央的核心、全党的核心地位，确立习近平新时代中国特色社会主义思想的指导地位，反映了全党全军全国各族人民共同心愿，对新时代党和国家事业发展、对推进中华民族伟大复兴历史进程具有决定性意义。习近平新时代中国特色社会主义思想是当代中国马克思主义、

21世纪马克思主义，是中华文化和中国精神的时代精华，实现了马克思主义中国化、时代化新的飞跃。

经济工作是党和国家的中心工作，做好经济工作是党治国理政的重大任务。中国特色社会主义进入新时代，我国经济发展进入新常态，已由高速增长阶段转向高质量发展阶段，发展环境发生深刻复杂变化，传统发展模式难以为继，发展理念和发展方式亟须调整转变。在指导新时代经济发展的实践中，习近平总书记以马克思主义政治家、思想家、战略家的深刻洞察力、敏锐判断力、理论创造力，以"我将无我，不负人民"的赤子情怀，应时代之变迁、立时代之潮头、发时代之先声，深刻总结并充分运用我国经济发展的成功经验，从新的实际出发，提出了一系列新理念新思想新战略，形成了习近平经济思想。正是在习近平经济思想的科学指引下，我国经济建设取得重大成就，GDP突破百万亿元大关，人均GDP超过一万美元，国家经济实力、科技实力、综合国力跃上新台阶，我国经济发展平衡性、协调性、可持续性明显增强，迈上更高质量、更有效率、更加公平、更可持续、更为安全的发展之路。

习近平经济思想体系严整、内涵丰富、博大精深，就其基本内容来说，主要体现在十三个方面：加强党对经济工作的全面领导，是我国经济发展的根本保证；坚持以人民为中心的发展思想，是我国经济发展的根本立场；进入新发展阶段，是我国经济发展的历史方位；坚持新发展理念，是我国经济发展的指导原则；构建新发展格局，是我国经济发展的路径选择；推动高质量发展，是我国经济发展的鲜明主题；坚持和完善社会主义基本经济制度，是我国经济发展的制度基础；坚持问题导向部署实施国家重大发展战略，是我国经济发展的战略举措；坚持创新驱动发展，是我国经济发展的第一动力；大力发展制造业和实体经济，是我国经济发展的主要着力点；坚定不移全面扩大开放，是我国经济发展的重要法宝；统筹发展和安全，是我国经济发展的重要保障；坚持正确工作策略和方法，是做好经济工作的方法论。

习近平经济思想是习近平新时代中国特色社会主义思想的重要组成部分，是运用马克思主义政治经济学基本原理对新时代经济发展实践作出的系统理论概括，是以习近平同志为核心的党中央治国理政实践创新和理论创新在经济领域的集中体现，是立足国情、放眼世界、引领未来的科学理论，是党和国家十分宝贵的精神财富，为做好新时代经济工作指明了正确方向、提供了根本遵循。

二、习近平经济思想是中国共产党不懈探索社会主义经济发展道路形成的宝贵思想结晶

中国共产党自成立以来，始终把为中国人民谋幸福、为中华民族谋复兴作为自己的初心使命，始终坚持共产主义理想和社会主义信念，团结带领全国各族人民为争取民族独立、人民解放和实现国家富强、人民幸福而不懈奋斗，为摆脱中国贫困落后面貌、实现社会主义现代化而不懈追求，成功开辟了中国式现代化的发展道路，取得了彪炳史册的经济发展成就。

在新民主主义革命时期，我们党高度重视发展经济、保障供给，围绕建设新民主主义经济进行了深入思考、探索和实践，总结概括了新民主主义经济的规律，阐述了新民主主义经济纲领，勾画了中国经济建设蓝图，为夺取新民主主义革命伟大胜利奠定了坚实的物质基础。在社会主义革命和建设时期，我们党提出过渡时期的总路线，创造性完成对生产资料私有制的社会主义改造，基本上实现生产资料公有制和按劳分配，建立起社会主义经济制度，独立探索出适合国情的社会主义经济建设道路。在不长的时间里，建立起独立的比较完整的工业体系和国民经济体系，各方面建设取得了巨大成就，积累了在中国这样一个生产力水平落后的东方大国进行社会主义建设的重要经验。

在改革开放和社会主义现代化建设新时期，党把马克思主义政治经济学基本原理同改革开放新的实践相结合，围绕发展中国特色社会主义经济这一历史课题，就社会主义生产目的、所有制、分配制度、经济体制改革、计划与市场关系、经济运行机制、对外开放和经济全球化等重大问题展开了深入探索和实践，形成了许多重要理论成果，初步形成了中国特色社会主义政治经济学，有力指导了我国改革发展实践，不断推动经济建设快速健康发展，实现了从生产力相对落后的状况到经济总量跃居世界第二的历史性突破。

党的十八大以来，以习近平同志为核心的党中央，对中华人民共和国成立以来，特别是改革开放以来我国经济发展的实践成就和历史经验进行全面分析和系统总结，对关系新时代经济发展的一系列重大理论和实践问题进行深邃思考和科学研究，在继承和创新中国特色社会主义政治经济学的基础上，深入把握我国经济发展的基本规律、核心目标、重点任务，强调加强党对经济工作的全面领导，坚持以人民为中心的发展思想，坚持稳中求进工作总基调，坚持和完善社会主义基本经济制度，立足新发展阶段、贯彻新发展

理念、构建新发展格局、推动高质量发展，统筹发展和安全，全面深化改革开放，促进全体人民共同富裕，深刻回答了我国经济发展的时代之问、人民之问、历史之问，推动我国经济发展取得历史性成就、发生历史性变革，书写了新时代中国特色社会主义经济发展的崭新篇章。

三、习近平经济思想是运用马克思主义政治经济学基本原理指导新时代经济发展实践形成的重大理论成果

中国共产党历来重视对马克思主义政治经济学的学习、研究与运用，坚持把马克思主义政治经济学基本原理同中国实际和时代特征相结合，在指导推动经济工作的同时，不断推进马克思主义政治经济学的中国化、时代化，把实践经验上升为系统化的科学理论。习近平经济思想坚持马克思主义政治经济学的基本原理和方法，在适应新形势、解决新问题、应对新挑战中形成了一系列具有鲜明时代性和创造性的理论成果，集中体现了党对经济发展规律特别是社会主义经济建设规律的深刻洞见，为丰富发展马克思主义政治经济学作出了重要原创性贡献。

第一，创造性地提出加强党对经济工作的全面领导的重大理论观点，强调党的领导要在经济工作中得到充分体现，全面提高党领导经济工作水平，深刻阐明了社会主义条件下经济和政治高度统一的辩证关系，深化了我们党对共产党执政规律和社会主义建设规律的认识，丰富发展了马克思主义政治经济学关于经济和政治关系的理论。

第二，创造性地提出坚持以人民为中心的发展思想，从奋斗目标、初心使命、发展理念、社会主要矛盾变化、社会主义本质要求等诸多方面论述了坚持以人民为中心的根本立场，深刻阐明了新时代实现社会主义生产目的的主要任务和方针政策，深化了党对人的自由全面发展规律的认识，丰富发展了马克思主义政治经济学关于社会主义经济本质的理论。

第三，创造性地提出树立和坚持创新、协调、绿色、开放、共享的新发展理念，对社会主义经济发展中具有战略性、纲领性和引领性的重大问题作出全新阐释，深刻阐明了关于发展的政治立场、价值导向、发展模式、发展道路等重大问题，深化了党对社会主义经济发展规律的认识，丰富发展了马克思主义政治经济学关于经济发展原则的理论。

第四，创造性地提出我国经济已由高速增长阶段转向高质量发展阶段的重大论断，强调要准确认识我国经济发展的阶段性特征，立足新发展阶段推

动高质量发展，为科学把握新时代我国经济发展的历史方位提供了根本遵循，深化了党对社会主义初级阶段发展演进规律的认识，丰富发展了马克思主义政治经济学关于经济发展阶段的理论。

第五，创造性地提出推进完善社会主义市场经济体制的重要思想，把社会主义市场经济体制作为社会主义基本经济制度的重要组成部分，强调要使市场在资源配置中起决定性作用，更好发挥政府作用，要正确认识和把握资本的特性和行为规律，深刻回答了推进完善社会主义市场经济体制面临的一系列重大理论和现实问题，深化了党对社会主义市场经济规律的认识，丰富发展了马克思主义政治经济学关于市场经济的理论。

第六，创造性地提出供给侧结构性改革的重大方针，强调现阶段我国经济发展主要矛盾是结构性问题，矛盾的主要方面在供给侧，深刻阐明了社会主义市场经济条件下供给和需求的主要特点，为保持我国经济持续健康发展开出了治本良方，深化了党对社会主义经济运行规律的认识，丰富发展了马克思主义政治经济学关于供给和需要关系的理论。

第七，创造性地提出构建新发展格局的重大战略，围绕实现我国经济循环畅通作出全新阐释，提出以扩大内需为战略基点、实现高水平自立自强、培育国际经济合作竞争新优势等重大论断，深刻阐明了自主和开放、发展和安全、国内经济循环和国际经济循环的辩证关系，深化了党对社会主义经济循环规律的认识，丰富发展了马克思主义政治经济学关于社会再生产的理论。

第八，创造性地提出推动经济全球化健康发展的重要思想，从构建人类命运共同体的战略高度出发，解答了经济全球化向何处去的时代之问、世界之问，为引导经济全球化健康发展提供了中国方案、贡献了中国智慧，深化了党对经济全球化规律的认识，丰富发展了马克思主义政治经济学关于世界经济的理论。

理论的生命力在于不断创新。习近平经济思想坚持用马克思主义观察时代、把握时代、引领时代，坚持用马克思主义政治经济学之"矢"射新时代中国经济发展之"的"，深刻回答了马克思主义经典作家没有讲过、前人从未遇到过、西方经济理论始终无法解决的许多重大理论和现实问题，开拓了中国特色社会主义政治经济学的新境界。

四、习近平经济思想是新时代我国经济工作的科学行动指南

时代是思想之母，实践是理论之源。习近平经济思想是在中国特色社会

主义进入新时代、我国社会主要矛盾发生新变化、世界百年未有之大变局加速演变的历史条件下形成的，具有广阔时代背景、深厚理论渊源和坚实实践基础，体现了理论与实践相结合、认识论和方法论相统一的鲜明特点，是指引我国经济高质量发展、科学应对重大风险挑战、全面建设社会主义现代化国家的锐利思想武器。

习近平经济思想具有鲜明的科学性。这一重要思想坚持以辩证唯物主义和历史唯物主义科学世界观、方法论认识世界、改造世界，系统回答了新时代我国经济发展的根本保证、根本立场、历史方位、指导原则、路径选择、鲜明主题等一系列重大问题，深入提炼和总结我国经济发展实践的规律性成果，为准确把握经济社会发展逻辑、推进社会主义经济建设提供了正确指引，展现出强大的真理力量。

习近平经济思想具有鲜明的人民性。这一重要思想坚持把人民利益作为党领导经济工作的根本出发点和落脚点，强调发展为了人民、发展依靠人民、发展成果由人民共享，注重在发展中保障和改善民生，坚定不移走共同富裕的道路，不断增强人民群众获得感、幸福感、安全感，彰显了以人为本、人民至上的根本价值取向。

习近平经济思想具有鲜明的时代性。这一重要思想站在时代前沿，洞察时代风云，把握时代脉搏，立足中国特色社会主义进入新时代的历史方位，提出统筹中华民族伟大复兴战略全局和世界百年未有之大变局，强调要准确识变、科学应变、主动求变，坚持正确的战略策略，为新时代经济工作确立了战略坐标，提供了战略指引。

习近平经济思想具有鲜明的实践性。这一重要思想坚持实践导向，着眼客观实际，聚焦发展不平衡不充分的深层次矛盾，聚焦国际国内环境深刻复杂变化和经济运行面临的风险挑战，深刻回答了事关新时代经济发展的一系列重大现实问题，擘画推动了关乎基础和全局的一系列重大发展战略，为破解发展难题、增强发展动力、厚植发展优势、推动我国经济高质量发展提供了行动指南。

习近平经济思想具有鲜明的开放性。这一重要思想坚持以我为主、为我所用，博采众长、去粗取精，科学继承马克思主义政治经济学和中国特色社会主义政治经济学的理论精髓，充分汲取中华优秀传统文化的养分精华，借鉴并吸收世界各国经济发展经验和西方经济学有益成分，展现出强大的理论创新活力。

当前，我国发展环境面临着深刻复杂变化，世界百年未有之大变局和复杂国际局势交织，经济全球化遭遇逆流，我国发展仍处于重要战略机遇期，但机遇和挑战都有新变化。我们要坚持以习近平经济思想武装头脑、指导实践、推动工作，增强机遇意识和风险意识，勇于变革、勇于创新，扎实推动经济平稳健康可持续发展，为全面建设社会主义现代化国家、实现中华民族伟大复兴的中国梦作出新的更大贡献。

第五节

新时代中国特色社会主义经济基本特征

中国特色社会主义进入了新时代，我国经济发展也进入了新时代，基本特征就是我国经济已由高速增长阶段转向高质量发展阶段。

一、坚持和完善社会主义基本经济制度

党的十九届四中全会将公有制为主体、多种所有制经济共同发展，按劳分配为主体、多种分配方式并存，社会主义市场经济体制作为社会主义基本经济制度，这是党第一次从所有制结构、分配制度、资源配置方式方面阐述了我国基本经济制度的内涵，是对社会主义基本经济制度的新概括，是对社会主义基本经济制度内涵的重要发展和深化，把我们党对社会主义基本经济制度的认识提高到一个新境界。

第一，毫不动摇巩固和发展公有制经济，毫不动摇鼓励、支持、引导非公有制经济发展。公有制为主体、多种所有制经济共同发展，决定着我国基本经济制度的根本性质和发展方向。我国是中国共产党领导的社会主义国家，公有制经济是长期以来在国家发展历程中形成的，为国家建设、国防安全、人民生活改善作出了突出贡献。公有制主体地位、国有经济主导作用是我国各族人民共享发展成果的制度性保证，也是巩固党的执政地位、坚持我国社会主义制度的重要保证。长期以来，我国非公有制经济在我们党的方针政策指引下快速发展，在稳定增长、促进创新、增加就业、改善民生等方面发挥了重要作用。非公有制经济是稳定经济的重要基础，是国家税收的重要

来源，是技术创新的重要主体，是金融发展的重要依托，是经济持续健康发展的重要力量。公有制经济和非公有制经济，两者相辅相成、相得益彰。

第二，坚持按劳分配为主体、多种分配方式并存。按劳分配为主体、多种分配方式并存，是有利于充分调动各方面积极性，有利于实现效率和公平有机统一的分配制度。这一制度安排从我国社会主义初级阶段的实际出发，坚持多劳多得，着重保护劳动所得，提高劳动报酬在初次分配中的比重，完善工资制度，健全工资合理增长机制，完善按要素分配政策制度，健全再分配调节机制，重视发挥第三次分配作用。坚持好这一分配制度，能够有效实现各种分配方式各扬其长，各种市场主体各得其所，规范收入分配秩序，不断推动居民收入增长和经济增长同步、劳动报酬提高和劳动生产率提高同步，让广大人民群众共享改革发展成果，朝着共同富裕目标迈进。

第三，加快完善社会主义市场经济体制。把社会主义市场经济体制确立为社会主义基本经济制度，既能发挥市场经济的长处，又能发挥社会主义制度的优越性。在社会主义条件下发展市场经济，是我们党的一个伟大创举。习近平总书记指出："我们是在中国共产党领导和社会主义制度的大前提下发展市场经济，什么时候都不能忘了'社会主义'这个定语。"建立和完善社会主义市场经济体制，要求充分发挥市场在资源配置中的决定性作用，更好发挥政府作用，推动有效市场和有为政府更好结合，把完善产权制度和要素市场化配置作为重点，建设统一开放、竞争有序的市场体系，进一步激发全社会创造力和市场活力。事实证明，社会主义市场经济体制能够有效防范资本主义市场经济的弊端，在我国改革开放和社会主义现代化建设中发挥了无可替代的作用。

基本经济制度的三个主要组成部分是相互联系、相互支持、相互促进的内在统一整体。所有制结构是基本经济制度的基础，决定分配方式和资源配置方式。同时，合理有效的分配方式和资源配置方式有利于进一步完善所有制结构，更好地坚持"两个毫不动摇"，促进经济社会持续健康发展。将这三项经济制度共同作为基本经济制度，是中国特色社会主义政治经济学的重大理论创新，是新时代我国构建更加有效管用、逻辑贯通、衔接匹配的经济制度体系的根本遵循。

二、坚持以人民为中心

人民性是马克思主义最鲜明的品格，坚持以人民为中心的发展思想是我国经济发展的根本立场。始终同人民在一起，为人民利益而奋斗，是马克思主义政党同其他政党的根本区别。习近平总书记指出："江山就是人民、人民就是江山。中国共产党领导人民打江山、守江山，守的是人民的心。"

(一) 发展为了人民

坚持以人民为中心，一切为了人民，是马克思主义的根本立场。党领导人民干革命、搞建设、抓改革，从根本上说都是为人民谋利益，是为了解放和发展中国人民的生产力，让人民过上好日子。"人民对美好生活的向往，就是我们的奋斗目标。"[①]党领导人民进行新民主主义革命，推翻"三座大山"，建立中华人民共和国，开展社会主义革命和建设，推进国家的工业化，实行改革开放，全面建设社会主义现代化国家，都是为人民谋利益，都是为了让人民过上幸福生活。

进入新时代，人民对美好生活的向往更加强烈，期盼有更好的教育、更稳定的工作、更满意的收入、更可靠的社会保障、更高水平的医疗卫生服务、更舒适的居住条件、更优美的环境、更丰富的精神文化生活。发展为了人民，就是要顺应人民对美好生活的期盼，把握好人民美好生活需要的多样化、多层次、多方面的特点，始终把人民生命安全和身体健康摆在第一位，着力解决发展不平衡不充分问题，更好满足人民在经济、政治、文化、社会、生态文明等方面日益增长的需要，更好推动人的全面发展。

(二) 发展依靠人民

人民群众是真正的英雄，是决定党和国家前途和命运的根本力量，要依靠人民创造伟业。发展依靠人民，就是要坚信人民群众是历史的创造者、是推动社会发展的根本力量，紧密依靠人民群众，确立劳动人民的主体地位，尊重劳动人民的首创精神，最大限度地发挥劳动人民的聪明智慧，最广泛地动员和组织亿万群众投身中国特色社会主义伟大事业，充分发挥全体人民的积极性、主动性和创造性。

社会主义制度的建立使人民成为社会的主人，为充分地释放和发挥劳动者的潜能、实现人的全面发展提供了广阔空间。做到发展依靠人民，必须坚持公有制的主体地位，健全人民当家作主的制度体系，建立有利于组织、奖

① 习近平谈治国理政：第一卷[M]．北京：外文出版社，2018：4．

励创新的社会主义治理结构，消除抑制劳动人民充分发挥主动性的体制障碍，充分发挥人民群众的积极性、主动性、创造性。

(三) 发展成果由人民共享

坚持以人民为中心的发展，最终体现在发展成果惠及全体人民上。习近平总书记指出："共享理念实质就是坚持以人民为中心的发展思想，体现的是逐步实现共同富裕的要求。"①社会主义的根本目的就是要通过解放和发展生产力，建立强大的社会主义物质基础，让发展成果由全体人民共享，实现共同富裕。

发展成果由人民共享和共同富裕在内涵上具有一致性，都是社会主义本质的体现和要求。发展成果由人民共享，强调人民在发展过程中的人人参与和获得感，强调实现共同富裕的具体过程，强调全民对发展成果的全面共享，全面保障人民在各方面的合法权益，为实现共同富裕提供了有效途径。

三、坚持和深化供给侧结构性改革

改革开放四十多年来，中国经济持续高速增长，成功步入中等收入国家行列，已成为名副其实的经济大国。但随着人口红利衰减、中等收入陷阱风险累积、国际经济格局深刻调整等一系列内因与外因的作用，需要转变思路，从需求管理为主到供给管理与需求管理相结合，解决经济长期发展的结构性问题。

供给侧结构性改革的主要目标是提高实体经济的供给质量效率，全面提升产品和服务的质量。具体内容包括提升创新能力和核心竞争力、提高市场效率、激活市场微观主体的活力以及搭配适度的宏观调控政策。

供给侧结构性改革的根本途径是深化改革。深化改革要完善市场体制机制建设，包括深化行政管理体制改革和价格机制改革，从而打破垄断，使要素市场更加健全、微观经济主体内生动力更加强大、劳动生产更加有效。

深化供给侧结构性改革总的要求是"巩固、增强、提升、畅通"八字方针。要巩固"三去一降一补"（去产能、去库存、去杠杆，降成本和补短板）成果，推动更多产能过剩行业加快出清，降低全社会各类营商成本，加大基

---

① 习近平谈治国理政：第二卷［M］. 北京：外文出版社，2017：214.

础设施等领域补短板力度。要增强微观主体活力，发挥企业和企业家主观能动性，建立公平、开放、透明的市场规则和法治化营商环境，促进正向激励和优胜劣汰，发展更多优质企业。要提升产业链水平，注重利用技术创新和规模效应形成新的竞争优势，培育和发展新的产业集群。要畅通国民经济循环，加快建设统一开放、竞争有序的现代市场体系，提高金融体系服务实体经济能力，形成国内市场和生产主体、经济增长和就业扩大、金融和实体经济良性循环。

四、坚持新发展理念

发展理念是发展行动的先导，是发展思路、发展方向、发展着力点的集中体现。发展理念是否正确，从根本上决定着发展成效乃至成败。党的十八大以来，党对经济形势进行科学判断，对经济社会发展提出了许多重大理论和理念，对发展理念和思路及时作出调整，其中新发展理念是最重要、最主要的，引导我国经济发展取得了历史性成就，发生了历史性变革。

新发展理念是一个系统的理论体系，回答了关于发展的目的、动力、方式、路径等一系列理论和实践问题，阐明了党关于发展的政治立场、价值导向、发展模式、发展道路等重大问题，集中体现了党对新发展阶段基本特征的深刻洞察和科学把握，标志着党对经济社会发展规律的认识达到了新的高度。进入新时代新阶段，要坚持用新发展理念引领和推动我国经济高质量发展，不断破解经济发展难题，开创经济发展新局面。

(一)创新成为发展的第一动力

党的十八大以来，创新驱动发展战略全面实施，我国成为具有全球影响力的科技创新大国，在量子科学、超导、探测卫星等领域获得重大突破，在神舟载人飞船、超级计算机、高速铁路等高科技应用领域已经位居世界前列。世界知识产权组织发布的《2022年全球创新指数报告》表明，中国创新能力从2012年的第34位上升到2022年的第11位，连续10年稳定提升，位居中等收入经济体之首。我国科技创新实力、能力、活力稳步提升的同时，科技创新对经济社会发展的贡献也越发显现。科技创新对产业转型升级、产品供给优化、新动能培育等方面的支撑引领作用显著增强，成为引领高质量发展、提升国家核心竞争力的重要源泉。创新已经成为我国高质量发展的第一动力。

(二)协调成为发展的内生特点

党的十八大以来,全国各地把协调发展放在发展全局的重要位置,坚持统筹兼顾、综合平衡。党中央坚持以新发展理念为引领,以供给侧结构性改革为主线,加快推进经济结构战略性调整和经济转型升级,我国的产业结构、需求结构、城乡结构、区域结构、所有制结构和收入分配结构逐步改善,经济发展的协调性和可持续性不断增强,为推动高质量发展、建设现代化经济体系奠定了良好基础,协调发展已经成为我国高质量发展的内生特点。

(三)绿色成为发展的普遍形态

我国树立和践行"绿水青山就是金山银山""保护生态环境就是保护生产力、改善生态环境就是发展生产力"的理念,出台多项制度,污染治理和监管执法力度不断加大,环境质量改善效果不断提升。

从生态环境建设来看,生态文明制度体系加快形成,主体功能区制度逐步健全,生态产业不断发展,节能减排取得重大进展,重大生态保护和修复工程进展顺利,生态环境治理明显加强,积极参与应对全球气候变化的国际合作。

从能源产业来看,党的十九大将生态文明建设放在更加突出的战略位置,提出推进能源生产与消费革命,加快能源产业转型升级,贯彻落实绿色发展战略,推进新能源产业健康发展,发展新能源成为加快能源结构调整的中坚力量。

从人与自然的关系来看,党的十九大报告提出人与自然和谐共生,标志着社会主义生态文明建设的新发展。坚持"绿水青山就是金山银山"的理念,把促进生态与经济协调发展和生态文明建设纳入中国特色社会主义事业总体布局中,绿色发展理念不断深化。绿色发展已经成为我国高质量发展的普遍形态。

(四)开放成为发展的必由之路

经过40多年的对外开放,我国已经从经济全球化的旁观者变身为参与者,再到全球化的引领者。经过40多年来的开放发展,我国实现了从封闭型经济大国向开放型全球经济大国的转变。我们坚持"引进来"与"走出去"相结合，取得了开放发展的诸多成就，中国在全球经济贸易体系中已名列前茅。特别是党的十八大以来，中国迈入大国开放的新阶段，对外开放战略开始由积极融入全球化向引领全球化转变。党的十八届五中全会提出新发展理念，使得开放发展成为指导我国新时代发展的长期理念。我国以自由贸易试验区为引领，构建开放型经济新体制，推进"一带一路"建设，积极推动由外贸大国向外贸强国转变，积极参与全球经济治理体系变革，从学习、引进、适应国际经贸规则到主动参与全球经济治理、参与国际规则制定，实现了从改革开放初期积极融入全球化到推动全球化的转变。

总体来看，新时代我国经济发展进入高质量发展阶段。我们要通过构建新体制、形成新格局、培育新模式为高质量开放型经济增添新活力，让开放发展成为我国经济高质量发展的必由之路。

(五)共享成为发展的根本目的

改革开放40多年来，我国居民收入大幅度提升，消费水平大幅提高。我国用31年时间实现居民人均收入跨过万元大关，2009年达到10977元，2014年突破2万元大关达到20167元，2019年已跨过3万元大关。40多年来，随着我国居民收入水平大幅提高，居民消费水平和消费结构明显得到提高和改善，在解决了温饱问题后城乡居民开始从基本的吃穿消费向发展和享受型消费倾斜。同时，随着消费市场持续完善，消费环境不断优化，公共设施覆盖率提高，社会服务更加全面，城乡居民从吃穿住用的品质到能够享受的医疗教育服务水平都发生了重大的变化，生活质量不断提升。

特别是党的十八届五中全会以来，共享发展理念深入实施，居民收入快速增长。2022年，全国居民人均可支配收入为36883元，比1978年实际增长29.43倍；全国居民人均消费支出为24538元，比1980年实际增长17.04倍。共享发展无论是从理论上还是实践上都取得了重大进展，已经成为我国高质量发展的根本目的。

总体来看，我国经济发展已转向高质量发展阶段，我们需要依据高质量发展的要求，积极推进经济结构调整，加快高质量发展新动能的培育，建设现代化经济体系，持续推进人民生活水平的改善。

中国特色社会主义所有制 第一章

生产资料所有制是一个社会经济制度的基础，是决定一个社会基本性质和发展方向的根本因素。中国特色社会主义所有制的形成有一个不断认识和深化的过程，最终确立了公有制为主体、多种经济成分共同发展的中国特色社会主义所有制，坚持两个"毫不动摇""两个都是"，平等使用生产要素、平等参与市场竞争，同等受到法律保护。

中国特色社会主义所有制的基本内涵

一、生产资料所有制的核心地位

马克思主义理论认为，经济基础决定上层建筑，生产资料所有制是经济基础的核心，处于经济基础核心地位。这是因为，生产资料是一个社会最基本的经济资源，谁控制了生产资料，谁就控制了包括生产、分配、交换以至消费在内的社会经济的各个环节，并由此成为这个社会政治上的统治者和意识形态上的主导者。因此，生产资料所有制构成一个社会经济制度的基础，也是决定社会基本性质和发展方向的根本因素。

生产资料所有制为什么会有如此重要的地位呢？在《资本论》第二卷中，马克思简要地回答了这一问题："不论生产的社会形式如何，劳动者和生产资料始终是生产的因素。但是，二者在彼此分离的情况下只在可能性上是生产因素。凡要进行生产，它们就必须结合起来。实行这种结合的特殊方式和方法，使社会结构区分为各个不同的经济时期。"①

从历史上看，社会的不同形态，如原始社会到奴隶社会、封建社会和资本主义社会等形态的更替，都是以生产资料所有制的变革为基础的。同一社会形态，如自由资本主义到垄断资本主义和国家垄断资本主义的演变，也是以生产资料所有制的具体形式和内部结构变化为基础的。正因为如此，马克思主义高度重视所有制问题，把所有制的变革作为革命、建设和改革的关键环节。

中华人民共和国成立后，我国建立了以公有制为基础的社会主义经济制度。这一根本变革为当代中国的发展进步奠定了根本政治前提和制度基础。但是由于受极左思想的影响，我们脱离了生产力发展的状况，以为越公越好、越纯越好，急于建立单一的公有制经济，形成了过分单一的所有制结构和僵化的经济体制，严重束缚了生产力和社会主义商品经济的发展。

改革开放以来，我们党立足我国基本国情，围绕完善社会主义初级阶段的所有制结构进行了不懈探索，1997 年党的十五大报告中第一次明确提出了社会主义初级阶段基本经济制度这一概念。报告指出："公有制为主体、多种所有制经济共同发展，是我国社会主义初级阶段的一项基本经济制度。这一制度的确立，是由社会主义性质和初级阶段国情决定的：第一，我国是社会主义国家，必须坚持公有制作为社会主义经济制度的基础；第二，我国处在社会主义初级阶段，需要在公有制为主体的条件下发展多种所有制经济；第三，一切符合'三个有利于'的所有制形式都可以而且应该用来为社会主义服务。"

公有制为主体、多种所有制经济共同发展的基本经济制度，体现了中国特色社会主义经济的根本特征，这一制度的确立为中国特色社会主义经济发展奠定了深刻的制度基础。

有人提出，既然强调不同所有制之间的关系是一种平等竞争的关系，为什么还要强调公有制的主体地位呢，为什么还要在不同所有制之间区分主次关系呢？其实，公有制的主体地位与不同所有制之间的平等竞争是不同层次的问题，并不矛盾。一方面，在市场经济中，不同所有制的企业都要接受价值规律的调节、服从等价交换的原则，从这个角度看，它们之间的关系是平等竞争的关系。另一方面，任何社会的经济成分都不是单一的，都存在多种

---

① 马克思. 资本论：第二卷［M］. 北京：人民出版社，2004：44.

经济成分，而且不同经济成分的地位和作用是不一样的。马克思指出："在一切社会形式中都由一种一定的生产决定其他一切生产的地位和影响，因而它的关系也决定其他一切关系的地位和影响。这是一种普照的光，它掩盖了一切其他色彩，改变着它们的特点。这是一种特殊的以太，它决定着它里面显露出来的一切存在的比重。"①

例如，在资本主义社会里，既存在资产阶级私有制，也存在大量的个体经济，还有一定的国有经济，某些时期甚至还有奴隶主经济。既然如此，为什么还要称之为资本主义社会呢？关键在于资产阶级私有制在整个社会的生产关系体系中占据主体地位，它就是普照的光，决定着、制约着其他经济成分的存在和发展。在社会主义初级阶段，既有公有制经济，又有非公有制经济，但是我国之所以是社会主义社会，从经济上说，就是因为公有制占主体地位。如果没有占主体地位的公有制经济，没有占主导地位的社会主义国有经济，让私有制占据主体地位，社会的性质就会发生变化，社会主义社会就会转变成资本主义社会。

二、中国特色社会主义所有制的主要规定

第一，毫不动摇巩固和发展公有制经济。坚持和完善社会主义基本经济制度，首先必须毫不动摇巩固和发展公有制经济。《中华人民共和国宪法》明确指出，"中华人民共和国的社会主义经济制度的基础是生产资料的社会主义公有制"。坚持公有制的主体地位、发挥国有经济的主导作用，对于发挥社会主义制度的优越性，保障全体人民共同利益，增强我国经济实力、国防实力和民族凝聚力，维护公平正义、保障国家安全，防止两极分化、实现共同富裕，都是至关重要的。

第二，毫不动摇鼓励、支持、引导非公有制经济发展。公有制经济和非公有制经济都是社会主义市场经济的重要组成部分，都是我国经济社会发展的重要基础。公有制经济财产权不可侵犯，非公有制经济财产权同样不可侵犯。毫不动摇鼓励、支持、引导非公有制经济发展，激发非公有制经济活力和创造力，充分发挥非公有制经济在支撑增长、促进创新、扩大就业、增加税收等方面的重要作用。

---

① 马克思恩格斯选集：第 2 卷［M］. 北京：人民出版社，2012：707.

第三，把坚持公有制经济为主体和促进非公有制经济发展统一于社会主义现代化建设进程中，不能把两者对立起来。在现阶段，坚持公有制为主体与促进非公有制经济共同发展是相辅相成的，各种所有制经济可以在市场竞争中发挥各自优势，互相促进、共同发展。我国仍处于并将长期处于社会主义初级阶段，社会主义初级阶段的显著特征是生产力发展不平衡不充分，这决定了坚持公有制为主体、多种所有制经济共同发展不是权宜之计，而是一个长期的方针。要划清坚持公有制为主体、多种所有制经济共同发展与单一公有制和私有化的界限，既不会因为坚持公有制的主体地位而影响非公有制经济发展，也不会因为发展非公有制经济而影响公有制的主体地位。

三、发展混合所有制经济

混合所有制是中国特色社会主义所有制的重要组成部分，是社会主义条件下实现公有制与市场经济的有机结合、不断完善社会主义所有制的必然产物。

"党的十五大报告明确指出，股份制是公有制的主要实现形式，这里的公有制经济不仅包括国有经济和集体经济，还包括混合所有制经济中的国有成分和集体成分。党的十六大报告提出，除极少数必须由国家独资经营的企业外，积极推行股份制，发展混合所有制经济。党的十七大报告进一步指出，以现代产权制度为基础，发展混合所有制经济。在此基础上，党的十八届三中全会通过的《中共中央关于全面深化改革若干重大问题的决定》明确提出，国有资本、集体资本、非公有资本等交叉持股、相互融合的混合所有制经济，是基本经济制度的重要实现形式，有利于国有资本放大功能、保值增值、提高竞争力，有利于各种所有制资本取长补短、相互促进、共同发展。"①

经过多年的深入改革，我国多数国有企业已经通过股份制改造实现了股权多元化，建立了现代企业制度，具有了混合所有制的性质。也有不少非公有制企业通过吸收公有资本发展成为混合所有制经济。混合所有制经济的发展，有力地推动了国有经济管理体制和治理结构的创新，增强了国有经济的活力，同时促进了非公有制经济健康发展。尽管在混合所有制经济中各种所有制成分在功能上具有互补性，但是由于它们各自都有所有制性质上的不同

---

① 《马克思主义政治经济学概论》编写组. 马克思主义政治经济学概论(第二版)[M]. 北京：人民出版社，2021：247.

归属，因此相互之间无法完全替代。世界各国都有混合所有制经济，但我国的混合所有制经济不是一般意义上的混合所有制经济，而是公有制为主体的混合所有制经济。这是我国混合所有制经济与资本主义国家混合所有制经济的本质区别。

积极发展混合所有制经济主要有三个途径：一是非国有资本参与国有企业改革。鼓励非国有资本以收购股权、认购债权以及股权置换等形式参与国有企业改革、重组。二是国有资本参股非国有企业。鼓励国有企业通过投资入股、联合投资、重组等多种方式与非国有企业进行股权融合、战略合作、资源整合，以发挥国有企业平台作用。三是探索创新员工持股模式。

第二节

社会主义公有制的主体地位和实现形式

一、社会主义公有制的本质特征

科学认识社会主义基本经济制度，必须准确把握公有制关系的本质特征。生产资料公有制并不是社会主义社会独有的现象，它在原始社会曾经是占统治地位的所有制形式，并将在共产主义社会的高级阶段获得更加充分的发展。但是，社会主义生产资料公有制既不同于原始公有制，也不同于共产主义公有制。

在原始社会，由于生产力极其低下，因此人们只能集体劳动，平均分配，这就是原始的公有制。与原始公有制不同，社会主义公有制是生产社会化高度发展的产物，其基本特征是劳动者共同占有生产资料，并在此基础上形成新型的平等关系，生产的目的是满足人们的共同需要，社会产品的分配实行按劳分配或按需分配，实现人的全面发展和共同富裕。

那么，社会主义公有制和共产主义高级阶段的公有制又有什么区别呢？社会主义公有制与共产主义高级阶段公有制最主要的区别在于前者是以存在分工、劳动是谋生的手段为基础的，后者则是以消灭分工、个人实现自由全面发展为基础的。

社会主义生产资料公有制有四方面特点。

(一) 社会调节

由全体社会成员按照集体意志统一支配和调节社会所属的生产资料既是公有制的历史起点，又是公有制的必然结果。正像自发的秩序是资本主义经济运行的典型状态一样，社会主义公有制必然要将有计划地满足社会的共同利益作为自己存在的历史根据。公有制企业在追求自身利益的同时必须满足社会的共同利益，承担一定的社会责任，接受全体人民的代表即国有资产监管部门的监督管理；否则，国有经济就会成为单纯追求个人利益和小集团利益的工具，成为事实上的私有制，公有制就会被瓦解。

(二) 经济民主

生产资料公有制使劳动者在生产资料占有上形成了平等的关系，在全社会范围内结成了利益共同体，这就首先需要一种民主化的管理制度，以保障共同利益的实现。没有这样一种民主的管理结构，就会滋生各种官僚主义和腐败现象，作为公共利益代表的各级管理者就有可能蜕化变质，公有制相关的要求就无法得到实现，公共利益就无法得到保证。

(三) 按劳分配

按劳分配是社会主义公有制的本质要求，是生产资料公有制在分配环节的实现。在市场经济条件下，由于劳动不能直接计算，现实中的按劳分配只能是按经营收入分配，而经营收入的大小又受供求、竞争和价格波动等多种因素的影响，因此按劳分配的实现与理想中的状态有很大的不同。但是，就国有经济来说，按劳分配原则的基本精神是必须坚持的，这就是，既反对剥削，又反对平均主义，只承认能力和贡献上的差别及其对收入分配的影响，而不承认生产资料占有上的差别及其对收入分配的影响。

(四) 剩余共享

对经济剩余的占有是生产资料所有权的基本职能，在私有制中，经济剩余归私人所有者占有，而在公有制经济中，经济剩余则归社会成员共同占有。具体来说，在公有制经济中，企业上缴国家的收入包括两个部分：一部分是一般的税收；另一部分则是公有资本收益，这是国家以所有者身份从企业获得的收益，是公有所有权在经济上的实现。这部分收入要用于满足社会的共同利益，如改善公共福利、保障和改善民生等。

二、必须坚持公有制的主体地位

社会主义是以公有制为基础的，因此，坚持社会主义就必须坚持公有制为主体。这样的回答并没有抓住问题的关键。还有一种流行的观点认为，公有制和私有制都是手段，只有发展生产力才是目的，因此，是否以公有制为主体并不重要，可有可无。这种观点貌似有理，其实是片面的，割裂了生产力与生产关系的辩证联系，把公有制与生产力的发展不恰当地对立起来了。

科学社会主义之所以坚持用生产资料公有制代替私有制，并不是基于公平正义的道德考虑，而是因为资本主义私有制阻碍了社会化大生产的发展，只有建立生产资料公有制才能克服资本主义私有制的弊端，适应生产力发展的要求，更好地解放和发展生产力。生产力的发展还有一个"为了谁"的问题，是为了少数剥削者的利益，还是为了广大劳动者的利益。因此，实行什么样的所有制是极为重要的。

社会主义初级阶段的基本经济制度之所以必须坚持公有制为主体，主要的原因在于：

第一，以公有制为主体是社会主义经济制度的根本特征。如前所述，生产资料所有制是一个社会经济制度的基础，它决定着一个社会的基本性质和发展方向，决定着人们在生产过程中的地位和相互关系以及分配和交换的性质。没有公有制作为经济基础，就不会有社会主义的经济制度，也不会有社会主义的上层建筑。

第二，以公有制为主体是解放和发展生产力的根本要求。生产的社会化与生产资料资本主义私人占有之间的矛盾，是资本主义经济贫富两极分化、经济危机、阶级对立等一切弊病的总根源。解决这些弊病要求在生产资料公有制的基础上，对整个社会生产和经济发展进行有计划的、合理的调控，以推动生产力更快地发展。生产资料公有制是实现这种有计划调控的制度基础。

第三，以公有制为主体是实现共同富裕的根本前提。马克思主义认为，生产决定分配，不同的所有制关系决定了不同的收入分配制度，只有在生产资料社会占有的基础上才能形成按劳分配为主体的比较公平的分配关系，对收入分配的源头即生产条件的占有环节进行有效调节，防止两极分化，实现共同富裕，使全体人民共享改革与发展的成果。

第四，以公有制为主体是构建社会主义和谐社会的重要条件。在公有经济内部，生产资料归社会占有而不是归任何个人占有，这样就有利于从根本上消除资本与劳动的阶级对立和对抗性的社会矛盾，有利于维护社会的公平正义，有利于实现社会整体利益与局部利益、长远利益与当前利益、公共利益与个人利益的有机结合，为构建社会主义和谐社会创造有利条件。

第五，以公有制为主体是全球化条件下实现自主发展的有力保障。坚持公有制的主体地位和发挥国有经济的主导作用，有利于国家大力实施自主创新的战略，建设创新型国家，提高国家的竞争力，保持国家对关键行业和领域的控制力，维护国家的经济安全，把坚持独立自主同参与经济全球化结合起来。

第六，以公有制为主体是社会主义政治制度的经济基础。人民当家作主是社会主义民主政治的本质，而这样一种民主制度只有在社会的财富特别是生产资料占有相对公平的基础上才能产生。如果生产资料特别是关系国民经济命脉的战略性资源和生产资料被私有化了，被少数私人和私有利益集团垄断占有了，那么不可能形成社会主义民主政治，而只能形成垄断资本占主导地位的资产阶级民主政治。

经济基础决定上层建筑，坚持以公有制为基础，既是一个重大经济问题，也是一个关系国家前途命运的重大政治问题。坚持和发展中国特色社会主义制度，推进国家治理体系和治理能力现代化，加快发展社会主义市场经济、社会主义民主政治、社会主义先进文化、社会主义和谐社会、社会主义生态文明，都离不开基本经济制度这个重要支柱。

三、公有制的实现形式

一种生产资料所有制建立之后，其生产关系通过什么样的具体形式体现出来并发挥作用，如何推动和组织实际的生产、分配和交换活动，这就是所有制的实现形式问题。

所有制与所有制的实现形式既相互联系，又有所不同。一方面，所有制的内容决定着所有制的实现形式。例如，资本主义所有制必然要求自由经营的企业组织形式，社会主义所有制必然要求社会对企业的监督管理。另一方面，同一种所有制可以有不同的实现形式。例如，同样的资本主义私有制，就存在独资经营的业主制、私人股份所有制、法人股份所有制等多种形式。同样的社会主义公有制，也存在国有国营、股份制、股份合作制、承包、租赁等多种形式。

公有制的实现形式，主要是指公有土地和公有资本的经济价值的实现形式。在市场经济环境中，公有制实现途径主要是指，公有制利益主体从生产条件投入生产到形成效益的运行方式，以及在这一过程各个环节中产权关系所采取的组织形式。

股份制和股份合作制是两类典型的公有制实现形式，其中股份制是公有制的主要实现形式。如果股份制企业由国家或集体控股，那么该企业就具有明显的公有性。因此，股份制也是公有制的主要实现形式，特别是国有经济的主要实现形式。股份合作制也是公有制的有效实现形式，它以合作制为基础，吸收股份制的一些做法，是劳动者的劳动联合和资本联合相结合形成的新型的企业组织形式。

公有制实现形式的多样化是促进公有制与市场经济相结合的重要条件，也是建立社会主义市场经济的内在要求，它不仅有利于公有制经济的迅速发展，还有力地推动了整个国民经济的迅速发展。

第三节

非公有制经济形式及其政策环境

一、必须发展多种所有制经济

我国处于社会主义初级阶段，生产力发展水平相对较低且不平衡。生产力多层次和不平衡的特点，客观上要求有多种所有制形式与之相适应。各种所有制形式都是与特定的生产力相联系的，具有相对的优势。

公有制经济特别是国有经济是社会化大生产体系的核心部分，在国民经济中具有主导地位，但国有经济的这种主导作用是以非公有制经济的广泛存在为条件的，需要以非公有制经济的广泛发展为补充。

首先，在现实的生产力结构中，与公有制相适应的高度社会化的生产方式和由国家统一支配的生产资料是比较有限的，所以如果把国有经济的发展当作对其他所有制形式的排斥，会造成国有经济无法提供足够的就业机会。

其次，多种所有制经济的共同发展是解决国有经济生产能力与社会需要之间矛盾的必要条件。国有经济所具有的生产能力还不足以提供社会所需要的全部产品，国家只能将有限的生产资料用在对整个国民经济中具有重大影响的关键领域，所以其他领域的产品则需要由大量的非公有制经济来提供。

最后，多种所有制经济的共同发展有利于形成各种所有制优势互补、相互促进的新格局。国有经济的发展有利于国家对经济发展进行有计划调控，发挥社会主义制度集中力量办大事的优势；非公有经济的发展则有利于形成各种所有制之间独立自主的市场竞争关系，发挥市场机制的调节作用，调动各个经济主体的积极性和创造性，保证市场经济的活力和效率。

二、非公有制经济与民营经济

非公有制经济是同公有制经济相对应的一个概念。公有制指的是生产资料归国家和集体所有。从实现形式上看，公有制经济不仅包括国有经济和集体经济，还包括混合所有制经济中的国有成分和集体成分。与之相对应，非公有制经济从本质上讲，是生产资料归私人所有，包括个体经济、私营经济、外资经济和混合所有制经济中的非公有成分。

我国宪法以及党和国家重要文件中通常没有"民营经济"的表述，而是使用"非公有制经济"的概念。一般而言，"民营经济"这一概念主要是指私营经济，而国有经济则是全民所有制经济，是公有制经济。

民营经济的积极意义：可以避免把非公有制经济简单等同于资本主义条件下的私有制经济，进而在道德和制度上加以批判的片面认识，有利于鼓励和支持非公有制经济的发展。

民营经济的消极意义：在实际生活中，有些看法有意无意地把所谓的"国"与"民"对立起来，将本来属于全体人民所有的全民所有制经济或国有经济说成"官僚资本"，而将本来属于私有制范畴的民营经济当作"人民群众"的代表，甚至将国有企业与私有企业正常的市场竞争说成"与民争利"，并进一步将这种对立夸大为"国家与人民的对立""政府和群众的对立"。

三、对非公有制经济认识的发展

在改革开放以前，受极左思想的影响，私有制经济被作为资本主义尾巴而加以扫除。党的十一届三中全会以后，非公有制经济蓬勃发展，逐步成为社会主义初级阶段基本经济制度的重要组成部分。

党的十二大提出，鼓励劳动者个体经济，使其作为公有制经济的必要的、有益的补充。自此以后，党的多次重大会议都将积极发展非公有制经济作为重大议题。党的十八届三中全会通过的《中共中央关于全面深化改革若干重大问题的决定》，鼓励非公有制企业参与国有企业改革，鼓励发展非公有资本控股的混合所有制企业。

从以上政策演变过程可以看出以下四点：

第一，毫不动摇地鼓励、支持、引导非公有制经济发展不是权宜之计，而是一个必须长期坚持的战略方针。我国处于并将长期处于社会主义初级阶段，生产力的结构复杂多样，因此，需要发展多种形式的所有制，调动各方面的积极性，发挥各方面的优势。

第二，我国非公有制经济由弱变强，是在我们党和国家方针政策指引下实现的。非公有制经济在支撑增长、促进创新、扩大就业、增加税收等方面具有重要作用。

第三，我国现阶段的非公有制经济不同于资本主义国家的私有制经济，它是社会主义初级阶段基本制度的重要组成部分，是在社会主义制度下产生和发展起来的，是中国特色社会主义事业的建设者。

第四，民营经济是我国经济制度的内在要素，是社会主义市场经济发展的重要成果，是推动社会主义市场经济发展的重要力量。

四、促进非公有制经济的健康发展

改革开放以来，影响非公有制经济发展的因素分为外部因素和内部因素两个部分。从外部因素看，遇到了所谓的"三座大山"，即市场的冰山、融资的高山、转型的火山。从内部因素看，存在经营模式粗犷、社会责任意识薄弱、宗法治理方式等弊病。

(一)外部因素

从外部因素看，要重点解决好以下问题：

第一，着力解决中小企业融资难问题，健全和完善金融体系，为中小企业融资提供可靠、高效、便捷的服务。

第二，着力放开市场准入，凡是法律法规未明确禁入的行业和领域都应该鼓励民间资本进入，凡是我国政府已向外资开放或承诺开放的领域都应该向国内民间资本开放。

第三，着力加快公共服务体系建设，支持建立面向非公企业的共性技术服务平台，积极发展技术市场，为非公企业自主创新提供技术支持和专业化服务。

第四，着力引导非公企业利用产权市场组合民间资本，开展跨地区、跨行业兼并重组，培育一批特色突出、市场竞争力强的大企业集团。

第五，进一步清理、精简行政审批事项和涉企收费，规范中间环节、中介组织行为，减轻企业负担，降低企业成本。

(二) 内部因素

从内部因素看，要重点解决好以下问题：

第一，非公有制企业要适应生产社会化要求，建立多元、开放、社会化的产权结构，发展现代企业制度，完善企业内部治理结构，建立和谐的劳动关系。同时，要加快转变发展方式，促进科技创新，提升产业层次，努力摆脱家庭作坊式的低、小、散状态，促进企业转型升级。

第二，非公有制经济的企业家要十分珍视和维护好自身社会形象，做爱国敬业、守法经营、创业创新、回报社会的典范。要注重对年轻一代非公有制经济人士的教育与培养，引导他们继承和发扬老一代企业家的创业精神和听党话、跟党走的光荣传统。

第三，建立新型的亲清政商关系。领导干部同非公有制经济人士的交往应该为君子之交，要亲商、安商、富商，但不能搞成封建官僚和"红顶商人"之间的那种关系，也不能搞成西方国家大财团和政界之间的那种关系，更不能搞成吃吃喝喝、酒肉朋友的那种关系。

总之，促进非公有制经济健康发展和非公有制经济人士健康成长，要坚持团结、服务、引导、教育的方针，一手抓鼓励支持，一手抓教育引导，推动广大非公有制经济人士做合格的中国特色社会主义事业建设者。

中国特色社会主义分配方式　第二章

改革开放以来，中国收入分配制度改革始终在按劳分配理论的指导下进行，并根据国情和实践需要不断调整，以打破平均主义为突破口，由单一的按劳分配且不允许其他分配方式存在的模式，转变为按劳分配为主体、其他分配方式为补充的模式，然后进一步变为按劳分配为主体、其他分配方式共同发展的模式，逐步实现了对各种要素的激励和对社会成员经济利益的重新调整，调动了各要素参与的积极性，完善了中国特色社会主义市场经济体制，对中国经济的腾飞起到了重大作用，真正让人民大众分享了中国经济发展的成果。

第一节

国民收入的分配与再分配

一、国民收入概念

国民收入分配和经济增长是经济学探讨的永恒主题，经济增长是国民收入分配的基础，而国民收入分配又会通过多种渠道影响经济增长的轨迹。改革开放以来，中国以国民收入分配格局变迁为代表的经济利益格局的调整，成为我国国民经济持续快速增长的重要影响因素。

国民收入是一国在一定时期内新创造的最终产品的价值总量。这一指标衡量了一国的经济总量、生产能力和综合经济实力，而其人均值则部分地反映了一国的经济发展水平和人民的生活水平。国民收入是一个比较宽泛的概念，在国民经济核算中，有多种口径对其进行核算，其中最为主要的是 GDP 和国民总收入（GNI，原称国民生产总值 GNP）。GDP 是指一个国家在一定时期内所有常住单位提供的商品和劳务的价值总和。在核算方法上，GDP 强调增加值的概念，也就是说，一国生产的产品产值需要减去其中间投入的价值，只有生产过程中新增加的部分才能计入 GDP；在核算的对象上，GDP 包含一国领土范围内的全部经济单位，而不论其国籍归属。GNP 在核算方法上与 GDP 类似，但是在核算的对象上，GNP 指一个国家所有常住单位在一定时期内收入初次分配的最终结果，因此它等于 GDP 减去外国经济单位在本国获得的收入，再加上本国经济单位在外国获得的收入。

除了这两个主要的指标，国民经济核算体系还会根据不同的需要得到其他有关国民收入的指标。一国的国民收入应该是这一时期一国所创造的新增价值，但是 GDP 和 GNP 的核算中包括了固定资产折旧这个部分，因此国民经济核算体系会通过减去固定资产折旧来得到国内生产净值（Net Domestic Product，NDP）和国民生产净值（Net National Product，NNP）。NDP 和 NNP 包含了一些直接被政府获得而并不会被经济单位得到的部分，因此为了更好地反映经济单位获得的产品价值，可以通过从 NDP 和 NNP 中扣减间接税和企业转移支付，再加上政府的补贴，得到狭义的国民收入。除此以外，将国民收入减去企业所得税、未分配利润可以得到个人收入，进一步减去个人所得税可以得到个人可支配收入，这两个指标能够更好地反映可以被个人用于消费或储蓄的产品的总价值。

二、国民收入的初次分配

一个国家在一定时期创造的国民收入要通过分配过程进入各个经济主体手中。分配分为初次分配和再分配两个过程。

国民收入首先要在参与生产的各个主体之间进行分配，这一过程就是国民收入的初次分配。初次分配过程形成各个经济主体的"原始收入"。"原始收入"按照经济活动主体分为个人收入、企业收入和政府收入。

个人收入通常包括两个部分：一是劳动者报酬，二是非劳动收入。劳动者报酬是劳动者因为自身所从事的生产活动而获得的收入，从形式上看既包括了以货币形式发放的工资、奖金、津贴，也包括非货币形式的医疗、养老、住房等方面的福利，而在来源方面可分为在公有制经济中通过按劳分配原则所获得的劳动报酬和在非公有制经济中所获得的工资。非劳动收入则是依靠个人对生产条件的占有所获取的收入，主要包括利息、红利、知识产权收入和房地产收入。

企业收入广义上主要是指企业营业收入扣除了原材料成本、固定资产折旧、劳动者报酬和间接税之后的企业利润，但是，由于利润会有相当一部分以利息和红利的形式变成个人收入，因此狭义的企业收入是指企业的利润进行分配之后的未分配利润，这一部分收入将主要通过企业的投资行为成为社会再生产的积累部分。

政府收入是指政府直接向生产领域征税所获得的收入减去对生产领域的补贴。直接向生产领域征收的税种主要包括流转税、行为税和资源税。这些税种的共同特点是对生产活动的过程进行征税，这部分收入通常尚未分配到经济活动的参与者手中，因此属于初次分配的范畴。初次分配中的政府收入与通常意义上的政府收入是两个不同的概念。通常意义上的政府收入或者财政收入包括政府征收的所有税款、政府的借款收入、国有企业利润、其他国有财产收入和行政收费。而初次分配中的政府收入仅仅包含政府在生产领域的税收。

初次分配的作用和地位体现在以下三个方面：

首先，初次分配是收入分配的首要环节，是其他一切经济生活得以进行的必要前提，体现机会平等的同时更反映了社会分配公平的基础和决定因素。因此，收入分配不公平问题的根源往往在初次分配中。

其次，初次分配是再分配的前提条件，如果初次分配出现了较大差距，那么后续政府主导的再分配调节过程也很难发挥应有作用。经济社会中各种矛盾的焦点在于分配的差异，而现实的经济发展规律更加深刻地揭示了收入差距扩大只是表面现象，其根源是初次分配中劳动报酬份额偏低。

最后，提高初次分配中劳动报酬的份额能够让劳动者获得更多经济发展所带来的成果，从而改善人民的生活状况，积极发挥劳动者的积极性，创造更多的社会财富。

三、国民收入的再分配

国民收入完成了新增价值在生产领域的初次分配后，还需要在全社会范围内进行分配，这个过程即国民收入的再分配。

再分配的渠道主要有政府和市场两种。政府渠道主要通过税收和债券等方式将初次分配之后的资金集中到自己手中，然后通过经济建设支出、行政管理支出、社会文教支出和转移支付等在全社会范围内进行分配。市场渠道主要通过金融市场将社会上的闲散资金集中起来，再转移到需要的企业和个人手中。

按照分配的对象不同，再分配可以分为针对社会部门的再分配、针对企业的再分配和针对个人的再分配。

针对社会部门的再分配是指将社会的新增价值分配给那些非直接从事社会产品生产的社会部门的过程。例如，军队、警察、政府机构以及教育、医疗等部门，本身并不直接参与生产活动，因而不能通过初次分配获得必要的资金支持，需要依靠政府用财政手段集中一部分资金分配到这些部门。

针对企业的再分配是指将社会的新增价值分配给某些需要进行再生产活动的企业的过程。在生产过程中，很多企业由于大规模的投资、流动资金短缺或者盈利水平较低等多种因素而无法依靠自身的收入完成再生产，因此需要在社会上进行融资。另外，在很多情况下，政府也会依靠财政力量对一些对国民经济具有重要意义的企业提供资金上的支持。

针对个人的再分配是指将社会新增价值分配给社会上生活困难、需要帮助的个人的过程。针对个人的再分配的主体是政府，其手段主要有税收、社会保障和转移支付。

税收是政府最主要的收入来源，同时也是政府进行收入再分配的有力手段。个人所得税通过超额累进税率可以调控过高收入，促进社会公平；消费税针对不同层次的消费品征税，也可以间接起到控制收入分配不平等的作用。

在社会中有一部分人由于衰老、失业、生病、受伤等自然或社会因素而无法参与到劳动中，无法获得相应的收入，为了保障这一部分人基本生活的权利，政府和社会需要将一部分资金转移到这些人手中。这一过程的主要形式是社会保障，其中又包括社会保险、社会救助、社会福利等方面。

转移支付主要是指政府补贴。通过对部门、行业、企业和个人的补贴，政府可以对经济进行有效的调控，促进充分就业，保持价格稳定，缩小区域和城乡差距，从而改善社会的收入分配结构。

四、国民收入的第三次分配

一般认为，"第三次分配"这个概念是 20 世纪 90 年代由著名经济学家厉以宁先生提出的。他认为，通过向市场提供生产要素所取得的收入称为第一次分配。政府再把人们从市场取得的收入，用税收政策或扶贫政策进行再分配，就是第二次分配。第三次分配是指，人们完全出于自愿的、相互之间的捐赠和转移收入，比如对公益事业的捐献，这既不属于市场的分配，也不属于政府的分配，而是出于道德力量的分配。

党的十九届四中全会通过的《中共中央关于坚持和完善中国特色社会主义制度 推进国家治理体系和治理能力现代化若干重大问题的决定》指出"重视发挥第三次分配作用，发展慈善等社会公益事业"。第三次分配是在道德、文化、习惯等影响下，社会力量自愿通过民间捐赠、慈善事业、志愿行动等方式济困扶弱的行为。社会组织和社会力量是第三次分配的中坚力量。

以慈善为主体的第三次分配虽然比前两次分配规模小，但慈善能够引导社会形成健康的财富观，培养国民的社会责任，增强国家的软实力和国际影响力，这是慈善的特殊价值所在。

五、三次分配的关系

国民收入的初次分配和再分配是既有联系又相互区别的两个概念，其区别体现在：首先，分配的对象不同。初次分配是将尚未分配的新增价值分配到参与生产活动的人手中，而再分配则主要针对已经分配到生产参与者手中的"原始收入"，将其在全部社会成员之间进行分配。其次，两者的决定机制不同。在社会主义市场经济条件下，市场是调节初次分配的主要手段，各个市场主体根据市场供求形势的变化获得收入。而再分配则是由政府和市场共同参与的，除了金融系统通过市场对资源进行分配，政府还要根据经济社会发展的总体和长远利益对初次分配的结果加以调节。初次分配和再分配在过程上是相互连接的。初次分配是再分配的起点，再分配要在初次分配的基础上发挥作用。因此，要想实现公平合理的社会分配，不仅要重视政府在再分配中的作用，还要更好地调控初次分配，避免在初次分配领域出现收入差距过大和比例失调的现象。

国民收入分配结构是指企业、政府、居民等部门的可支配收入在国民收入分配中的比例关系。它可以从两方面来理解：一是在一个国家财富增加后，如何在企业、政府和个人之间进行国民收入分配；二是如何处理好初次分配和再分配的比例关系，以及如何协调好效率和公平的原则。

　　一个国家宏观收入分配格局是否合理，会对该国的投资消费比例、产业结构合理化程度、居民收入差距、社会公平程度、城乡协调发展程度等产生重要影响。合理的收入分配格局必须兼顾国家、企业和个人的利益，有利于调动各方面的积极性，利用好各方面的资源。

　　在社会主义市场经济条件下，通过市场配置资源，决定劳动要素的报酬，实现了第一次分配。第一次分配追求效率，通过竞争机制，让一部分人先富起来。然而，第一次分配的缺点在于容易导致富人越富、穷人越穷，甚至引发社会矛盾和冲突。因此，需要政府通过建立社会保障体系、开展脱贫攻坚、财政转移支付等手段进行第二次分配。如果第二次分配的比重过高，不仅会抑制社会的内生动力，而且可能会导致养懒人、财政不堪重负等问题，最终影响共同富裕目标的实现。因此，还需要基于自愿和爱心基础的慈善事业，对收入和财富分配进行有效调节。总的来说，第三次分配与第一次、第二次分配是相互补充的关系，通过发挥三次分配对收入和财富的共同调节作用，有助于全体人民共同富裕取得更为明显的实质性进展。

第二节

我国国民收入分配的基本格局

一、中国特色社会主义分配制度的形成和发展

　　马克思在《哥达纲领批判》一文中最早提出，在共产主义社会的第一阶段即社会主义社会，个人消费品要实行按劳分配原则。在这篇文献中，马克思第一次明确区分了共产主义社会的第一阶段和高级阶段，并对第一阶段的分配问题进行了阐述。个人消费品的分配在共产主义社会的第一阶段和高级阶段有着重要的区别。在共产主义社会的高级阶段，生产力极大丰富，旧式分工已经消失，每个人实现了自由而全面的发展，社会对物质产品的分配实行"各尽所能，按需分配"的原则。但是，在共产主义社会的第一阶段，由于还要保留旧式分工，个人还不可能得到自由而全面的发展，劳动还是一种谋生的手段，因此社会的产品在做了各项扣除之后，在个人消费品的分配上还要

执行等量劳动相交换的原则。"这里通行的是商品等价物的交换中通行的同一原则,即一种形式的一定量劳动同另一种形式的同量劳动相交换。"①马克思所说的共产主义社会第一阶段的分配原则就是后来所说的按劳分配。

中华人民共和国成立后,在国民收入分配方面,第一个五年计划期间我国农业集体化和计划经济体制逐步建立,生产资料和消费品的价格、产量均由国家计划设定,通过国家计划确定个人收入占国民收入的比重以及消费基金与积累基金之间的比例。在个人收入分配方面,没收官僚资本,建立了国营企业,废除了"包工制"和"包身工"等剥削方式,提高体力劳动者的工资;随着第一个五年计划的实施,开始订立八级工资制;农业集体化完成后,劳动"工分"成为主要分配依据,社会主义按劳分配制度得以初步建立。

改革开放后,随着社会主义市场经济体制的建立,在国民收入分配方面,个人收入比重和消费积累比例的确定逐步以市场为基础,同时发挥国家规划的指导作用和宏观调控的调节作用。个人收入分配原则经过多次调整后逐步确定下来。党的十三大提出,要在按劳分配为主体的前提下实行多种分配方式。党的十四大提出,在分配制度上,以按劳分配为主体、其他分配方式为补充,兼顾效率与公平。党的十五大强调,要坚持和完善按劳分配为主体的多种分配方式,允许一部分地区和一部分人先富起来,带动和帮助后富,逐步走向共同富裕。党的十六大确立劳动、资本、技术和管理等生产要素按贡献参与分配的原则,提出坚持效率优先、兼顾公平,初次分配注重效率,再分配注重公平。党的十七大继续强调,要坚持和完善按劳分配为主体、多种分配方式并存的分配制度,并指出初次分配和再分配都要处理好效率和公平的关系,再分配要更加注重公平。党的十八大将收入分配制度改革上升到"实现发展成果由人民共享"的高度,提出实现居民收入增长和经济发展同步、劳动报酬增长和劳动生产率提高同步,提高居民收入在国民收入分配中的比重,提高劳动报酬在初次分配中的比重。党的十九大提出,完善按要素分配的体制机制,促进收入分配更合理、更有序;鼓励勤劳守法致富,扩大中等收入人群,增加低收入者收入,调节过高收入,取缔非法收入,把收入分配纳入法治轨道;拓宽财产性收入渠道,增加居民收入。党的十九届四中全会把"坚持按劳分配为主体、多种分配方式并存"上升为基本经济制度的组成部分,要求坚持多劳多得,着重保护劳动所得,增加劳动者特别是一

---

① 马克思恩格斯文集:第3卷[M].北京:人民出版社,2009:434.

线劳动者的劳动报酬，提高劳动报酬在初次分配中的比重。党的十九届五中全会进一步提出，探索通过土地、资本等要素使用权、收益权增加中低收入群体要素收入，多渠道增加城乡居民财产性收入，改善收入和财富分配格局。党的二十大强调分配制度是促进共同富裕的基础性制度，要坚持按劳分配为主体、多种分配方式并存，构建初次分配、再分配、第三次分配协调配套的制度体系。

二、按劳分配为主体、多种分配方式并存是我国的一项基本经济制度

改革开放以来，我国从实际出发，确立了按劳分配为主体、多种分配方式并存的分配制度。实践证明，这一制度安排有利于调动各方面的积极性，有利于实现效率和公平的有机统一。党的十九届四中全会在总结我国分配制度改革的实践经验和理论成果的基础上，明确把"坚持按劳分配为主体、多种分配方式并存"作为我国一项基本经济制度，阐明了中国特色社会主义分配制度的科学内涵，为新时代坚持完善我国的分配制度提供了基本依据。

在社会主义初级阶段，之所以必须坚持按劳分配为主体、多种分配方式并存的分配制度，把按劳分配和按生产要素分配结合起来，主要原因在于：

第一，公有制为主体、多种所有制经济共同发展的所有制结构决定了必须坚持按劳分配为主体、多种分配方式并存的分配制度。分配方式是由生产方式决定的，一个社会的分配制度是由其所有制结构决定的。公有制为主体的所有制结构要求实行按劳分配为主体的分配方式，多种所有制经济共同发展的所有制结构要求多种分配方式并存。

第二，准确反映资源的稀缺状况、实现资源配置合理化的原则，要求实行按劳分配为主体、多种分配方式并存的分配制度。资本、土地、技术、管理等要素是商品生产不可缺少的重要条件，但这些生产要素是相对有限的。在市场经济条件下充分开发、合理利用这些有限资源，主要就是通过市场使资源所有者在资源使用中获得应有的回报，从而实现优化配置。

第三，社会主义初级阶段的分配制度，归根结底是由生产力的发展状况决定的。社会主义初级阶段生产力发展的不平衡、多层次和水平不够高的状况是分配方式呈现多样性的深层次原因。实行按劳分配为主体、多种分配方式并存的分配制度，适合社会主义初级阶段的生产力发展水平，有利于调动

广大社会成员的积极性，实现社会资源的充分利用，促进生产力更好更快地发展。

马克思主义认为，生产与分配是有机统一体。生产决定分配，分配是生产的体现，生产和分配是辩证统一的，两者互相依存、互相影响。公有制为主体、多种所有制经济共同发展体现在分配制度上，就是按劳分配为主体、多种分配方式并存，社会主义所有制和分配制度在本质上是一致的，是同一事物的两个方面。社会主义所有制和分配制度在这里是并列而提的，都反映了社会主义初级阶段我国经济制度的基本规定性。坚持按劳分配为主体，反映了公有制的主体地位，有利于调动广大劳动者的积极性、主动性和创造性，消除两极分化，实现共同富裕；多种分配方式并存，反映了多种所有制共同发展的要求，有利于调动各经济主体的积极性，让一切劳动、知识、技术、管理和资本的活力竞相迸发，让一切创造社会财富的源泉充分涌流，各种资源都能得到有效利用。

三、我国收入分配的制度安排

共同富裕是社会主义的本质要求，是中国式现代化的重要特征。要坚持以人民为中心的发展思想，在高质量发展中促进共同富裕，正确处理效率和公平的关系，完善收入分配格局，构建初次分配、再分配、第三次分配协调配套的基础性制度安排，加大税收、社保、转移支付等调节力度并提高精准性，扩大中等收入群体比重，增加低收入群体收入，合理调节高收入，取缔非法收入，促进社会公平正义，促进人的全面发展，增强内需发展后劲。

（一）持续优化初次分配格局

初次分配又称为第一次分配，指的是基于市场机制的财富分配，是由各种生产要素通过竞争的方式实现财产分配的一种分配方式。第一次分配追求的是效率，是按照各种生产要素贡献大小直接分配的方式，可以有效地促进社会"把蛋糕做大"。

持续实施就业优先战略，坚持经济发展就业导向，扩大就业容量，提升就业质量，促进充分就业。注重缓解结构性就业矛盾，加快提升劳动者技能素质，发展现代职业教育，健全终身职业技能培训制度。加快新一代信息技术与制造业深度融合，挖掘新产业、新业态、新模式带动就业潜力，创造更多更高质量、更高收入的就业岗位。健全就业公共服务体系、劳动关系协调机制，完善重点群体就业支持体系。加快乡村产业振兴，积极促进农民工就业，增加农村居民工资性收入。

提高劳动报酬在初次分配中的比重。坚持居民收入增长和经济增长基本同步、劳动报酬提高和劳动生产率提高基本同步，增加劳动者特别是一线劳动者劳动报酬。完善企业薪酬调查和信息发布制度，健全劳动者工资决定、合理增长和支付保障机制，健全最低工资标准调整机制。改革和完善事业单位工资、国有企业工资分配等制度，积极推行工资集体协商制度，实施渐进式延迟法定退休年龄。

健全各类生产要素参与分配机制。构建知识、技术、数据等创新要素参与收益分配机制，强化以增加知识价值为导向的分配政策，发挥工资激励保障作用。完善国有企业科技人才薪酬激励政策，完善股份制企业特别是上市公司分红制度，完善股票发行、信息披露等制度，推动资本市场规范健康发展。创新更多适应家庭财富管理需求的金融产品，增加居民投资收益。探索通过土地、资本等要素使用权、收益权增加中低收入群体要素收入。

扩大中等收入群体规模。通过开展示范区建设等，探索扎实推动共同富裕的有效路径。推进高等学校和职业院校毕业生、技能型劳动者、农民工等群体稳定增收，培育高素质农民，完善小微创业者扶持政策，支持个体工商户、灵活就业人员等群体勤劳致富，使更多普通劳动者通过自身努力进入中等收入群体。健全公共服务体系，合理减轻中等收入群体负担。

(二) 逐步健全再分配机制

再分配是在初次分配基础上对部分国民收入进行的重新分配，主要由政府调节机制起作用，主要目的是解决"分好蛋糕"的问题。政府主要的分配手段有税收、社会福利、公共服务、转移支付，以及征收所得税、发放养老金和补助金等。

健全直接税体系，完善综合与分类相结合的个人所得税制度，加强对高收入者的税收调节和监管。完善中央与地方财政事权和支出责任划分，推动教育、养老、医疗、住房保障等基本公共服务均等化。完善转移支付制度，重点加大对发展水平相对落后地区的转移支付力度。有序增加社会民生领域资金投入，优化教育支出结构。

健全社会保障制度。推进基本养老保险由制度全覆盖到法定人群全覆盖，完善灵活就业人员参加职工社会保险制度。发展企业年金、职业年金，规范发展第三支柱养老保险。完善基本医疗保险制度，健全重特大疾病医疗保险和救助制度，支持商业健康保险发展。实现企业职工基本养老保险全国统筹，推动基本医疗保险、失业保险省级统筹，巩固完善工伤保险省级统筹。健全社会保障待遇调整机制。完善社会救助制度兜底功能，完善帮扶残疾人、孤儿等社会福利制度。健全退役军人工作体系和保障制度。

(三) 重视发挥第三次分配作用

第三次分配主要是发挥社会的力量，是建立在自愿的基础上，主要由爱心企业、爱心人士等各类社会主体在道德力量作用下通过慈善捐赠、志愿服务等方式自觉自愿参与的社会财富分配和困难帮扶，它依靠精神力量，奉行"道德原则"。

建立健全慈善事业发展体制机制，规范培育发展慈善组织。完善慈善褒奖制度，引导支持有意愿、有能力的企业和社会群体积极参与公益慈善事业。

健全志愿服务体系。发展社会工作服务机构和志愿服务组织，壮大志愿者队伍，搭建更多志愿服务平台，全面提升志愿服务水平。广泛开展志愿服务关爱行动，探索建立文明实践积分银行，将志愿服务活动、践行文明行为等纳入积分管理，促进形成志愿服务良好的社会氛围。

第三节

坚持按劳分配为主体

一、按劳分配理论基础

马克思在《哥达纲领批判》中对未来社会的分配制度进行了完整的阐述。在未来共产主义社会的第一阶段即社会主义社会，由于它是刚刚从资本主义社会中产生的，在经济、道德和精神方面都还带着它脱胎出来的那个社会的痕迹，必须实行按劳分配原则。只有到了共产主义社会的高级阶段，在迫使个人奴隶般地服从分工的情形已经消失，从而脑力劳动和体力劳动的对立也随之消失，劳动不再是个人谋生的手段，而是成了生活的第一需要。随着个人的全面发展生产力也增长起来，集体财富的一切源泉都充分涌流之后——只有在那个时候，才能完全超出资产阶级法权的狭隘眼界，社会才能在自己的旗帜上写上各尽所能、按需分配。

所谓按劳分配就是马克思在《资本论》中所说的，"劳动时间又是计量生产者在共同劳动中个人所占份额的尺度，因而也是计量生产者在共同产品的个人可消费部分中所占份额的尺度"。后来发表的《哥达纲领批判》又进一步指出："每一个生产者，在作了各项扣除以后，从社会领回的，正好是他给予社会的。他给予社会的，就是他个人的劳动量。"

二、按劳分配政策变迁

(一)平均主义分配政策

平均主义分配政策适用于短缺经济时代，它有利于保证人们的最基本生存需要，也有助于在较低的经济水平下实现社会的稳定和发展。在社会主义改造任务完成后，强调向"一大二公"的所有制过渡，平均主义分配政策让中国的普通百姓生存下来，起到了稳定整个社会的重要作用。在当时民风淳朴的道德风尚下，平均主义分配政策得到了群众的拥护和认可。随着经济的逐步发展和生产力的提高，平均主义分配政策的弊端开始显现，它不利于激励劳动者积极工作，不利于劳动力要素的优化配置，不利于人力资本的提升。改革开放前的那段时期，平均主义分配政策已经不再适用，人民公社化运动、浮夸风、"大跃进"所造成的恶劣影响加快了平均主义分配政策退出中国历史舞台的进度。

(二)落实按劳分配反对平均主义

改革开放初，国家对收入分配政策进行了大调整。1978年党的十一届三中全会提出党的工作中心由以阶级斗争为纲转变到以经济建设为中心上来，明确指出："必须首先调动我国几亿农民的社会主义积极性，必须在经济上充分关心他们的物质利益。"这次全会从根本上贯彻了马克思主义按劳分配理论原则，彻底纠正了平均主义倾向，大幅提升了劳动生产率。1984年，党的十二届三中全会通过了《中共中央关于经济体制改革的决定》，把增强企业活力作为改革的重点，提出了"建立多种形式的经济责任制，认真贯彻按劳分配原则"。1985年，《国务院关于国营企业工资改革问题的通知》决定，企业职工工资与企业的经营效益挂钩，不再由国家统一安排。1986年，对机关、事业单位的工资制度和工资管理体制进行了改革，逐步完善收入分配体制。

(三) 按劳分配为主体其他分配形式为补充

1987年，党的十三大报告指出："社会主义初级阶段的分配方式不可能是单一的。我们必须坚持的原则是：以按劳分配为主体，其他分配方式为补充。"这表明中国在坚持按劳分配为主体的前提下，提出了实现收入分配方式的多样性，为发挥收入分配对经济增长的促进作用扫清了意识方面的障碍。1992年，党的十四大报告在收入分配问题上进一步指出，以按劳分配为主体、其他分配方式为补充，同时兼顾好效率和公平。党的十四大在理论上的突破是提出了收入分配要兼顾效率和公平，主要针对在培育市场体系的过程中，提高效率所造成的收入不公的"市场失灵"现象而提出。

三、我国按劳分配制度的创新

社会主义基本分配理论是对马克思主义政治经济学收入分配理论的继承和创新，奠定了社会主义市场经济的基本激励结构。

第一，它坚持按劳分配为主体，这就坚持了社会主义的基本性质，体现了社会主义的公平观。马克思认为，未来社会收入分配的唯一尺度是劳动，现实中还做不到以劳动作为分配的"唯一"尺度，但劳动应该是主要的分配尺度，坚持了这一点，就坚持了马克思主义经典作家关于未来个人收入分配的精髓。

第二，它承认多种分配方式的存在，承认和鼓励劳动、资本、土地、技术、管理等多种生产要素参与分配。引入按生产要素分配无疑是马克思主义政治经济学收入分配理论中国化、时代化的重大突破。传统个人收入分配理论只承认按劳分配收入，不承认其他形式的劳动收入，更不用说生产要素收入等非劳动收入，这显然不符合社会主义初级阶段生产力发展水平和社会主义市场经济的内在规律。承认按生产要素分配和非劳动收入，为人民群众开辟了多种收入渠道和广阔的致富空间。

第三，确立了与社会主义市场经济高度融合的激励机制。利益是经济运转的原始驱动力。一个好的分配制度，应能够使社会成员合理的利益诉求得到充分释放，进而汇聚成经济社会发展的不竭动力。社会主义基本分配制度所确立的利益结构与社会主义市场经济内在的激励结构高度契合。一方面，按劳分配为主体能够激励亿万劳动者的劳动积极性和积累人力资本的积极性，鼓励人们勤劳致富；另一方面，允许和鼓励按生产要素分配能够调动人民群众积累财富、配置资源的积极性，促进社会资本形成和提高生产要素的流动性，为市场在资源配置中的决定性作用奠定微观激励基础。总之，社会主义基本分配制度能够如同党的十八届三中全会指出的那样，"让一切劳动、知识、技术、管理、资本的活力竞相迸发，让一切创造社会财富的源泉充分涌流"。

第四节

完善按要素分配体系

一、理论基础

马克思在提出社会主义社会按劳分配原则时，也分析了各种生产要素参与收入分配的原理。根据马克思的分析，工资、利息、地租等作为社会生产过程的各种特殊因素所分得的收入的不同形式，源泉仍然是劳动创造的价值。明确生产要素参与收入分配绝不是承认非劳动的生产要素成为价值创造的要素。

马克思在《哥达纲领批判》中指出，劳动是创造价值的唯一源泉，但不是创造财富的唯一源泉。各种生产要素参与收入分配与其参与财富创造相关。财富创造的要素包括劳动、资本、土地、知识、技术、管理、数据等。非劳动的生产要素尽管不创造价值，但是参与了社会财富的创造，都对财富的增进作出了贡献。既然各种生产要素对财富创造分别做出了贡献，各种生产要素就应参与财富的分配。

马克思认为，生产要素参与收入分配是由其要素所有权决定的。所谓要素参与分配，实际上是要素所有权在经济上的实现，也就是新生产的价值在不同要素所有者之间的分配。

二、政策实践

改革开放初期，我国收入分配原则和居民收入结构开始多元化，为基本分配制度的形成奠定了现实基础。1987年，党的十三大正式提出了实行以按劳分配为主体的多种分配方式。尽管党的十三大没有明确提出"按生产要素分配"，但是它对一系列非劳动收入都加以肯定，实际上就是对按生产要素分配实践的肯定。党的十四届三中全会通过《中共中央关于建立社会主义市场经济体制若干问题的决定》，首次提出"允许属于个人的资本等生产要素参与收益分配"，并将原来的"以按劳分配为主体，其他分配方式为补充"改为"以按劳分配为主体、多种分配方式并存"。从"补充"到"并存"，表明多种分配方式(主要是按要素分配)地位的提升。党的十五大提出了社会主义基本经济制度，同时明确提出了"按生产要素分配"，即"坚持按劳分配为主体、多种分配方式并存的制度。把按劳分配和按生产要素分配结合起来……允许和鼓励资本、技术等生产要素参与收益分配"。党的十六大进一步把按要素分配上升为"原则"，提出"确立劳动、资本、技术和管理等生产要素按贡献参与分配的原则，完善按劳分配为主体、多种分配方式并存的分配制度"，同时指出"一切合法的劳动收入和合法的非劳动收入，都应该得到保护"。党的十七大报告重申"坚持和完善按劳分配为主体、多种分配方式并存的分配制度，健全劳动、资本、技术、管理等生产要素按贡献参与分配的制度"，提出"创造条件让更多群众拥有财产性收入"。党的十九届四中全会指出"健全劳动、资本、土地、知识、技术、管理、数据等生产要素由市场评价贡献、按贡献决定报酬的机制"。社会主义基本分配制度不断完善了按要素分配的分配体系。

三、主要实现方式

(一)激励各种生产要素参与财富创造

在社会主义初级阶段，发展生产力的主要约束是资本、技术、企业家要素供给不足。单靠按劳分配不可能起到动员劳动力以外的要素的作用。生产要素参与分配实际上是激励要素投入的机制。

1. 激励资本投入

在现阶段，发展经济需要足够的资本投入，有投入才有收益。在由多元投资主体组成的公司中，就有所有者权益的要求。投入资本的主体不仅有国家，还有企业和私人。就激励私人资本的投入来说，不仅已经明确有没有个人财产、有多少财产不能成为政治上先进或落后的评价标准，而且要创造条件让居民得到更多的财产性收入。私人资本投入有两种类型：一类是私人直接办企业，雇佣他人劳动，作为私营企业主获得资本收入；另一类是居民用一部分不用于消费的收入购买股票取得股息、购买债券取得债息，也可通过持有企业（包括私人企业）股权的途径获取资本收益。承认所有这些不同途径的资本所有权收入，并且提供不同风险和收益程度的私人投资渠道，也就提供了足够的激励私人资本投入的机制。

2. 激励技术投入

技术投入不仅包括技术人员直接的研发活动，其本身属于创造价值的劳动，还包括其物化的或者信息化的知识产权及产业化的成果。因此，激励技术投入涉及两个方面：一方面，技术人员直接的研发属于复杂劳动，理应创造较简单劳动更高的价值；另一方面，科技人员投入的专利等创新成果的价值应该得到科学的评价。

3. 激励经营者成为企业家

企业经营能否成功的关键取决于经营者是否成为企业家。企业家体现了管理的能力和素养。管理是一种生产要素，管理所投入的不仅是直接投入的管理劳动，而且更重要的是管理的能力，也就是企业家的精神和能力。企业家与创新相联系，只有不断地进行产品创新、技术创新、市场创新和组织制度创新的经营者才能成为企业家。经营者成为企业家，除了要有充分的经营自主权，关键是要在分配机制上承担创新的风险和获得收益，也就是要有独立的报酬。经营者既能获得创新成功的收益，也要承担创新失败的风险，与此相关的激励机制包括经营者通过股权、年薪、期权等分配形式参与利润分享，体现经营者的管理才能及其投入，这是企业家要素所有权的实现。在收入分配上鼓励管理创新，可以促进更多的经营者成为企业家。

（二）由市场决定要素回报

在市场配置资源的条件下，各种要素的贡献由市场评价，收益也由市场决定。党的十八届三中全会所指出的，健全资本、知识、技术、管理等要素市场决定的报酬机制，就是这种由市场决定的要素报酬机制。这一机制主要有以下功能：

第一，要素价格分别在各自的要素市场上形成，对有效地配置和使用各种生产要素起调节作用。在市场上形成的各种要素价格，反映了各种要素的市场供求关系，反映各种生产要素的稀缺性，并体现在要素的报酬比例上。企业依据由市场决定的生产要素价格对投入要素进行成本和收益的比较，以最低的成本使用生产要素，要素供给者则依据要素市场价格来调整自己的供给，其效果是最稀缺的资源得到最节约的使用并且能增加有效供给，最丰裕的资源得到最充分的使用。

第二，各种要素市场对要素的评价成为要素报酬的依据。起作用的是某种要素的稀缺性和优质优价，尤其是技术要素和管理要素，既可作为投入劳动给予报酬，也可能分享剩余价值。现实中，技术要素和管理要素都不是均值的，各个企业对这些要素的需求也是有差别的，相应地就会有不同的报酬。客观的评价标准只能由竞争性的要素市场提供。市场决定的要素报酬，不仅要依据各种要素的供求关系，还要依据各种要素贡献的质的评价，这涉及各种要素在经济增长中的权重，相应地影响收入分配的权重。在一般情况下，尤其是在资本推动型经济增长阶段，各种要素是被资本推动并集合进生产过程的，资本（物质资本）对经济增长起支配作用，因此分配向资本所有者倾斜。而在现代经济中，知识资本和人力资本的作用越来越大，相应地在收入分配中所占份额也会增大。在创新驱动型经济中，知识资本和人力资本比物质资本的增值能力更强。资本增值与其说是资本的增值，不如说是知识资本和人力资本作用的结果。这个结论将直接影响分配的方式，收入分配明显向知识和技术要素倾斜，这种状况在科技创新和创业中更为明显。

第五节

深化分配领域改革

党的十八大以来，以习近平同志为核心的党中央带领中国进入全面深化改革和经济发展新时代。我国分配制度也进一步深化。习近平总书记在 2016

年 11 月主持中央政治局学习时，明确把按劳分配为主体、多种分配方式并存称为"社会主义基本分配制度"。党的十九大报告提出，必须坚持和完善我国社会主义基本经济制度和分配制度，把社会主义基本分配制度置于与社会主义基本经济制度同等重要的地位。进入新时代，收入分配理论和收入分配改革向纵深发展，我国基本分配制度进一步完善。

一、以人民为中心的发展思想是新时代收入分配改革和实践的主线

以人民为中心是新时代改革和发展的主线，也是新时代收入分配理论和实践向前推进的主线。2015 年，党的十八届五中全会首次明确提出了"以人民为中心"的发展思想，并把"共享"作为五大发展理念之一。2015 年 11 月 23 日十八届中央政治局集体学习时习近平指出："坚持以人民为中心的发展思想。发展为了人民，这是马克思主义政治经济学的根本立场。"党的十九大进一步强调了以人民为中心的发展思想。

贯彻以人民为中心的发展思想，新时代收入分配理论发展具有两个鲜明底色：一是更加注重社会公平正义，强调在不断做大"蛋糕"的同时，把"蛋糕"分好。二是更加强调迈向共同富裕。通过一系列政策措施调整收入分配格局，通过完善以税收、社会保障、转移支付为主要手段的再分配调节机制，缓解收入差距问题，使发展成果更多更公平惠及全体人民。

二、巩固按劳分配主体地位，着力提高劳动报酬比重和劳动者收入比重

改革开放初期，按劳分配收入等劳动收入是居民收入的主体，按劳分配的主体地位显而易见。随着按生产要素分配等多种分配方式的引入，按劳分配收入等劳动收入的比重下降，生产要素收入等非劳动收入的比重上升。整个国民收入分配的格局也发生了变化，劳动报酬在初次分配中的比重下降，居民收入在国民收入分配中的比重下降。"两个比重"的下降不利于坚持按劳分配的主体地位。党的十八大报告针对性地提出"两个同步"和"两个提高"的思想，即"居民收入增长和经济发展同步、劳动报酬增长和劳动生产率提高同步""提高居民收入在国民收入分配中的比重，提高劳动报酬在初次分配中的比重"。2013 年国务院批转《关于深化收入分配制度改革的若干意见》，提出了提高劳动报酬比重的具体措施，包括：实施就业优先战略

和更加积极的就业政策，扩大就业创业规模，创造平等就业环境，提升劳动者获取收入能力，实现更高质量的就业；深化工资制度改革，完善企业、机关、事业单位工资决定和增长机制等。党的十八届三中全会强调了提高劳动报酬的重要性："着重保护劳动所得，努力实现劳动报酬增长和劳动生产率提高同步，提高劳动报酬在初次分配中的比重。"党的十九大报告重申提高"两个比重"。

2012~2016 年，"两个同步"和"两个提高"有了成效。粗略计算，劳动报酬占地方生产总值的比重由 44.9% 提高到 47.9%，提高了 3 个百分点，平均每年提高 0.75 个百分点；居民收入占 GDP 的比重由 41.6% 提高到 45.6%，提高 4 个百分点，平均每年提高 1 个百分点。无论是劳动报酬还是居民收入的占比，都初步实现了稳步提高。2012~2016 年，我国 GDP 和城乡居民人均收入都保持较快增长速度，且保持同步增长态势，劳动生产率与劳动报酬也实现同步提升。

三、完善按生产要素分配，多渠道增加居民的财产性收入

自从党的十五大提出"按生产要素分配"以来，按生产要素分配和生产要素收入扮演着越来越重要的角色。但我国市场经济仍处于发育过程中，按生产要素分配本身还存在诸多不完善之处，党的十八大提出"完善劳动、资本、技术、管理等要素按贡献参与分配的初次分配机制"，党的十八届三中全会提出"健全资本、知识、技术、管理等由要素市场决定的报酬机制"，党的十九大提出"完善按要素分配的体制机制"。

完善按生产要素分配的关键是建立一个完善的生产要素市场，在这个市场上，生产要素能够充分自由地流动，生产要素的价格能够准确地反映它们在创造社会财富上的贡献和自身的稀缺性。只有这样，按生产要素分配，加上处于主体地位的按劳分配，才能建立起合理的收入分配秩序和格局。

随着按生产要素分配的引入，人们的财产性收入增加。财产性收入具有循环累积效应，往往会迅速拉大社会成员之间的收入差距。为了提高居民收入水平，同时缓解财产性收入拉大收入差距的效应，就必须让更多的人拥有更多的财产，从而获得更多的财产性收入。党的十八大以来，以习近平同志为核心的党中央多次提出多渠道增加居民财产性收入，拓宽居民劳动收入和财产性收入渠道，鼓励劳动者获得劳动收入，同时能够获得更多的要素收

入。因此，虽然各种生产要素参与收入分配以后劳动报酬在总收入中的比重下降了，但是不意味着劳动者的总收入会下降。劳动者收入会随着其拥有更多的生产要素和财产性收入而提高。

四、注重培育壮大中等收入群体

2010年10月，《中共中央关于制定国民经济和社会发展第十二个五年规划的建议》提出了"中等收入群体"的概念。党的十八届三中全会明确提出，增加低收入者收入，扩大中等收入者比重，努力缩小城乡、区域、行业收入分配差距，逐步形成橄榄型分配格局。党的十八届五中全会把扩大中等收入群体作为全面建成小康社会的重要内容，"扩大中等收入者比重"纳入了"十三五"规划纲要。党的十九大报告对于扩大中等收入群体提出了更长远的目标：2020~2035年，在全面建成小康社会的基础上，使中等收入群体比例明显提高，基本实现社会主义现代化。

中等收入群体具有明显的经济特征，他们拥有较为宽裕的收入，可以自由地用于耐用消费品、高质量教育、医疗、住房、度假和其他休闲活动等。我国已经迈入中等偏上收入国家行列，中等收入群体成长对于我国经济社会持续健康发展具有重要意义。根据国际经验，繁荣的中产阶层是促进消费需求、维持经济增长和摆脱中等收入陷阱的必要条件。一些中等收入国家迟迟没有成功地跨越中等收入陷阱，可能就是缘于没有培育出中等收入群体。因为如果没有这样的群体，就很难创造支撑增长所需的巨大的消费市场、对教育的投资、制度化的储蓄和社会动员力。

党的十八大以来，我国中等收入群体增长速度较快。国家主席习近平在2015年西雅图中美企业家座谈会上表示，中国的中等收入人群接近3亿人，未来十年内还将翻番。有学者估算，2018年我国中等收入群体总量已达3.4亿人。但与高收入国家相比，我国中等收入群体规模偏小。2020年中等收入群体已达4亿人，占比28.5%。美国中产阶层有2.3亿人，占全国人口的3/4，韩国、日本、欧盟国家超过全部人口的90%。因此，中国中等收入群体还有很大的成长空间。新时代需要加速中等收入群体的成长，尽快形成橄榄型收入分配格局。

第六节

实现共同富裕的目标及手段

一、共同富裕思想的演进

共同富裕是指在生产力不断发展的基础上，全体社会成员按照社会主义公平与正义的原则共同分享经济社会发展成果。共同富裕是社会主义的本质要求、根本原则和最终目标。

从党的十七大提出"逐步提高居民收入在国民收入分配中的比重，提高劳动报酬在初次分配中的比重"，到党的十八大再次肯定"再分配更加注重公平"的提法，表明了党和政府在对两次收入分配领域中出现收入分配差距拉大的重视和着力缩小收入差距的决心；从党的十七大提出"发展成果由人民共享"，到党的十八届五中全会提出"共享发展的理念"，标志着我们在共同富裕和共享发展理论与实践上由"先富论"向"共富论"再到"共享论"的转变。这一转变是中国特色社会主义经济改革与发展实践经验的历史总结，也是在此基础上中国特色社会主义收入分配理论创新的重大成果。

党的十八大以来，发展为了人民，发展依靠人民，发展成果由人民共享，丰富了共同富裕的深刻内涵，成为新时代中国特色社会主义思想的重要内容。党的十八大根据全面建成小康社会总目标，明确坚持走共同富裕道路。提出要坚持社会主义基本经济制度和分配制度，调整国民收入分配格局，使发展成果更多更公平惠及全体人民，朝着共同富裕方向稳步前进，并提出"促进人的全面发展，逐步实现全体人民共同富裕"是中国特色社会主义的目标。以习近平同志为核心的党中央站在全面建成小康社会、实现中华民族伟大复兴中国梦的历史高度，坚定"人人参与、人人尽力、人人享有"的共享发展理念，不断深化收入分配制度改革，着力构建"发展成果由人民共享"的长效机制。

在具体的收入分配措施上，曾经超过七千万规模的农村贫困人口被认为是全面建成小康社会的短板之一，也是造成收入差距和阻碍共同富裕的重要原因，从而脱贫攻坚成为"十三五"时期的工作重点之一。与此同时，党的十八大以来实施的"八项规定"和以零容忍态度惩治腐败，将打击非法及非正常收入、规范收入分配秩序落到实处，促进了社会公平正义。其他有关缩小收入分配差距、共享发展和实现共同富裕的政策也正在加紧研究制定中。

习近平总书记在党的十九大报告中提出，经过长期努力，中国特色社会主义进入了新时代。这个新时代的鲜明特征之一就是全国各族人民团结奋斗、不断创造美好生活、逐步实现全体人民共同富裕。具体来说，就是要到2035年基本实现社会主义现代化时，全体人民共同富裕迈出坚实步伐，到21世纪中叶把我国建成富强民主文明和谐美丽的社会主义现代化强国，使全体人民共同富裕基本实现。

二、新时代共同富裕的实践基础与实现障碍

经过四十多年的改革开放和快速发展，中国经济取得巨大成就，人民生活水平有了明显提高，但是国民收入分配格局不够合理，尚不能满足人民对幸福生活追求的期望值，社会还存在诸多共同富裕实现道路上的难题。

(一) 人民总体富裕程度不高

中华人民共和国成立以来，特别是改革开放四十多年以来，中国已跃升为世界第二大经济体。但是，从现实国情来讲，仍处于社会主义初级阶段。我国人口基数较大，人均 GDP 在世界的排名一直不占优势。据国际货币基金组织数据，2022 年中国人均 GDP 为 12814 美元，全球排名仅在第 63 位，与世界发达国家相比还有很大差距。

(二) 各地区各群体收入差距较大

各地区各群体收入差距大是共同富裕的拦路虎。例如，2017 年北京的人均 GDP 是 12.9 万元，上海是 12.46 万元，而山西是 40557 元，贵州是 37956 元。2018 年 8 月，国家统计局发布上半年居民人均可支配收入榜，上海市城镇居民、农村居民分别以 34352 元和 17382 元位列榜首，而城镇居民收入较低的黑龙江只有 14024 元，农村居民收入较低的新疆只有 1760 元。我国疆域辽阔，不同地区的地理位置、环境和自然资源存在显著差距，富裕程度在不同的群体之间自然会存在差别。而有限的物质资源和人力资源配置的不均

衡，加剧了原本就已经存在的地区差距。

(三) 整体社会保障水平偏低

我国目前已经建立了广泛的社会保障覆盖网络，但是，其完善程度与发达国家相比还存在较大差距，整体保障水平偏低，保障能力有限。特别是农村地区及偏远地区，还无法公平地享受到完善的社会保障，加之养老服务发展不充分，农村劳动力大多数进城务工，增加了农村居民的养老难度，农村的社会保障能力有待提升。

社会保障是维系社会稳定的有力安全阀，事关人民幸福安康和国家的长治久安。健全的社会保障制度和有效社会保障体系，是缓解贫富差距扩大和避免社会产生两极分化的有力手段。建立健全社会保障制度和社会保障体系，提高整体社会保障水平，不仅是社会公平正义的体现，还是美好生活奋斗目标的要求，更是社会主义的本质特征和要求。

三、新时代实现共同富裕的路径

(一) 进一步解放和发展生产力是新时代共同富裕的根本保障

1992 年，邓小平在南方谈话中提出，社会主义的本质与根本任务在于解放和发展生产力。习近平总书记在党的十九大报告中指出："我国社会生产力水平总体上显著提高，社会生产能力在很多方面进入世界前列，更加突出的问题是发展不平衡不充分，这已经成为满足人民日益增长的美好生活需要的主要制约因素。"生产力发展的不均衡、不充分问题是实现共同富裕的主要制约因素与首要解决问题。

人类社会在每一次技术创新带来的科技革命中，都实现了跨越式的发展。创新是推动社会进步的巨大力量，邓小平就曾提出"科学技术是第一生产力"的重要论断。抢占世界新技术制高点已成为各大科技强国的首要战略，党的十九大提出的建设创新型国家，是解放和发展生产力的有效途径，我们要"加强国家创新体系建设，强化战略科技力量"。

把创新作为经济发展的第一驱动力，是我们党在新时代立足现实国情做出的重大战略决策。我国经济增长方式由粗放型向集约型转变，而粗放型发展的数十年间，对资源掠夺式的利用开发，以环境破坏为代价的物质积累，给中国自然环境带来重创，各地频发的环境事件、雾霾天气等都反映了生态环境的恶化。廉价劳动力曾经是中国经济腾飞的强大助力之一，随着老龄化社会的到来，我国以往经济增长所依赖的人口优势已经逐步减弱。中国经济的持续高速增长依靠粗放型的人力消耗和资源投入已经难以持续，必须转变社会发展方式，大幅增加科技投入，依靠科技创新推动生产力发展。

（二）坚持共享发展是实现共同富裕的根本保证

习近平同志提出的共享发展理念，包括全民共享、全面共享、共建共享、渐进共享等内涵，就是按照人人参与、人人尽力、人人享有的要求，促进整体、全面发展。共享发展是推进经济社会发展、最终实现共同富裕目标的根本保证。

首先，共享发展为经济社会发展提供不竭动力。中国特色社会主义建设是一项前无古人的开创性事业，没有现成的路可走，也没有成功的经验可以借鉴。人民是历史的创造者，中国特色社会主义离开广大人民群众的积极参与、共同奋斗是不可能取得成功的。在社会主义建设实践中，必须充分发挥人民群众的主体地位，广泛汇聚民智，最大限度激发民力，并让广大人民群众不断享受发展成果，增强获得感、幸福感，这样人民群众才会把国家发展与个人利益紧密结合起来，人民群众的主人翁意识才能得以增强，投身中国特色社会主义建设的积极性、主动性、创造性才能得到充分发挥，经济社会发展才能得到不竭的动力源泉。正如习近平同志所说："这方面问题解决好了，全体人民推动发展的积极性、主动性、创造性就能充分调动起来，国家发展也才能具有最深厚的伟力。"

其次，共享发展为经济社会发展创造稳定环境。稳定是发展的前提，公平是稳定的基础。推进社会发展、实现共同富裕需要稳定的社会环境。改革开放以来，广大人民群众的整体生活水平有了巨大提升，但因分配不公、收入差距扩大等问题引发的社会矛盾也时有出现。平均主义会使社会失去活力和发展动力，分配不公、两极分化则会导致社会利益关系失衡，引发社会矛盾和冲突。坚持共享发展，注重社会公平，保障基本民生，通过有效的制度安排使人民共享发展成果，体现了公平和效率的统一，是化解社会矛盾、维护社会稳定、推进社会发展的有效举措。

最后，共享发展有助于转变经济发展方式、实现经济高质量发展。不断提高人民生活水平，最终实现共同富裕，必须紧紧抓住新时代中国特色社会主义的主要矛盾，坚持解放和发展社会生产力，推动经济高质量发展。从根本上说，保证我国经济高质量发展，是最终实现共同富裕的先决条件。当前我国经济正处在转变发展方式、优化经济结构、转换增长动力的攻关期。坚持共享发展，有助于培育新动能，推动经济高质量发展。共享发展带来的民生整体改善以及不断完善的社会保障，可以扩大人民群众的消费需求，为经济发展提供不断增长的消费支撑；共享发展带来的教育水平的提高、医疗卫生条件的改善，可以为经济增长提供更好的人力资源保障；共享发展带来的民主法制的完善、公平正义原则的彰显，可以有效防范和化解各种矛盾和风险，为改革发展营造良好的社会环境和舆论氛围。

(三)建立合理公平的收入制度是新时代共同富裕的制度依赖

生产力的高度发达并不意味着实现了共同富裕，也不意味着可以实现共同富裕。发达的生产力只是共同富裕的物质基础，却不能自动实现共同富裕。当前，我国虽然也存在着较大的贫富差距，但必须明确的是，中国的贫富差距可以借助生产资料公有制的优势地位改革收入分配制度，通过建立更加公平合理的分配制度调节居民收入中存在的差距，使社会财富惠及每个民众，最终实现全体人民的共同富裕。党的十九大报告中指出，鼓励勤劳守法致富，扩大中等收入群体，增加低收入者收入，调节过高收入，取缔非法收入。履行好政府再分配调节职能，加快推进基本公共服务均等化，缩小收入分配差距。

(四)构筑健全的社会保障体系是新时代共同富裕的民生底线

党的十九大报告指出，要"加强社会保障体系建设。按照兜底线、织密网、建机制的要求，全面建成覆盖全民、城乡统筹、权责清晰、保障适度、可持续的多层次社会保障体系"。完善的社会保障体系牢牢构筑了一道老百姓生活的兜底线，可以帮助人们降低生活和工作中可能遇到的风险，保障社会成员的基本生活，增强人们的生活安全感。构筑新时代健全的社会保障体系，有效强化民生保障，守住民生底线，全面提高保障水平，实现城乡全面统筹发展，确保达到应保尽保的动态管理目的，当前需要从以下四个方面努力：

1. 覆盖全民

落实全民参保计划是促进人人生活有依托的重要举措。全民覆盖是实现共同富裕，建成小康社会的重要指标。党的十八大以来，各类保险参保人数越来越多，基本养老参保人数达 9 亿人以上，基本医疗保险所覆盖人口达 13 亿以上，基本达到了全民医保要求。

2. 城乡统筹

要求全方位地完善城镇职工基本养老保险及居民基本养老保险制度，完善城乡居民基本医疗保险制度与大病保险制度。积极应对人口老龄化，全面推进养老保险制度改革，进而有效建立合理的调整机制，有序提升退休人员基本养老金与城乡居民养老金标准。推进养老保险全国统筹，均衡地区间负担，促进劳动力合理流动。通过合理整合城乡居民医保制度，建立全面涵盖的城乡居民大病保险制度。

3. 保障适度

全力推动补充医疗保险、商业健康险等多险种的发展，全面满足百姓多样化的医疗保障需求，不断完善大病保险制度。针对收入较低群体，可通过降低起付线、提高报销比例及封顶线标准等措施展开精准支付和综合保障，全面提升医疗水平，让百姓不再治不起或是因病返穷。完善综合型社会救助制度，大力支持慈善事业发展，确保困难群众基本生活有保障。

4. 可持续发展

全面推进社会福利事业发展，全面完善失业、工伤保险机制。有效完善失业保险金调整机制，适度放宽申领条件，有效落实稳岗补贴、技能提升等方面的补贴政策。推动工伤保险基金的省级统筹，实施全方位工伤预防。完善社会救助、社会福利、慈善事业、优抚安置等制度，提升教育福利水平，构建以居家养老为基础的养老服务体系，大力发展面向残疾人、儿童的福利事业。

经济体制是指在一定的经济制度基础上进行资源配置的具体方式和规则。我国实现了从计划经济体制向市场经济体制的转型，既能发挥社会主义制度的优势，又能发挥市场经济的优势，中国特色社会主义市场经济体制极大地激发了微观主体的积极性和创造性，但仍存在一些突出问题。步入新时代，必须进一步深化经济体制改革，把社会主义制度和市场经济更有效地结合起来，构建高水平社会主义市场经济体制。

社会主义商品经济的客观必然性及其特点

一、社会生产性质和社会生产经济形式的关系

社会生产性质和社会生产经济形式之间有着一定的联系和互相制约的关系。前者主要是从生产关系方面说明人们在生产中的纵向关系，这种生产关系主要取决于生产资料所有制的性质。后者主要是从人们劳动的社会联系和交换形式方面说明人们在生产中的横向关系，这种横向关系虽然也受生产资料所有制的制约，但是这种横向关系存在的必然性并不直接取决于生产资料所有制，它同所有制一样直接受生产力的制约。

迄今为止，人类社会经历了两种基本经济形式，即自然经济和商品经济。按照马克思主义经典作家的设想，未来的共产主义社会将进入产品经济阶段。

从马克思主义经典作家的有关论述来看，私有制商品经济的存在有两个条件：社会分工和私有制。按照私有制性质不同，私有制商品经济可分为简单商品经济和资本主义商品经济，前者以自己的劳动和自己的生产资料为基

础，后者则是以劳动与生产资料分离为前提，以剥削他人劳动为基础。那么，这些条件是否具有一般性，或者说，社会主义是否存在商品经济？这就是下面要讲的内容。

二、社会主义社会存在商品经济的客观必然性

(一) 发展商品经济的意义

任何一个国家，要摆脱社会生产力不发达的状况，达到生产的高度社会化和现代化，都必须大力发展商品经济。这是一个不以人们意志为转移的客观历史过程。

第一，只有经过商品经济的充分发展阶段，才能在社会范围内发展社会分工，促进生产的社会化。众所周知，社会分工是商品产生的前提之一。然而，商品经济的充分发展增加了社会需求，这进一步促进了社会分工的广化和深化，生产效率不断提高和规模效应日益明显，卷入社会化大生产的商品生产者和生产资料也越来越多。

第二，只有经过商品经济的充分发展阶段，才能促进技术进步，推动生产技术的现代化。商品经济发展越充分，价值规律体现得就越明显，价值规律的作用也就越强烈。因此，在价格机制、供求机制以及竞争机制作用下，商品生产者内在要求不断采用新技术、新设备和新管理方法来提高劳动生产率，从而不断推动产业技术优化升级。

第三，只有经过商品经济的充分发展阶段，才能在社会经济关系内部形成互相联系和互相制约的经济机制。充分发展的商品经济会将商品生产者联系起来，形成"你中有我，我中有你"的错综复杂的经济关联，这种经济联系又是以相互制约、相互协调的经济机制来维系的，最终形成一个以商品为纽带的利益共同体。

由自然经济发展到商品经济，这是一切文明国家所必然经历的发展过程，不存在哪个国家逾越自然经济或商品经济发展阶段的问题。我国商品经济存在和发展已有几千年的历史，中华人民共和国成立前，我国商品经济特别是在沿海地区已有一定程度的发展。但由于当时我国生产力落后，商品经济没有获得充分发展。商品经济与生产力是相互促进、共同发展的。正是由于我国是在生产力落后和商品经济不发达的基础上进行社会主义经济建设，逾越了资本主义经济制度的阶段，但从建设成熟的或高级阶段的社会主义来

说，既不能逾越生产力高度发展的阶段，也不能逾越商品经济充分发展的阶段。由此可见，商品经济的充分发展是人类社会经济发展不可逾越的阶段，社会主义社会也必须经过这个阶段。

(二)社会主义初级阶段的商品经济

从马克思主义经典作家的有关论述来看，私有制商品经济的存在有两个条件：社会分工和私有制。社会分工这一条件在社会主义社会依然存在，公有制内部存在商品经济的原因可归结为物质利益的差别。毫无疑问，所有制关系不同会产生物质利益上的差别，然而，同一所有制内部多层次的复杂产权关系也会产生利益上的差别。具体就社会主义初级阶段而言：

1. 社会主义初级阶段还存在各种其他性质的商品生产

这包括个体经济的小商品生产、私营经济的资本主义商品生产、外商独资的资本主义商品生产以及各种混合所有制的商品生产。这些都决定了在社会主义初级阶段还必须保留商品生产的形式。

2. 社会主义公有制还存在国家所有制和集体所有制两种形式

集体企业是自负盈亏的不同所有者。它们之间相互取得对方的产品，只能通过商品交换的形式来实现。国有企业和集体企业也都是不同所有者。它们要取得对方的产品，也只能通过商品交换来实现。

3. 国有经济内部也必须保持商品关系

社会主义国家所有制是一种不成熟的全社会所有制，是带有集体所有制因素的全社会所有制，它以单个的国有企业为载体。各个国有企业会形成自己的特殊利益，各个独立的利益主体之间的经济关系必须通过等价交换来实现，因此，国有经济内部必须保持商品关系是由社会主义国家所有制本身的性质决定的。

三、社会主义商品经济的特点

第一，社会主义商品经济受社会主义生产目的的制约，虽然企业也要追求利润，但是企业生产的根本目的是满足社会主义社会的需要。在社会主义市场经济条件下，从微观经济的角度看，不论是非公有制企业还是公有制企业，都要追求利润最大化，都要接受市场机制的调节，也就是说，市场在资源配置中起着决定性作用。但是，从整个社会来看，生产发展或资源配置的目的已经不是利润的最大化，而是最大限度地满足人民日益增长的美好生活需要，实现人的全面发展和社会的共同富裕。实现社会主义商品经济的发展目的必须依靠国家在宏观和全局上的主导作用，这种主导作用体现了全体人民的共同利益和共同意志，体现了社会主义经济制度的本质要求。

第二，社会主义商品经济体现社会主义国家和企业以及企业和企业之间互助互利的合作关系，在社会主义商品经济中也存在竞争，但在手段等方面是受到限制的。在我国现阶段，社会主义企业是相对独立的经济实体，有自己独立的经济利益，由于企业管理水平和经济实力等方面的不同，经营结果也就有所区别，理所当然按其优劣取得不同的经济利益。在竞争过程中，虽然企业局部利益与社会整体利益也存在矛盾，但其根本利益是一致的，竞争者之间既是对手又是伙伴，它们为向社会和用户提供更多更好的物质与精神财富、支援国家建设而互相促进和共同提高。

第三，社会主义商品经济不但不会导致资本主义，而且有利于社会主义生产的发展和社会主义制度的巩固。社会主义商品经济是建立在生产资料社会主义公有制基础上的有计划的商品经济。它是在以劳动者个体所有制为基础的简单商品经济和以资本家所有制为基础的资本主义商品经济之后出现的新型的商品经济。它只同社会主义联合劳动者互相交换劳动相关联，是为社会主义建设的发展和人民物质文化需要的满足服务的，因此，社会主义商品经济有利于社会主义生产的发展和社会主义制度的巩固。

第二节

从计划经济体制向市场经济体制转变

一、对社会主义市场经济认识的发展

中华人民共和国成立之后，我国逐步建立了高度集中的计划经济体制，在较短的时期内建立了独立的比较完整的工业体系和国民经济体系。改革开放以后，我们党对市场机制的认识不断深入。党的十一届三中全会提出要按经济规律办事，重视价值规律的作用。自此以后，党和国家对市场经济的重视程度不断提高，市场经济成为党的多次重大会议的主要议题。党的十八届三中全会，根据我国社会主义市场经济理论和实践发展的新形势与新要求，提出了使市场在资源配置中起决定性作用和更好发挥政府作用的重大理论观点，在完善社会主义市场经济体制上迈出了新的步伐。

经过多年的深入改革，中国成功实现了从高度集中的计划经济体制到充满活力的社会主义市场经济体制的历史转折，推动了经济持续快速的发展、人民生活水平的不断提高和综合国力的大幅提升。

二、计划经济不等于社会主义

（一）计划经济不是社会主义制度的本质特征

传统社会主义政治经济学把计划经济当作社会主义制度的本质特征，并不能完全成立。

首先，市场对经济的调节虽然是自发的，但是有秩序的。历史的经验已经证明，到目前为止，市场经济仍然是人类社会按比例分配社会劳动与合理配置资源的有效方式，其作用不可替代。其次，社会主义公有制的建立并没有完全消除人们经济利益上的差别和矛盾，从而也不能消除各个企业在生产资料占有上的独立性，个人的经济利益仍然是人们从事经济活动的重要推动力。最后，单纯靠计划经济配置资源存在明显的问题，如结构失调、供求脱节、资源浪费、创新不足等，妨碍了社会主义优越性的发挥。

其实，高度集中的计划经济并不是社会主义的本质，而只是社会主义原始积累阶段的特殊产物。社会主义生产方式也需要自己的原始积累，为社会主义的产生创造条件。

（二）社会主义初级阶段建立计划经济体制的意义

实践证明，在社会主义经济发展的初期，建立计划经济体制有利于发展生产力：

第一，由于当时经济文化落后，又面临着帝国主义的封锁包围，因此我国的工业化只能从优先发展重工业开始，迅速建立自己完整的工业体系，这就需要实行集中的计划经济体制，依靠国家的力量来集中有限的资源进行大规模的建设，而不能依靠自发的市场调节配置资源。

第二，在社会主义国家，全面快速的工业化需要的大规模资金积累既不可能像资本主义国家那样通过殖民掠夺和对外战争等方式来完成，也不可能依靠企业自身缓慢地、一点一点地积累来完成，而必须依靠国家的力量，运用税收、信贷等手段，把分散的资金集中起来统一加以使用。

第三，在社会主义制度建立初期，党的组织和干部队伍刚刚从革命战争年代走出来，具有崇高的革命理想和政治觉悟，比较习惯和熟悉行政手段乃至军事化管理，而不习惯和熟悉经济规律的"自然力"，特别是以私人利益为出发点的市场规律。

随着党和国家工作的重点从阶级斗争转向经济建设，集中的计划经济越来越难以适应经济发展的需要。

(三)计划经济体制存在的弊端

第一，国家的主要任务从阶级斗争转为经济建设，个人经济利益代替政治热情成为经济发展的主要动力。因此，依靠自上而下的行政命令来推动经济发展难以充分调动生产者的积极性。

第二，经济发展从外延式为主转变为内涵式为主，技术的创新和资源配置的效率成了经济发展的关键问题，而没有生产者的自主决策和内在动力，技术创新的效率问题难以很好地解决。

第三，供求日益复杂多变，信息的纵向搜集和传递日益困难，集中的计划经济体制难以充分反映供求的变化，造成了经济结构的严重扭曲。

为了从根本上改变束缚生产力发展的经济体制，必须改革高度集中的计划经济，实行社会主义市场经济。

三、社会主义可以发展市场经济

马克思认为，商品交换实质上是不同所有权的交换，"使用物品成为商品，只是因为它们是彼此独立进行的私人劳动的产品"。正因为商品交换是以彼此独立的私人所有权为基础的，所以社会一旦占有生产资料，商品生产就将消除。

但是，马克思的上述论述是有条件的，这个条件就是社会占有全部生产资料，彻底消灭生产资料私有制。然而，在现实生活中，特别是在我国社会主义初级阶段，生产资料的所有制结构是公有制为主体、多种所有制经济共同发展。

　　既然商品交换产生于不同所有者之间，那么多种所有制经济的共存必然要求发展商品关系，发展市场经济。进一步深入思考就会发现，社会主义可以搞市场经济的结论不仅适用于社会主义初级阶段，而且适用于整个社会主义经济制度。在社会主义公有制中，虽然生产资料是社会成员共同所有并由国家代表社会行使所有权，但是，属于社会共同所有的生产资料只能通过每一具体劳动者的联合即企业来分别使用，不同企业在生产资料的使用上具有各自的经济利益，具有独立的经营权，它们之间的交换关系也是等价交换的商品交换关系。从这个意义上可以说，市场经济是内生于社会主义基本制度的，社会主义可以发展市场经济。

四、市场经济的优势

(一)经济信息处理和传递的"自动化"

　　在市场经济中，各种商品的生产者是依据以价格为主的市场信号自主地作出生产决定的，而价格的变动又是这些互为供求的生产者通过市场自发进行交易活动的结果，具有自动揭示供求信息并在生产者之间自动传递的作用。

(二)利益关系协调的"自动化"

　　市场调节还是一种与价值规律的作用相适应的、自动的利益协调与激励机制。各种经济活动主体自发进行的市场交易，从总体趋势来看，具有使他们相互间的利益关系自动地达成等量劳动相交换的平衡状态的作用。这种状态的达成又会在社会生产中形成一种良性的激励机制。

(三)校正供求偏离的"自动化"

　　市场调节以价格机制为基础，自动地校正商品供给与需求的偏离。这种自发调节机制能够通过不断的微调使社会的生产和需要趋向一致，从而使价值规律的要求和社会劳动的合理分配作为一种自动趋势得到实现。

　　市场经济不仅是一种资源配置方式，还是一种社会关系。与自然经济相比，市场经济的社会关系具有自由、平等、开放的特点。正是在这样特殊的社会关系下，才形成了广泛的社会分工、普遍的社会交往、丰富的人类个性、多方面的社会需要和发达的生产体系。

中国市场经济体制的建立与完善

一、社会主义市场经济体制转向的必然性

第一，商品经济的充分发展要求发展市场经济。首先，商品经济的发展是社会经济发展不可逾越的阶段；其次，资源合理有效配置的最佳选择是市场经济；最后，社会主义社会仍然是商品经济的社会。

第二，集中型计划经济体制存在严重弊端。诸如政企不分、忽视商品生产和市场的作用；政府对企业管得过多、统得过死，不利于激发企业活力，而且造成国民经济的条块分割，不利于社会资源的合理流动，不利于社会化生产的发展，这些情况都影响了社会主义制度优越性的发挥，阻碍我国经济快速、持续、健康的发展。

第三，经济发展的实践证明市场经济体制能在经济发展现阶段更加有力地推进生产力的迅速发展。例如，在农村，通过实行家庭联产承包责任制，兴办乡镇企业等，极大地提高了农村市场经济主体的生产积极性；在城市，通过经济制度和经济体制改革，推行政企分开，企业逐步扩大了生产自主权，极大地激活了企业生产活力。

第四，我国面临着宏伟而艰巨的历史任务，只有建立起社会主义市场经济体制才能胜利完成。这些任务包括全面建成小康社会，深入推进改革开放，不断增强经济活力等。

第五，对市场经济的正确认识必然导致市场经济在我国的建立。对计划与市场的关系以及对市场经济认识不断深化的必然结果就是转向社会主义市场经济体制。而正确的理论一旦为人民群众所掌握，就会变成巨大的力量，历史上任何重大的社会变革取得成功都是在正确的理论指导下进行的。

二、我国社会主义市场经济体制的建立

1992年初邓小平在南方谈话中提出了著名论断："计划多一点还是市场

多一点，不是社会主义与资本主义的本质区别。计划经济不等于社会主义，资本主义也有计划；市场经济不等于资本主义，社会主义也有市场。计划和市场都是经济手段。"①

1992 年 6 月，江泽民在中央党校所作的讲话中，首次肯定了"社会主义市场经济体制"的提法。同年 10 月，党的十四大报告中明确提出了社会主义市场经济体制的改革目标。我国经济体制改革的目标是建立社会主义市场经济体制，以利于进一步解放和发展生产力。社会主义市场经济体制，就是要使市场在社会主义国家宏观调控下对资源配置起基础性作用，使经济活动遵循价值规律的要求，适应供求关系的变化；通过价格杠杆和竞争机制的功能，把资源配置到效益较好的环节中去，并给企业以压力和动力，实现优胜劣汰；运用市场对各种经济信号反应比较灵敏的优点，促进生产和需求的及时协调。

社会主义市场经济体制改革目标的确立，是我们党总结国内外社会主义建设的经验教训，对社会主义建设规律和改革的认识不断深化的结果，彻底消除了改革开放以来在理论和实践中的困惑，正确解决了事关社会主义现代化建设全局和方向的重大问题，实现了改革开放的历史性突破。在此基础上，党的十四届三中全会作出了《中共中央关于建立社会主义市场经济体制若干问题的决定》，全面系统地阐明了建立社会主义市场经济的基本框架和主要任务。

"建立社会主义市场经济体制，就是要使市场在国家宏观调控下对资源配置起基础性作用。为实现这个目标，必须坚持以公有制为主体、多种经济成分共同发展的方针，进一步转换国有企业经营机制，建立适应市场经济要求，产权清晰、权责明确、政企分开、管理科学的现代企业制度；建立全国统一开放的市场体系，实现城乡市场紧密结合，国内市场与国际市场相互衔接，促进资源的优化配置；转变政府管理经济的职能，建立以间接手段为主的完善的宏观调控体系，保证国民经济的健康运行；建立以按劳分配为主体，效率优先、兼顾公平的收入分配制度，鼓励一部分地区一部分人先富起来，走共同富裕的道路；建立多层次的社会保障制度，为城乡居民提供同我国国情相适应的社会保障，促进经济发展和社会稳定。这些主要环节是相互联系和相互制约的有机整体，构成社会主义市场经济体制的基本框架。"②

① 邓小平文选：第 3 卷[M]. 北京：人民出版社，1993：373.
② 全国干部培训教材编审指导委员会. 中国共产党历史二十八讲[M]. 北京：人民出版社，党建读物出版社，2006：453.

(一) 加快社会主义市场经济主体的建立

建立社会主义市场经济体制最基础的工作是建立市场经济主体, 没了主体, 市场机制的作用就缺乏载体, 当时除了国有企业以外的各种所有制企业都具备成为市场经济主体的条件。因此, 对国有企业的改革要着眼于企业制度的创新, 建立现代企业制度。

现代企业制度的特征是产权清晰、权责明确、政企分开、管理科学。产权明晰是指所有者要明晰出资者拥有出资所有权, 企业拥有出资者投资形成的全部法人财产权, 成为享有民事权利、承担民事责任的法人实体。权责明确指的是所有者(出资者)同企业经营者有各自明确的权利和责任。政企分开是指政企职责分开, 企业按照市场需要组织生产经营, 政府作为社会经济管理者不直接干预企业的生产经营活动。管理科学指的是建立科学的企业领导体制和组织管理制度, 使企业的权力机构、监督机构、决策和执行机构之间相互独立、权责明确, 在企业内部形成激励、约束、制衡的机制。

现代企业制度的内容包括企业法人制度、有限责任制度、科学的企业组织结构和管理制度。现代企业制度概括起来有三个要点: 以完善的法人制度为基础, 以有限责任为特征的财产组织形式, 以公司型为代表的组织制度和管理制度。我国建立现代企业制度, 主要是围绕健全企业经营机制, 发展公有制为主体、多种所有制并存的所有制结构, 理顺产权关系, 明确国家所有权与行政管理权双重职能, 将企业建设为独立的商品生产者。

(二) 大力培育和健全市场体系

建立社会主义市场经济体制, 必然要有功能健全、结构完善的市场体系。

1. 建立和完善主要由市场形成价格的价格形成机制

改革开放以来, 我国除少数产品和服务的价格由政府制定和管理外, 绝大部分商品价格已完全放开, 商品的市场价格在市场竞争中形成。存在的主要问题是生产要素价格的市场化程度还比较低, 价格的调节机制还不健全。因此, 必须做好以下工作: 在保持价格总水平相对稳定的前提下, 进一步放开竞争性商品和服务的价格, 调顺少数由政府定价的商品和服务的价格; 加快生产要素价格市场化进程; 建立和完善少数关系国计民生的重要商品的储备制度、风险基金和价格调节基金, 以平抑市场物价, 健全商品价格的调节机制。

2. 建立和完善商品流通体系和体制，进一步发展商品市场

根据商品流通的需要，构建大中小相结合、各种经济形式和经营方式并存、功能完备的商品市场网络，推动流通的现代化。在重要商品的产地、销地或集散地，建立起大宗农产品、工业品和生产资料的批发市场，发展物资流通代理制。国有流通企业要彻底转换经营机制，积极参与市场竞争，提高经济效益，并在完善和发展批发市场中发挥主导作用。

3. 发展金融市场、劳动力市场、房地产市场、技术市场和信息市场等要素市场

一是进一步发展和完善以银行融资为主的金融市场；资本市场积极稳妥地发展债券、股票融资，建立发债机构和债券信用评级制度，促进债券市场的健康发展，规范股票的发行和上市，并逐步扩大规模；货币市场发展规范的银行同业拆借和票据贴现，中央银行开展国债买卖，坚决制止和纠正违法违规的集资、拆借等融资活动。二是进一步改革劳动制度，逐步健全和完善劳动力市场，把开发利用和合理配置人力资源作为发展劳动力市场的出发点，广开就业门路，更多地吸纳城镇劳动力就业。鼓励和引导农村剩余劳动力逐步向非农业转移和地区间的有序流动。发展多种就业形式，运用经济手段调节就业结构，形成用人单位和劳动者双向选择、合理流动的就业机制。三是进一步规范和发展房地产市场。我国地少人多，必须十分珍惜与合理使用土地资源，加强对土地的管理，切实保护耕地，严格控制农业用地转为非农业用地。国家垄断城镇土地一级市场，实行土地使用权有偿、有期限出让制度。对商业性用地使用权出让，实行招标、拍卖。加强土地二级市场管理，建立正常的土地使用权价格的市场形成机制，并开征和调整房地产税费等，严格控制高档房屋和高消费游乐场所的过快增长。加快城镇住房制度改革，控制住房用地价格，促进住房商品化和住房建设的发展。四是进一步发展技术市场和信息市场。引入竞争机制，保护知识产权，实行技术成果有偿转让，实现技术产品和信息的商品化和产业化。

4. 发展市场中介组织，发挥其服务、沟通、公证和监督的作用

着重发展会计师事务所、审计师事务所和律师事务所，发展公证、仲裁机构，培育质量检验检疫认证机构、信息咨询机构、资产和资信评估机构等。发挥行业协会、商会等组织的作用。中介组织要依法通过资格认定，依据市场规则建立自律性运行机制，承担相应的法律和经济责任，并接受政府有关部门的管理和监督。

5. 改善和加强对市场的管理和监督

建立正常的市场准入、市场竞争和市场交易秩序，保证公平交易、平等竞争，保护经营者和消费者的合法权益。坚决依法惩处生产和销售假冒伪劣产品、欺行霸市等违法行为。提高市场交易的公开化程度，建立权威的市场执法和监督机构，加强对市场的管理，发挥社会对市场的监督作用。

(三) 转变政府职能，建立健全宏观调整体系

党的十四大把政府的经济职能概括为 24 个字：统筹规划、掌握政策、信息引导、组织协调、提供服务、检查监督。党的十四届三中全会将之进一步具体化为制订和执行宏观调控政策，搞好基础设施建设，创造良好的经济发展环境，同时要培育市场体系，监督市场运行和维护平等竞争，调节社会分配和组织社会保障，控制人口增长，保护自然资源和生态环境，管理国有资产和监督国有资产经营，实现国家的经济和社会发展目标，并明确规定政府运用经济手段、法律手段和必要的行政手段管理国民经济，不直接干预企业的生产经营活动。党的十六大进一步界定政府的职能是经济调节、市场监管、社会管理、公共服务。为实现政府职能的转变，必须按照政企分开和精简、统一、效能的原则，继续并尽快完成政府机构改革。

社会主义市场经济是现代市场经济，必须建立起健全有效的宏观调控体系。社会主义市场经济的宏观调控是指政府站在全国的高度，按照科学发展观、经济发展规律和社会主义本质的要求，对整个国民经济的调节与控制，是对国民经济的总体管理。宏观调控的主要任务是保持经济总量的基本平衡，促进经济结构优化，引导国民经济持续、快速、健康地发展，推动社会的全面进步和人的全面发展。

社会主义市场经济条件下宏观调控主要采取经济办法，通过建立计划、财税、金融之间相互配合与制约的机制，对经济运行进行综合协调。计划是提出国民经济和社会发展的目标、任务以及需要配套实施的经济政策；财税是运用财政预算和税收手段，着重调节经济结构和社会分配；金融主要是由中央银行以稳定币值为首要目标，调节货币供应总量，并保持国际收支平衡。国家运用财政政策和货币政策调节社会总需求和总供给的基本平衡，并与产业政策相配合，促进国民经济和社会的协调发展。社会主义市场经济宏观调控的进行，要求改革原有计划经济体制下的计划、财税、金融以及投资体制，建立起适应社会主义市场经济体制的新的计划、财税、金融、投资体

制，由此构成有效的宏观调控体系。

(四)建立和健全各种市场法规制度

市场经济是一种法制经济，没有相应的市场经济法规体系，市场经济就不可能正常运行，也就没有市场经济。我国要建立市场经济体制，必须建立健全各种市场法规制度。我国法制建设的目标是遵循宪法规定的原则，加快经济立法，进一步完善民商法律、刑事法律、有关国家机构和行政管理方面的法律，建立起适应社会主义市场经济要求的法律体系。同时，改革、完善司法制度和行政执法机制，提高司法和执法水平，建立健全执法监督机制和法律服务机构。

(五)建立社会主义市场经济体制的其他重要配套工作

由于社会主义市场经济体制是整个社会资源的配置方式，其覆盖面是全社会各个经济领域和社会再生产的各个环节，因此建立社会主义市场经济体制除了要完成上述各项基本任务，还必须做好其他重要的配套工作。

第一，深化农村经济体制改革。加快农村经济发展，减轻农民负担、增加农民收入，进一步增强农业的基础地位，使农业朝着高产、优质、高效的方面发展，真正解决好"三农"问题。积极培育农村市场，打破地区封锁、城乡分割的状况，进一步搞活流通，增强农村经济发展的开放性，使各种经济资源在更大的范围内流动和组合。家庭联产承包责任制和统分结合的双层经营体制是我国农村的基本经济制度，必须长期稳定并不断完善。发展农村社会化服务体系，促进农业专业化、商品化、社会化。乡镇企业是农村经济的重要支柱，要完善承包责任制，发展股份合作制，进行产权制度和经营方式的创新，进一步增强乡镇企业的活力。

第二，深化对外经济贸易体制改革。对外经济贸易体制是经济体制的重要组成部分，建立社会主义市场经济体制必须同时建立相应的对外经济贸易体制。在对外开放中，我国要实行对外贸易和国际合作的规范化、法治化、多元化。适应加入世界贸易组织（World Trade Organization，WTO）的需要，就要按照国际经济通行规则建立统一、健全的对外经济关系。加快转换各类企业的对外经营机制，赋予具备条件的生产、科技和服务企业对外经营权，扩大实行外贸经营依法登记制，减少行政干预，而对少数实行数量限制的进出口商品的管理，要按照效益、公平、公开的原则，逐步实行配额招标、拍卖或规则化管理。国家主要运用汇率、税收和信贷等经济手段调节对外经济贸易活动，使外贸和国际经济合作服从国家宏观调控的目标和要求。

第三，深化科技和教育体制改革。科学技术是第一生产力，属于生产要素，在市场经济条件下，科学技术也是商品，也必须有科技市场，要建立起科技面向经济与社会发展需要、面向市场、激励科技发明创造和科技人才成长的体制。教育的特殊性和多种社会功能使教育不能简单地被称作商品，要区别不同性质的教育，如义务教育、与国家安全有关以及特殊需要的教育就不是商品，其发展不应通过市场配置资源来实现。但其他类型的教育，必须面向市场，参与市场竞争，从市场竞争中获得资源配置。因此，必须改革计划经济体制下的教育体制，建立起既区分不同性质教育又适应社会主义市场经济要求，促进教育事业健康、快速、协调发展的教育体制。

第四，积极推进政治体制改革。党的十五大明确确定我国政治体制改革的总体要求：我国经济体制改革的深入和现代化建设跨世纪的发展，要求在坚持四项基本原则的前提下，继续推进政治体制改革，进一步扩大社会主义民主，健全社会主义法治，依法治国，建设社会主义法治国家。为实现这一要求，我国政治体制改革的主要任务是发展民主，加强法制，实行政企分开、精简机构，完善民主监督制度，维护安定团结。这五个方面的任务相互联系、相互促进，必须全面实现。

第五，加强和完善党的领导。我国社会主义市场经济体制的建立和整个社会主义事业的发展都是在党的领导下进行的，因此，加强和完善党的领导非常重要。

三、完善我国社会主义市场经济体制

(一) 完善社会主义市场经济体制的主要任务

在经济全球化和世界科学技术迅猛发展的形势下，完善社会主义市场经济体制必须坚持统筹兼顾，正确认识和妥善处理中国特色社会主义事业中的重大关系，统筹城乡发展、区域发展、经济社会发展、人与自然和谐发展、国内发展和对外开放，统筹中央和地方关系，统筹个人利益和集体利益、局部利益和整体利益、当前利益和长远利益，充分调动各方面积极性，统筹国内和国际两个大局，树立世界眼光，加强战略思维，善于从国际形势发展变化中把握发展机遇，应对风险挑战，营造良好国际环境。

完善社会主义市场经济体制必须坚持和完善公有制为主体、多种所有制经济共同发展，按劳分配为主体、多种分配方式并存，社会主义市场经济体制的社会主义基本经济制度；建立有利于逐步改变城乡二元经济结构的体制，形成促进区域经济协调发展的机制；建设统一、开放、竞争有序的现代市场体系；完善宏观调控体系、行政管理体制和经济法律制度；健全就业、收入分配和社会保障制度；建立促进经济社会可持续发展的机制。

(二) 完善社会主义市场经济体制的基本措施

第一，毫不动摇地巩固和发展公有制经济，毫不动摇地鼓励、支持、引导非公有制经济发展。坚持和完善社会主义基本经济制度，就要毫不动摇地巩固和发展公有制经济，坚持公有制的主体地位，积极推行公有制的多种有效实现形式，增强国有经济的活力、竞争力、影响力；就要毫不动摇地鼓励、支持、引导非公有制经济发展，大力发展以股份制为主要形式的混合所有制经济；就要健全现代产权制度，坚持平等保护物权，进一步形成各种所有制经济平等竞争、相互促进的新格局。

第二，完善国有资产管理体制和制度，深化国有企业改革。继续对国有大型企业进行公司制、股份制改革。进一步完善国有资本有进有退、合理流动的机制。加大垄断行业改革力度，加快推进公用事业改革。完善各类国有资产管理体制和制度。加快建设国有资本经营预算制度，探索国有资本有效的经营形式，提高资本的营运效率。推进集体企业改革，发展多种形式的集体经济、合作经济。认真落实中央关于鼓励、支持和引导非公有制经济发展的各项政策，特别是要解决市场准入和融资支持等方面的问题。

第三，深化农村综合改革，完善农村经营体制。主要改革任务：一是稳定家庭承包经营为基础、统分结合的双层经营机制是党的农村政策的基石，必须毫不动摇地坚持。现有土地承包关系要保持稳定，要健全严格的农村土地管理制度，完善土地承包经营权，依法保障农民对承包土地的占有、使用、收益等权利。二是加快农村综合改革步伐。深化乡镇机构改革，建立精干、高效的农村行政管理体制，完善乡镇治理机制，深化农村义务教育改革，建立和完善农村义务教育经费保障机制。三是推进农村金融体制和制度创新。强化中国农业银行、中国农业发展银行和中国邮政储蓄银行等金融机构为"三农"服务的功能，充分发挥农村信用社为民服务的主力军作用。在加强监管的基础上，规范发展多种形式的新型农村金融机构。四是建立促进城乡经济社会发展的一体化制度，促进公共资源在城乡之间均衡配置、生产要素在城乡之间自由流动。坚持走中国特色城镇化道路，促进大中小城市和小城镇协调发展，形成城镇化和农村建设互相促进、协调发展机制。五是健全农业支持保护制度。完善农业投入保障制度和农业补贴制度，理顺产品比价关系，充分发挥价格对农业增产和农民增收的促进作用。

第四，加快形成统一、开放、竞争有序的现代市场体系，发展各类生产要素市场。积极发展资本、土地、劳动力、技术等要素市场。大力发展资本市场，规范发展股票市场，积极发展企业债券市场，稳步发展期货市场。规范发展土地市场，改革征地制度，完善土地收益分配制度，形成有效的土地资源占用约束机制。建立城乡统一的劳动力市场，引导劳动力合理流动。完善资源和要素价格形成机制。深化价格改革，理顺资源价格体系，完善反映市场供求关系、资源稀缺程度、环境损害成本的生产要素和资源价格形成机制。加快社会信用体系建设，加强信用信息征集、使用、公开、保护等制度及相关法律法规建设，健全信用监管和失信惩戒制度。同时，规范市场经济秩序，加快建立政府监管、行业自律、舆论监督、群众参与的市场监管体系，建立保护知识产权、打击侵权盗版行为的长效机制。积极发展市场中介组织。

第五，继续改善宏观调控，发挥国家发展规划、计划、产业政策在宏观调控中的导向作用。综合运用财政、货币政策提高宏观调控水平，加快转变政府职能。在现代市场经济中，随着信用制度和资本市场的发展，生产和消费可以超出自有资金的限制而获得跳跃式的增长，在短时间内可能创造出巨大的过剩生产能力和大量的虚假需求，加大了总供给与总需求失衡的可能性和破坏力。显然，这些问题单靠价格的自发调节是很难解决的，且这样一个自发的调节过程需要一段很长的时间，需要付出非常大的经济和社会代价，而这种时间和代价往往是一个国家的政府和人民所难以承受的。因此，为了实现宏观经济的稳定，保持总供给与总需求的大体平衡，国家就需要利用财政、货币、收入等经济政策对总供给与总需求加以调节，这就是通常所说的宏观调控或总量调控。正确处理好供给管理与需求管理的关系，必须把供给管理与需求管理相结合，深化投资、计划体制改革，重点是扩大企业投资权限，规范各类投资主体行为，健全和严格市场准入制度，完善政府投资体制。完善国家规划体系，发挥国家发展规划、计划、产业政策在宏观调控中的导向作用。

第六，深化财税、金融体制改革。一是深化财税体制改革。围绕推进基本公共服务均等化和主体功能区建设，完善公共财政体系。健全中央和地方财力与事权相匹配的体制，加快形成统一、规范、透明的财政转移支付制度。实行有利于科学发展的财税制度，改革资源税费制度，建立健全资源有偿使用制度和生态环境补偿机制。二是深化金融体制改革。继续深化银行业改革，加快建立现代银行制度。继续推动资本市场改革和发展，优化资本市场结构，多渠道提高直接融资比重。深化保险业改革，继续推进利率市场化。进一步完善人民币汇率形成机制，加强和改进金融监管，防范和化解金融风险。

第七，深化涉外经济体制改革，拓展对外开放广度和深度，提高开放型经济水平。坚持把"引进来"和"走出去"更好结合起来，进一步完善对外开放的制度保障，完善涉外经济法律法规，形成稳定、透明的涉外经济管理体制，创造公平和可预见的法治环境。加快转变外贸增长方式，促进加工贸易转型升级。创新利用外资方式，优化利用外资结构，发挥利用外资在推动自主创新、产业升级、区域协调发展等方面的积极作用。鼓励有条件的企业"走出去"，创新对外投资和合作方式，加快培育我国的跨国公司和国际知名品牌。积极开展国际能源资源互利合作，推进区域和次区域经济合作；完善公平贸易政策，推进贸易和投资自由化、便利化，实施自由贸易区战略。适应开放型经济的要求，更好地处理国内发展与对外开放的关系，防范国际经济风险，维护国家经济安全。

第八，推进就业和分配体制改革，完善社会保障体系，实施扩大就业的发展战略，促进以创业带动就业。坚持和完善按劳分配为主体、多种分配方式并存的分配制度，健全劳动、资本、技术、管理等生产要素按贡献参与分配的制度。初次分配和再分配都要处理好效率和公平的关系，再分配要更加注重公平。逐步提高居民收入在国民收入分配中的比重，提高劳动报酬在初次分配中的比重，着力提高低收入者收入。建立企业职工工资正常增长机制和支付保障机制，逐步提高最低工资标准。采取多种措施，创造条件让更多群众拥有财产性收入。通过税收等手段切实对过高收入进行有效调节，取缔非法收入。规范垄断行业的收入分配，规范垄断性企业资本收益的收缴和使用办法，合理分配企业利润。

健全的社会保障体系是人民生活的"安全网"和社会运行的"稳定器"，必须加快完善社会保障体系。一是完善基本养老保险制度。二是完善基本医疗保险制度。三是完善最低生活保障制度。四是支持加快发展社会救助和慈善事业。五是积极发挥商业保险的补充作用，支持商业保险的发展。六是逐步提高社会保险的统筹层次，制定全国统一的社会保险关系转续办法，以促进劳动人口在全国范围内的流动就业。

创业扶持政策是劳动政策体系中最直接、最积极的政策，将政府扶持与市场化运作相结合，与其他就业扶持政策相比效果较显著、作用范围较大且比较持久。创业扶持政策既"授人以鱼"，也"授人以渔"，不仅直接为失业人员开发、创造了就业机会和就业岗位，而且也圆了很多人的勤劳致富之梦。

第九，深化科技、教育、文化、卫生体制改革。为适应社会主义市场经济发展的需要，必须深化科技、教育、文化、卫生体制改革，提高国家创新能力和国民整体素质。营造实施人才强国战略的体制环境，创新人才工作机制，加快国家创新体系建设，构建现代国民教育体系和终身教育体系，促进文化事业和文化产业协调发展，提高公共卫生服务水平和突发性公共卫生事件应急能力。

第十，加快行政管理体制改革，建设服务型政府，完善经济法律制度。行政管理体制改革是完善社会主义市场经济体制和发展社会主义民主政治的必然要求，必须坚定不移地继续推进。一是加快政府职能转变。这是深化行政管理体制改革的核心和关键。加快推进政企分开、政资分开、政事分开、政府与市场中介组织分开。全面正确履行政府职能，改善经济调节，严格市场监管，更加注重加强社会管理和公共服务。二是推进政府机构改革。紧紧围绕政府职能转变和理顺政府职责关系，进一步优化政府组织结构，规范机构设置，健全部门间协调配合机制。减少行政层次，降低行政成本。积极推进地方政府机构改革，加快推进事业单位分类改革。三是加强依法行政和制度建设。坚持用制度管权、管事、管人，健全监督机制，强化责任追究。加快建设法治政府，规范行政决策行为，完善科学民主决策机制。推进政府绩效管理和行政问责制度，提高政府执行力和公信力。健全对行政权力的制约和监督制度，保证人民赋予的权力始终用来为人民谋利益。完善政务公开制度，加强政风建设和廉政建设。

第十一，以改革创新精神全面推进党的建设新的伟大工程。必须把党的执政能力建设和先进性建设作为主线，坚持党要管党、全面从严治党，贯彻为民、务实、清廉的要求，以坚定理想信念为重点加强思想建设，以造就高素质党员、干部队伍为重点加强组织建设，以保持党同人民群众的血肉联系为重点加强作风建设，以健全民主集中制为重点加强制度建设，以完善惩治和预防腐败体系为重点加强反腐倡廉建设，使我党始终成为立党为公、执政为民，求真务实、改革创新，艰苦奋斗、清正廉洁，富有活力、团结和谐的马克思主义执政党。

第四节

公有制与市场经济的有机结合

一、社会主义市场经济发展的两条主线

社会主义市场经济的发展主要包括两个方面的问题：一是计划与市场或政府与市场的关系；二是公有制与市场经济的兼容或结合。前者属于资源配置方式或经济运行机制的问题，后者属于所有制或基本经济制度的问题。

社会主义市场经济在理论和实践上的发展就是围绕着上述两个方面、两条主线展开的，并经历了由表及里、由浅入深的过程。但是，随着理论和实践的发展，人们逐步认识到，对于构建完整的市场经济来说，仅仅关注计划和市场的关系是远远不够的，关键问题在于公有制企业能不能以及如何适应市场机制，即公有制与市场经济的结合问题。

党的十八大后，以加快完善社会主义市场经济体制为目标的新一轮经济体制改革全面展开，改革的两个方面和两条主线依然十分清晰。一方面，党中央提出，经济体制改革的核心问题是处理好政府和市场的关系，使市场在资源配置中起决定性作用和更好发挥政府作用。另一方面，党中央强调，公有制为主体、多种所有制经济共同发展，按劳分配为主体、多种分配方式并存，社会主义市场经济体制等社会主义基本经济制度是中国特色社会主义制度的重要支柱，也是社会主义市场经济的根基。

需要强调的是，社会主义市场经济两个方面的地位和作用是不一样的。

科学揭示社会主义市场经济的本质和发展规律，必须深入研究公有制与市场经济的关系。

二、公有制与市场经济的结合是社会主义市场经济的核心

公有制与市场经济的结合对于坚持和完善社会主义市场经济具有关键作用，这是因为：

第一，生产资料公有制是社会主义经济制度的基础，因此，离开了公有制与市场经济的结合，就不可能发展社会主义市场经济。

第二，在社会主义初级阶段，存在着多种性质的商品交换，其中，公有制与市场经济能否结合以及如何结合在很大程度上决定着社会主义市场经济的性质、特点及其发展方向。

第三，中国的经济体制改革虽然取得了巨大的成就，但是还存在诸多的矛盾和问题，这些矛盾和问题归根结底还在于公有制与市场经济的结合不成熟、不完善。

从实践看，社会主义市场经济最根本的特点和成功的经验就在于公有制与市场经济的有机结合。这种结合一方面要发挥市场机制信息灵敏、激励有效、调节灵活等优点，增强经济发展的活力，另一方面要发挥社会主义公有制经济的人民为本、统筹兼顾、独立自主、共享共建等制度优势；一方面要坚持社会主义经济制度的公有制、按劳分配、计划调节、共同富裕、全面发展等基本原则，另一方面要适应市场经济的要求，发展多种所有制经济、实行多种分配方式，扩大自发势力的作用，鼓励自由竞争。如何把两种相互对立的因素有机结合起来，在相互改造、相互制约中实现有机的结合，是中国经济体制改革的核心问题。

结合上述问题有两种片面观点：一种观点认为，发展所谓真正的市场经济，只能走全面私有化的道路，这从根本上否定了社会主义经济制度；另一种观点则认为，市场经济是中性的，没有"姓社姓资"的问题，公有制经济应当完全适应市场经济。

这里存在着这样一个悖论，即如果公有制与市场经济完全相融，公有制就失去了存在的意义；如果公有制与市场经济完全对立，社会主义市场经济就失去了存在的根据。如何解开这个悖论呢？中国的社会主义市场经济就是在解决这一难题中产生和发展起来的。

三、公有制与市场经济的对立统一

公有制的一般逻辑是，在公有制的条件下，生产资料归全体劳动者共同所有，人们在生产资料的占有上处于完全平等的地位，这样的生产关系自然不能产生出等价交换的商品关系。在现实的社会主义公有制的特殊结构中，社会共同所有的生产资料通过企业来分别使用，不同企业在生产资料的使用上具有各自的经济利益，它们之间的交换关系也是等价交换的商品交换关系。

然而，公有制企业的这种商品性只是一种局部的商品性，它与私有制生产者之间的、完整意义上的商品交换存在本质的区别，这主要体现在：生产资料公有制是一个宏观概念而不是微观概念，公有制企业的生产具有直接社会性，这种直接社会性虽然不像马克思所设想的那样，可以通过直接的计划调节加以实现，但是，也没有因为实行了社会主义市场经济体制而完全丢失。

第一，公有制企业的生产不能只追求私人利益，还必须满足社会的共同利益，不能只追求企业微观效率即利润的最大化，还必须承担重要的社会责任，如保障民生需求、维护经济安全、实施宏观调控、推动自主创新、增进社会的宏观效率等。

第二，公有制企业的管理不完全是企业内部的事情，还具有明显的公共性。作为公共所有权的代表，公有资产管理部门享有对企业投资、分配和人事等方面重大决策的决定权，社会的各相关利益主体也对企业的经营活动享有监督权，以保证社会利益不被企业集团利益所压倒。

第三，公有制企业的分配中经济剩余不归任何个人和集团所有，它在本质上属于社会所有的公共积累，由社会共享。国家除了以公共权力的身份向企业征税以外，还要以所有者的身份向国有企业收取资本收益。劳动者个人收入的分配则实行按劳分配。

第四，生产资料的公有制以及在此基础上产生的有计划、按比例发展规律，要求国家作为生产资料公共所有权和社会公共利益的总代表，在全社会范围内按照社会的需要有计划地调节社会再生产过程，从社会根本的和长远的利益出发合理地配置社会的资源。

第五，实现社会的共同富裕，要求国家加大对收入再分配的调节力度。它包括完善社会保障制度、增加公共支出、加大转移支付力度等措施，加快健全以税收、社会保障、转移支付为主要手段的再分配调节机制等，以便对市场分配的结果进行二次调节。

总之，社会主义公有制经济具有商品性与非商品性的二重属性，从这一点出发必然会得出这样的结论，即公有制与市场经济之间的关系是一种对立统一的关系，它们之间的有机结合既要遵循市场经济的规律，又要体现公有制的要求，既要发挥市场经济的长处，又要彰显社会主义制度的优越性。公有制与市场经济之间的这种对立统一的有机结合，是社会主义市场经济的精髓。商品性与非商品性这两个方面都是公有制的内在属性，都是社会主义公有制的本质要求。

传统的社会主义理论只看到了公有制与市场经济之间对立的一面，从而严重排斥商品货币关系的发展和市场的作用，束缚了社会主义经济的活力。另一些人则往往只看到公有制与市场经济相容的一面，有意无意地削弱和淡化了社会主义制度特殊的目标和要求。

------------------------------ 第五节 ------------------------------

中国现代化经济体系

没有经济的现代化就没有国家的现代化，国家的现代化是以经济现代化为基础的，而经济现代化又是以经济体系现代化建设为基础和条件的。建设现代化经济体系是我国经济发展的战略目标，也是我国经济发展跨越关口的迫切要求。

应对社会主要矛盾的变化需要新的经济体系支撑，改造现有经济体系，以新的发展理念指导现代化经济体系建设就成为必然的历史任务。

一、经济体制转换的新信号

信号一：经济已由高速增长阶段转向高质量发展阶段。推动经济高质量发展是我国经济发展的内在要求，是保持经济持续健康发展的必然要求，是适应我国社会主要矛盾变化和全面建设社会主义现代化国家的必然要求，是遵循经济规律发展的必然要求，对于我国发展全局具有重大现实意义和深远历史意义。

信号二：提高供给体系质量成为主攻方向。必须把改善供给侧结构性改革作为主攻方向，从生产端入手，提高供给体系质量和效率，扩大有效和中高端供给，增强供给侧结构性改革对需求变化的适应性，推动我国经济朝着更高质量、更有效率、更加公平、更可持续的方向发展。

信号三：发展经济的着力点放在实体经济上。我国是一个大国，必须大力发展实体经济，不断推进工业现代化、提高制造业水平，经济发展不能走脱实向虚的错误道路。不论经济发展到什么时候，实体经济都是我国经济发展、在国际经济竞争中赢得主动的根基。

信号四：创新成为引领发展的第一动力。坚持创新发展，不断推动技术、产品、质量、管理和体制的创新，才能创造出更多更好的优质产品，最大限度地满足广大人民日益增长的、不断升级的多样化、多层次、多方面的需要，增强发展的动力。

信号五：乡村振兴战略造就"三农"新面貌。党的十九大提出乡村振兴战略，从构建现代农业产业体系、生产体系、经营体系，促进农村一、二、三产业融合发展，完善农业支持保护制度，发展多种形式适度规模经营，培育新型农业经营主体，健全农业社会化服务体系，实现小农户和现代农业发展有机衔接等方面，夯实了中国特色农业现代化道路的社会基础。

信号六：区域协调发展呈现新局面。总体来看，我国经济发展的空间结构正在发生深刻变化，中心城市和城市群正在成为承载发展要素的主要空间形式。我国相继推出重大国家战略，深入实施区域协调发展战略，不断增强区域发展协同性，资源配置效率全面提升，为经济高质量发展注入强大动力。

信号七：改革进入深水区，开放形成新格局。改革开放以来，中国改革循着从易到难、从局部到全局、从增量到存量的顺序展开。今天的改革，遇到的困难就像一筐螃蟹，抓起一个又牵起另一个，必须全面启动；涉及的利益关系错综复杂、环环相扣，需要顶层设计。

二、现代化经济体系的特征

(一)高质量的经济增长方式

经济增长从要素驱动转向创新驱动，全面进入创新时代，建立以创新为引领的创新型国家。秉持绿色发展理念，循环经济得到发展，经济增长与污染物排放脱钩，人与自然和谐共生的绿色经济模式初步建立，全面进入绿色发展时代。

(二)区域城乡平衡发展

在现代经济体系之下，区域协调发展机制趋于成熟，在市场的决定作用下，生产要素得到更为有效的配置，跨地区的生产要素流动机制初步形成；在现代化农业科技推动下，建立起完善的现代农业产业体系，形成高水平的农业综合生产能力，实现城乡居民收入同步较快增长。

(三)完善的市场经济体制

中国特色社会主义市场经济体制的主要特征就是让市场在资源配置中起决定性作用，但并不意味着政府作用的缺失，政府和市场"两只手"同时发挥作用，这是我国市场经济体制与西方市场经济体制的差异，也是我们的优势所在。

(四)现代化的产业体系

现代化产业体系包括稳固的现代化农业基础、发达的高端装备制造业、门类齐全的现代化服务业。科技创新对经济发展的贡献率得到提高，产业综合国际竞争力得到增强。创新是引领发展的第一动力，科技创新、人力资本和现代金融对实体经济的贡献能力大幅度提升。

(五)步入高收入国家

当一国达到中上等收入国家水平时，公众需求升级，经济结构可能固化，容易引发金融危机和社会动荡。建设现代化经济体系就必须跨越中等收入陷阱，保证经济发展稳步迈入高收入国家行列。

(六)发展成果全民共享

社会主义的本质要求我们发展的目的是改善人民群众生活。中国特色社会主义现代化经济体系的建立，要求在推动经济增长的同时，更加注重收入分配的公平公正，让社会发展不平衡的状态得到根本性改观。

(七)发展的可持续性显著增强

现代经济体系之下，生态环境保护力度显著加大，资源浪费、环境污染、生态破坏的局面得到全面扭转；现代化经济体系已建立，现代化社会的基础已经筑牢，社会治理体系和治理能力现代化目标初步达成，社会矛盾得到有效疏导，社会风险得到有效化解，社会文明进入更高的层次，文明的可持续性进一步增强。

(八) 社会主义制度的优越性得到初步展现

中国特色社会主义不断取得实践的成功，向世界展示了社会主义的生机活力，拓展了发展中国家转向现代化的现实路径。中国特色社会主义现代化经济体系的建成，将向世界进一步展现社会主义制度的优越性。

三、建立现代化经济体系的战略任务

(一) 深化供给侧结构性改革

供给侧结构性问题是我国当前经济发展面临的主要问题，贯穿于整个现代化经济体系建设过程。深化供给侧结构性改革，一方面，将提高供给体系质量和效率作为主攻方向，把经济发展的着力点放在实体经济上，提升实体经济供给体系质量；另一方面，不断提升创新能力和全要素生产率。

(二) 加快建设创新型国家

建设创新型国家是建设现代化经济体系的战略支撑。加快推进国家创新体系建设，在基础研究、应用基础研究等领域实现重大突破；进一步贯彻落实大众创业、万众创新政策，强化知识产权保护；完善积极、开放、有效的人才政策，打造一批具有国际水准的高水平创新团队；建立产学研深度融合的现代化技术创新体系。

(三) 实施乡村振兴战略

农业现代化是经济现代化的重要组成部分，乡村振兴是现代化经济体系建设的重要基础。持续深入推进农业供给侧结构性改革，加快推进农业和农村现代化是当前党和国家工作的重中之重。着重推进现代化农业产业体系构建，鼓励经营模式创新；促进农村产业融合，拓展农民创业就业渠道；完善乡村治理，建立现代乡村治理体系。

(四)实施区域协调发展战略

优化区域发展格局,缩小区域发展差距,必须坚持协调发展理念,协调推进"一带一路"沿线地区开放发展,推动京津冀协同发展、长江经济带发展和粤港澳大湾区建设,持续支持老少边区加快发展,推动形成全国纵横联动发展新格局。

(五)加快完善社会主义市场经济体制

现代化与市场化是紧密相连的,建设现代化经济体系要以完善市场经济体制为前提,这也是建设现代化经济体系的制度保障。完善社会主义市场经济体制,要以坚持巩固和发展公有制经济为前提,同时鼓励支持引导非公有制经济发展,深化商事制度改革,创新和完善宏观调控。

(六)推动形成全面开放新格局

以开放促改革、以改革促发展是我国经济体系现代化建设的必要条件,也是我国在现代化过程中不断取得新成就的重要法宝。

在经济学中，可以从微观或宏观的角度来看待问题，这取决于研究的是单个经济主体还是众多经济主体。研究单个经济主体的行为方式就构成了微观经济学。在市场经济中，经济运行过程分为微观经济运行和宏观经济运行，微观经济运行主要是由企业、农户和居民这三个经济主体的生产和再生产活动组成的，并通过市场机制的作用对资源配置发挥决定性作用。本章将研究微观经济主体，从微观经济运行主体、新时代国有企业的地位和作用、新时代的非国有企业、新时代的农户与居民、市场监管等方面介绍中国特色社会主义市场经济中的微观经济主体运行。

第一节

微观经济运行主体

一、微观经济主体的内涵

微观经济主体是相对于宏观经济主体来说的，一般是指独立从事市场活动的各个基本经济单位。在我国现阶段，微观经济主体主要是指在中国特色社会主义市场经济中，具有独立身份、自身利益和各种不同行为方式的经济组织或个人，主要包括企业、农户和居民。从一般理论分析，微观经济的运行以价格和市场信号为诱导，通过竞争而自行调整与平衡。在中国特色社会主义市场经济条件下，微观经济活动主要是指企业、农户和居民的经济活动。因此，分析微观经济主体的经济活动，就是分析企业、农户及居民的经济属性、经济行为以及对经济运行的影响。

企业是重要的微观经济活动主体之一。企业是从事生产、流通与服务等经济活动的营利性组织，企业通过各种生产经营活动创造物质财富，提供满足社会公众物质和文化生活需要的产品和服务，在市场经济中占有非常重要的地位。从现代企业的一般特征看，企业是产品及劳务的生产经营单位，是从事生产经营活动最基本的经济组织。因此，企业是市场经济活动的主要参与者。在社会主义经济体制下，各种企业并存共同构成了社会主义市场经济的微观基础。按所有制形式，我国现阶段的企业主要分为国有制企业、集体所有制企业、混合所有制企业、私营企业、中外合资企业、中外合作企业、外商独资企业等。

居民是重要的微观经济主体之一。居民是社会的基本细胞，是社会生活的基本单位，它为市场提供劳动力、资本和土地等生产要素，并通过提供生产要素获取收入，然后用居民收入到市场上购买生活消费品或从事投资等经济活动。居民的基本目标是满足需要和效用水平的最大化。在生产要素市场中，居民是生产要素的供给者，企业由于生产要素的使用向居民支付要素报酬，居民从而获得收入。在商品市场中，居民是商品和服务的需求者，居民向企业支付货币购买交换商品和服务，进行消费活动。在社会主义市场经济条件下，随着人民生活水平的不断提高，我国居民在收入选择和消费选择方面有了更大的自主权。居民作为某些生产要素的所有者，从收入最大化的目标出发，对所拥有的生产要素如何投入进行选择；居民作为消费者，从效用最大化目标出发，并在家庭预算约束下自主决定消费和储蓄的比例，对不同消费品的购置进行选择。

农户也是重要的微观经济主体之一。农户是以农业生产为生的个人或家庭。在社会主义市场经济条件下，农业经济改革带动了农村劳动力市场以及土地租赁市场的发展，并影响农户的经济行为、目标和农地投入决策模式。同时，由于农户的家庭资源禀赋、农户家庭特征等内部因素的影响，农户也出现了分化形态。在通常条件下，多数学者把农户划分为三种类型：自耕农户、兼业农户和城镇农户。

二、微观经济主体之间的关系

(一) 企业与居民

企业和居民都是市场经济的基本主体，企业与居民的市场交易是市场经济关系的基础，企业、居民的市场行为及相互关系既体现了市场经济活动中生产、交换、分配、消费、投资的全过程，又凸显出微观主体之间的内在联系。企业与居民的交易内容、规模和层次不仅体现了市场经济中企业和居民各自的地位和实力，而且还决定了市场经济的运行质量和发展水平。可见，企业与居民的关系是一个重要的理论问题。但是，在中国市场化进程中，由于追求目标的不一致，企业与居民间的利益冲突日趋频繁，部分地方甚至还引发了两者之间的激烈对抗或冲突。因此，正确认识和理解企业与居民的关系，并从中寻求一个有效缓解企业与居民利益冲突的思路，对促进中国经济持续发展具有重要的意义。

(二) 企业与农户

作为微观经济主体，企业与农户在组织结构及其内部经济关系上有很大的区别。在企业内部，众多的企业成员按照社会化生产的要求实行复杂的分工协作和职权划分，他们之间的利益关系构成社会经济关系的重要组成部分。农户则不同，在农户内部，为数不多的家庭成员是以家庭为单位形成简单的自然分工。在中国特色社会主义市场经济条件下，为了扶持弱势的农户主体，"公司+农户"是中国特有的解决小农户和大市场矛盾的农业产业化模式。2019年，中央一号文件明确提出，落实扶持小农户和现代农业发展有机衔接的政策，完善"农户+合作社""农户+公司"的利益联结机制。而该模式也已成为中国特色社会主义农业中的重要经营模式。

(三) 居民与农户

居民是指在本国长期从事生产和消费的人或法人，农户是指以农业生产经营为主的个人或家庭。从法律层面，村民在一定地域或者村庄里取得居住资格，具有世居性、永居性、常居性和临时性这四个特征；居民则在本国居住时间长达一年以上，或者以各级政府机构、企业和非营利团体的形式在本国从事经济活动。

作为微观经济主体，企业、农户和居民相互联系的纽带是市场，他们都必须通过市场建立经济联系，从事微观经济活动。企业、农户和居民既是价格的制定者，又是价格的接受者；既决定着市场运行，又接受市场调节。企业、农户和居民之间的经济联系表现为商品交换关系，因而受价值规律的调节。价值规律支配着企业、农户和居民的生产、储蓄和消费决策，使之符合市场配置资源的要求。在价值规律的作用下，企业、农户和居民之间存在相互竞争关系，包括买卖双方的竞争关系、买者之间竞争关系以及卖者之间的竞争关系。

三、微观经济活动的内容和运行机制

(一) 微观经济活动的内容

微观经济活动主要有三个方面的内容：生产经营者的经济活动、居民的经济活动和市场运行过程。

1. 生产经营者的经济活动

生产经营者的经济活动是在经营机制作用下发生的。所谓经营机制，指生产经营者的行为机制，包括经营目标和经营约束两个方面。生产经营者的经济活动也可以说是生产经营者为实现自身的经营目标、在一定的生产经营约束条件下发生的各种经济行为的总和，包括生产经营目标和方式的选择、投资、资产管理、资金周转、技术创新、分配等方面的活动。

2. 居民的经济活动

这是在直接生产和经营领域之外发生的微观经济活动，主要包括居民获取个人收入、确定收入的使用方向，即决定收入分为储蓄和消费的比例以及进行储蓄、消费和投资选择等方面的经济活动。居民围绕收入、消费、储蓄及投资所做的自主决策和选择，不仅影响居民自身的物质和文化需要的满足状况，而且关系生产经营者的经济活动能否顺利进行。

3. 市场运行过程

上述生产经营者和居民的经济活动离开了市场是无法进行的。不同的生产经营者之间的经济联系，以及生产经营者和居民之间的经济联系，都是通过市场交换关系实现的。因此，由供求机制、竞争机制、价格机制作用所决定的市场运行过程，是微观经济活动发生的前提，也是这些活动的结果。

微观经济运行三个方面的内容都有各自的运行方式和运行机制，但是它们又是相互联系和相互作用的，共同构成了完整的微观经济活动。生产经营者与居民的经济活动影响着市场供求、价格、利率等市场信号的变动，而这些市场信息又调节着生产经营者与居民的经济活动。生产经营者与居民的经济活动有赖于市场体系及市场组织等市场因素的完善，而市场体系及市场组织等市场因素又有赖于生产经营者与居民经济活动的行为规范。因此，微观经济活动实际上就是生产经营者和居民等微观经济主体，为了实现各自的经济利益，通过市场进行的经济活动并相互联系、相互作用的过程。

（二）微观经济运行机制

在市场经济条件下，生产经营者和消费者、企业和居民个人之间的经济联系，是通过市场配置资源、遵循市场交换关系实现的。市场对资源配置的调节作用，决定着微观经营主体的经济活动。由供求机制、竞争机制、价格机制的作用所决定的市场运行过程，是微观经济活动发生的前提，也是这些活动的结果。在社会主义市场经济条件下，微观经济运行当然遵循同样的机制。但是，在社会主义市场经济中，微观经济运行机制还具有一定的独特性。

社会主义市场经济条件下，企业内部的经济关系具有双重性，既是生产要素结合的组织形式，又体现一定的社会经济关系。具体来说，一是由生产技术基础决定的企业成员在物质转换过程中的分工协作关系；二是由企业经济性质决定的、反映企业成员之间权责关系的经济关系。在社会主义公有制企业中，企业成员在生产资料公有制基础上为自己和社会的利益进行劳动。这是一种自主的联合劳动，互助互利，具有根本一致的利益，而不存在剥削和被剥削的关系。但是，由于企业成员的劳动能力不同、劳动岗位不同、劳动数量与质量有所差异，这会使企业成员之间的劳动存在差别，并且引起劳动成果和个人经济利益的分配差别。因此，公有制企业内部的经济关系是在劳动者利益根本一致的原则下，以承认个人利益为前提的一种互助互利关系，这是社会主义公有制企业内部经济关系的实质。同时，大量非公有制企业的存在也是我国微观经济活动的一大特征。我国现阶段的非公有制企业，如私营企业和外资企业，其内部还存在着资本雇佣劳动关系，但是，社会主义市场经济条件下的非公有制企业又不可避免地要受到社会主义基本经济制度的约束，受到社会主义国家的管理和公有制经济的影响，如果对非公有制企业和企业家加以引导，则可以培育、生长出十分积极的、有利于社会主义经济发展的因素。

从农户内部的经济关系看，我国通过农村土地承包制使农户成为微观经济活动主体，其最重要的经济效应就是在集体和农户及农户之间形成了明确的经济利益关系。由于实行承包，农户收入的多寡由其所获得的实际产量决定，而产量不仅受到农户在生产经营中所投入劳动的制约，还受到所投入物质生产要素的数量和质量的影响，这决定了农户会根据实际情况多投入各种生产要素，进行高效益的生产经营活动。因此，农户作为微观经济活动主体，具有较强的自我约束和调整机制。但是，在我国，作为微观经济活动主体的农户，其使用土地的最终所有权属于集体经济组织，农民拥有土地承包权以及转让土地使用权等权利，但并不能否定土地所有权的集体经济性质。农户的微观经济活动不可避免地要受到社会主义土地集体所有制的约束，进而深刻影响农户的生产经营理念和行为。在农户内部，为数不多的家庭成员只进行简单的自然分工，农户的家庭成员一般都不作为独立的经济利益主体，而是把家庭的整体要求与价值取向作为自己的要求与价值取向，与其他家庭成员合为一个整体与外界建立经济联系，这就使农户内部关系无须像企业那样，经过特别的经济利益平衡机制（商品交换、按劳分配等）来调节。

从居民的角度来看，在公有制经济居主体地位的条件下，除了个体户及私营企业主，广大居民不是生产资料的直接所有者，而是自身储蓄资金的所有者。居民作为微观经济活动主体，在取得收入后要确定收入的使用方向，即进行储蓄与消费的决策。在传统计划经济体制下，居民储蓄选择主要是延期消费与当前消费的选择，而在社会主义市场经济体制下，居民储蓄资金不仅是消费基金，还具有一定的获取个人收入的手段的属性。随着居民个人收入水平的提高，居民储蓄会不断增长，将日益成为建设资金的一个重要来源。居民消费选择是居民消费动机与影响居民消费诸因素共同作用的结果，既受制于一定时期国民经济发展总水平，又受到一定时期消费发展总水平和消费结构变动的影响，也绝不仅仅是居民满足生活需要的过程，而是与整个经济运行相联系的活动。

第二节

新时代国有企业的地位与作用

一、国有企业的地位

公有制经济是社会主义经济制度的基本特征，而国有经济是社会主义全民所有制经济的基本载体，是我国国民经济的支柱，是社会主义公有制经济的主导力量。国有经济的主导主要是指在对国民经济发展的正确导向和对经济运行整体态势的控制和影响上。国有企业包括中央和地方各级国家机关、事业单位和社会团体使用国有资产投资举办的企业，也包括实行企业化经营、国家不再核拨经费或核拨部分经费的事业单位和从事经营性活动的社会团体，以及上述企业、事业单位和社会团体使用国有资金投资举办的企业。

改革开放以来，我国按照把公有制与市场经济有机结合起来的渐进式市场化改革思路，有效推进了国有经济的改革与发展，取得了空前的成就。国有经济的活力、竞争力和控制力得到极大提升。相应地，国有经济在国家经济生活中的角色也有若干变化，如国有经济在整个国民经济中的数量相对减少，质量有所提升，贡献率有所下降，支配力有所提升等。我国宪法规定："中华人民共和国社会主义经济制度的基础是生产资料社会主义公有制，即全民所有制和劳动群众集体所有制"；"国有经济，即社会主义全民所有制经济"。这是关于国有经济身份、地位及其角色的最明确的法律界定。

二、国有企业的属性与目标

在社会主义市场经济条件下，国有企业具有双重属性和目标：一方面，国有企业作为市场中的经营主体，是独立的商品生产者，具有企业属性，必须适应市场经济的规律，与其他市场主体平等参与市场竞争，并在市场竞争中实现企业利润目标和企业资产的保值增值，在市场竞争中发展壮大；另一方面，国有企业属于全民所有(社会责任属性)，代表着全体人民的共同利益，是中国特色社会主义的重要物质基础和政治基础，是我们党执政兴国的重要支柱和依靠力量，承担着贯彻执行党中央决策部署、贯彻新发展理念、全面深化改革、实施"走出去"战略和"一带一路"建设、壮大综合国力、促进经济社会发展、保障和改善民生的重要职责。

把握国有企业的双重属性，是理解国有企业功能目标、行为特征、运行机制以及效率评价的基础和前提，也是深化国有企业改革的出发点。从国有企业的双重属性出发，深化国有企业改革必须既充分尊重市场经济的规律，又充分体现社会主义制度的要求，把社会主义优越性与市场经济的长处有机结合起来。只有这样，才能超越和扬弃私有制的逻辑，发挥出国有经济制度的优越性。

从尊重市场经济的规律看，深化国有企业改革必须继续坚持市场化的方向，使企业成为自主经营的、独立的商品生产者，健全协调运转、有效制衡的公司法人治理结构，建立有效的激励约束机制，规范经营决策，促进资产保值增值，保障公平参与竞争，提高企业效率，增强企业活力。

从体现社会主义制度的要求看，深化国有企业改革必须更好地体现全民所有、为民服务的性质和要求，企业的经营目标服务于国家战略目标，企业的收益由全体人民共享，企业的监督管理体现全体人民的意志，企业必须有效履行社会责任，更好地为全体人民服务。

三、国有企业的主导作用

国有经济的主导作用，是社会主义基本经济制度的核心内容，是坚持和完善社会主义基本经济制度的关键。那么，国有经济主导作用的含义是什么呢？它表现在哪些方面呢？认识这两个问题需要从生产关系和生产力两个方面加以考察。

从生产关系看，国有经济的主导作用体现为国有经济在多种所有制结构中的支配地位，保证各种所有制经济沿着社会主义道路前进。

在现阶段，生产资料公有制包括全民所有制和集体所有制两种主要形式，而全民所有制又是以国有制的形式存在的。社会主义公有制是以社会化大生产为基础的，生产的高度社会化要求全体劳动者在全社会范围内联合起来实现共同利益。为了使这种全社会的联合和占有不致流于形式，不致被局部利益的冲突所瓦解，不致成为一种理论上的虚构，就需要有客观的人格化的组织来代表社会共同的利益。在国家存在的条件下，国家就是整个社会的正式代表，公共的所有权只能由国家来代表。因此，公有制表现为国家所有具有必然性。只要存在公有制，同时又存在国家这种社会组织，国有制就不可避免。这一点，马克思和恩格斯有过明确的说明。在《共产党宣言》中，他们写道："无产阶级将利用自己的政治统治，一步一步地夺取资产阶级的全部资本，把一切生产工具集中在国家即组织成为统治阶级的无产阶级手里，并且尽可能快地增加生产力的总量。"[①]在《反杜林论》中，恩格斯也明确指出："无产阶级将取得国家政权，并且首先把生产资料变为国家财产。"[②]在当今世界，无论是资本主义国家还是社会主义国家，所有制结构都是多元化的混合形态，既有私有制也有国有制，不存在纯而又纯的单一的所有制形态。区别在于：在资本主义国家，生产资料私有制在多种所有制中处于主体地位，国有经济只是私人资本的一种补充形式。资本主义的经济规律如资本积累规律、剩余价值规律、贫富两极分化规律等在经济生活中起支配作用；

① 马克思恩格斯选集：第1卷[M]. 北京：人民出版社，2012：421.
② 马克思恩格斯选集：第3卷[M]. 北京：人民出版社，2012：812.

在社会主义国家，生产资料公有制处于主体地位，建立在国有经济基础上的社会主义经济特征或规律，如有计划地发展、共同富裕、按劳分配和满足人民群众日益增长的物质文化需要等，是支配我国生产关系发展变化的主要力量。

从生产力看，国民经济的主导作用体现为国有经济在整个国民经济中的控制力，保证国民经济的持续协调健康发展。具体来说：

第一，在工业化和现代化的过程中，经济发展对能源、交通、电信等基础设施存在巨大需求，但基础设施的投资由于规模巨大且周期较长，私人资本往往不愿或无力投资，需要国家从长远和全局利益出发加以建设，以保障社会再生产的条件。

第二，实现国民经济全面协调可持续发展需要国家有计划地调控国民经济的发展方向、速度、结构和重大比例关系，但国家的计划调控依靠以私人利益最大化为目标的私有企业是难以完成的，必须以相当规模的国有经济为依托才可能得以实现。

第三，社会主义生产的目的是满足人民群众日益增长的物质文化需要，而这些需要中的许多部分，如科学、教育、文化、艺术、卫生、公用事业以及社会福利设施等方面的需要，都具有较强的公益性，必须由国有经济提供保障。

第四，在经济全球化不断加深、国际竞争日趋激烈的条件下，发展国有经济有利于加速国内资本的集中和积累，加强对战略性资源的开发和利用，加快发展一批具有国际竞争力的大型跨国企业，提高国家的竞争力。

第五，建设强大的社会主义现代化国家，必须建立强大的现代化国防工业体系，而这一点离开了国有经济是不可能实现的，发展国有经济有利于维护国家的主权和经济安全，保持国家对关键行业和领域的控制力，防范和化解国际风险的冲击。

四、国有经济主导作用的变化

国有经济的主导作用在不同的历史阶段和经济体制下有着不同的特点；在计划经济时期和改革开放初期，国有经济在国民经济中占绝对优势，在当时的条件下，国有经济的主导作用主要是通过对国有企业的生产、分配、交换过程进行直接的指令性计划来实现的，排斥了市场机制的作用；改革开放以来，随着市场经济的发展，指令性计划逐步减少和取消，国有经济在国民经济中的比重明显降低，体制机制也发生了重要变化。这种变化体现在以下三个方面：

其一，国有经济的总规模大幅度增长。1998~2019 年，我国工业中国有及国有股资产增长了约 527%。国有经济的主导作用得到了发挥，但在社会总资产中的比重明显下降。

其二，国有资产在一般竞争领域中的比重减少，主要集中于能源、交通、通信、军工和公用事业等关系国家安全和国民经济命脉的重要行业和关键领域。

其三，中小型国有企业的数量大幅减少，国有企业主要集中于具有较强国际竞争力的大公司、大企业集团。2019 年，按企业法人个数算，国有企业占全部企业法人数的比重为 2.48%，但在世界 500 强的入围数量中，国有企业占到 70% 以上。

五、国有经济主导作用的实现

(一) 保持必要数量的国有企业

企业是市场经济的微观基础，国有企业是实现国有经济主导作用的微观基础。国有企业不是越多越好，国有企业的数量必须与其所具有的地位和所承担的任务相适应。但是，这并不意味着国有企业的数量无足轻重，更不是说国有企业越少越好。无论是从推动社会生产力的发展还是从保障社会主义生产关系来看，没有必要数量的国有企业，国有经济的主导作用难以实现，其影响力、控制力、带动力就会大大削弱，就难以引导其他所有制经济的发展。

(二) 坚持"抓大放小"

从 19 世纪末开始，自由竞争的资本主义逐渐被垄断资本主义所替代。在全球许多重要的生产部门，都存在着生产的集中和垄断趋势，少数几家跨国公司垄断了众多产业 50% 以上的全球市场份额。在这样的条件下，必须着力培育一大批实力雄厚、竞争力强的大型企业，培养一大批跨地区、跨行业、跨所有制和跨国经营的大企业集团，使之成为国民经济的支柱和参与国际竞争的主要力量。其他一般的中小型国有企业，则可以采取改组、联合、兼并、租赁、承包经营和股份合作制、出售等形式，放开放活。

(三) 放大国有资本的功能

国有经济的主导地位既要通过国有独资企业来实现，也要大力发展股份制，探索通过国有控股和参股企业来实现。通过国有控股和参股等形式吸引和组织更多的社会资本，有利于扩大公有资本的支配范围，增强公有制的主体作用，放大国有资本的功能，提高国有资本的控制力、影响力和带动力。随着改革的不断深入和社会主义市场经济的不断发展，国有独资企业在国有经济中的比重将明显减少，国有控股和参股企业在国有经济中的比重将会明显增加。

（四）优化国有经济的布局

在多种所有制经济共同发展的条件下，国有经济的主导作用主要体现在控制力上，而控制力又主要体现为国有经济在关系国民经济命脉的重要行业和关键领域占支配地位，支撑、引导和带动整个社会经济的发展，在实现国家宏观调控目标中发挥重要作用。因此，必须优化国有经济的布局，有进有退，有所为有所不为，集中力量，加强重点，提高国有经济的整体质量。

（五）完善国有企业的管理体制

在市场经济体制下，国有企业要建立现代企业制度，逐步实行政企分离，从政府机构的附属变为相对独立的商品生产者，积极参与市场竞争，遵循市场经济的规律。但是，从总体上看，国有企业与非国有企业不同，它不以利润最大化为唯一经营目标。因此，要建立集中与分散、统一性与灵活性相结合的国有企业管理体制，既要赋予企业独立的经营自主权和财产权，又要强化国家所有权的约束，加强对国有财产运营的监督管理，以实现国家的战略目标和人民的共同利益。

------------------------------ 第三节 ------------------------------

新时代的非国有企业

一、非公有制企业的内涵

非公有制经济是相对于公有制经济而产生的一个名词，它是中国现阶段除了公有制经济形式以外的所有经济结构形式，也是社会主义市场经济的重要组成部分。非公有制经济主要包括个体经济、私营经济、外资经济等。

个体经济是由劳动者个人或家庭占有生产资料，从事个体劳动和经营的所有制形式。它是以劳动者自己劳动为基础，劳动成果直接归劳动者所有和支配。它是社会主义初级阶段一种重要的非公有制经济。个体经济具有规模小、工具简单、操作方便、经营灵活等特点。个体经济有两个明显的特征：一是生产资料和劳动成果归个人所有；二是劳动者以自己的劳动为基础。在个体经济中，生产者既是直接的劳动者，又是生产资料的私有者，劳动者主要依靠自己的劳动取得收入，这是一种不带有剥削关系的私有经济。

私营经济是以生产资料私有和雇佣劳动为基础，以取得利润为目的的所有制形式。它也是社会主义初级阶段一种重要的非公有制经济。在中国，私营经济的发展，有利于实现资金、技术、劳动力的结合，尽快形成社会生产力，促进生产发展、市场活跃；有利于多方面提供就业机会，更好地满足人民多方面的需要；有利于促进经营人才的成长。它是公有制经济必要和有益的补充，在长时期内有其存在的必然性。

外资经济是指国外投资者和我国港澳台投资者根据我国有关涉外经济的法律、法规，以合资、合作或独资的形式在我国大陆开办企业而形成的一种经济类型。它包括中外合资经营企业、中外合作经营企业中的境外资本部分，以及外商独资企业。它也是社会主义初级阶段一种重要的非公有制经济。在改革开放初期，发展外资经济，有利于引进先进技术和资金，学习国外企业的管理经验，扩大就业，扩大出口，增加财政收入。随着中国高水平对外开放不断推进，越来越多外资企业将研发中心落户中国，外资企业也成为中国构建开放创新生态的重要参与者和推动者。

二、为什么发展多种所有制经济

我国处于社会主义初级阶段，生产力发展水平总的来说还比较低，又很不平衡。现代化的工业与相对落后的农业并存，经济水平比较发达的地区与不发达地区并存，生产力的多层次和不平衡的特点，客观上要求有多种所有制形式与之相适应。各种所有制形式都是与特定的生产力相联系的，具有相对的优势，脱离特定的条件而抽象地判断所有制形式的优劣，或者抹杀它们之间的差别，用某种单一的所有制囊括复杂多样的生产力体系，都是不科学的，都不利于生产力发展。

公有制经济特别是国有经济是社会化大生产体系中的核心部分，在国民经济中具有主导地位，但国有经济的这种主导作用是以非公有制经济的广泛存在为条件的，需要非公有制经济的广泛发展作为补充。

首先，在现实的生产力结构中，与公有制相适应的高度社会化的生产方式是比较有限的，需要由国家统一支配的生产资料也是十分有限的。如果无视上述情况，把国有经济的发展当作对其他所有制形式的排斥，一方面，会使国有经济遭受超过其吸收能力的就业压力的冲击，造成"在职即待业"现象，人浮于事，劳动生产率低下；另一方面，会使过多的劳动人口处于待业状态，限制和堵死了许多就业门路，产生严重的就业问题以及一系列社会问题。

其次，多种所有制经济的共同发展还是解决国有经济生产能力与社会需要之间矛盾的必要条件。国有经济所具有的生产能力还远不足以提供社会所需要的全部产品，而国家只能将有限的生产资料用在对整个国民经济的发展具有重大影响的关键领域，其他领域的产品则需要由大量的非公有制经济来提供。

最后，多种所有制经济的共同发展有利于形成各种所有制优势互补、相互促进的新格局。国有经济的发展有利于国家对经济发展进行有计划的调控，发挥社会主义制度集中力量办大事的优势；有利于实现共同富裕、促进民生建设、维护国家的经济安全和自主发展。而非公有制经济的发展则有利于形成各种所有制之间独立自主的市场竞争关系，发挥市场机制的调节作用，调动各个经济主体的积极性和创造性，保证市场经济的活力和效率。

三、新时代民营经济发展呈现新特征

随着我国营商环境的不断改善，我国民营经济获得了高质量发展。尤其是党的十八大以来，民营经济不仅是发展主力军和转型升级排头兵，也是平稳发展的压舱石，还是创新创业的主战场和推动实现共同富裕的重要力量。近些年来，新民营经济发展呈现出一些新特征：

第一，营商环境优化，助力民营企业高质量发展。宏观层面上，我国为民营经济发展提供了优越营商环境。一是通过体制机制创新服务民营经济。深入践行"两只手"理论，政府体制机制改革持续深化。二是破除民企市场准入门槛。多年来，从中央到地方政府都在不断探索开放市场的各类举措，引导民营企业进入一些重要经济领域，加大开放力度。三是为民营企业创造公

正透明的法治环境。不仅严格保护民营经济市场主体经营自主权、财产权等合法权益，而且更加严格规范涉企行政执法行为。

第二，公司治理体系和治理能力现代化进一步深化，推动民营企业提质增效。国家整合资源、形成合力，着力支持中小企业纾困解难，引导中小企业走"专精特新"发展之路，不断提升核心竞争力。一是有效构建企业培育体系。围绕中小企业解困帮扶的重点任务和"专精特新"发展方向，通过强平台、建制度有效地为企业服务。二是建立现代企业治理体系，不断优化民营企业治理结构。2022年中国上市公司治理指数显示，2022年度民营控股上市公司治理指数均值为64.46，优于国有控股上市公司的指数。三是民营企业竞争能力持续提升。党的十八大以来，我国大力支持民营企业做大做强做优，推动民营企业进入资本市场，成长为本土跨国公司。根据胡润研究院发布的《2022年中全球独角兽榜》数据，截至2022年6月，中国独角兽企业数量达到312家，排名全球第二位。

第三，发展韧性持续增强，民营企业成为我国经济平稳发展不可或缺的重要力量。当前，我国经济步入高质量发展阶段，发展韧性不断增强，是我国经济社会稳定发展的基础。一是民营经济在投资规模上占据主要位置。国家统计局数据显示，2022年我国经济总量超121万亿元。私企投资规模约占全国总投资的43.52%。民营企业作为我国投资的重要力量，民间投资所占比重自2012年以来始终保持在55%以上。二是民营经济业绩表现日益突出。民营经济运营模式优势突出，其经营自主灵活的优势为其发展创造了较大空间，盈利能力和吸纳就业优势明显。2021年规模以上私营工业企业的利润总额达到了较高水平，约为2.9万亿元，共吸纳3582万人就业，吸纳就业人数占规模以上工业的48.1%。

第四，技术创新积极性高，民营经济成为创新创业主战场。党的十八大以来，民营企业发展活力不断迸发，技术创新成效不断显现，民营经济成为创新创业的主战场。一是民营企业成为科技创新主力。根据国家知识产权局发布的《中国民营企业发明专利授权量报告》，70%的技术创新成果属于民营企业。此外，民营企业在"专精特新"企业中的比重超八成，在高新技术企业中的比重达到九成。二是民营经济高质量发展水平不断提升。根据全国工商联及上海万得信息技术股份有限公司和北京上奇数字科技有限公司的数据分析显示，在全国所认定的前三批"专精特新"企业中，民营企业占比超八成，在增强产业链韧性和可控性、促进产业集群发展、带动产业升级等方面发挥着越来越重要的作用。

第五，勇担社会责任，民营经济社会贡献度日益增强。民营经济是社会主义市场经济发展的重要成果，更是推进供给侧结构性改革、推动高质量发展、建设现代化经济体系的重要主体。一是民营经济对社会的贡献越来越大。2021年全国城镇就业人数为4.68亿，比2012年多增加0.95亿。民营经济提供的就业岗位也在不断增长，民营企业就业人数占城镇就业人数比重在2020年达到83%，与2012年相比增长7.3%。民营经济的社会贡献度持续提升，成为推进共同富裕的重要力量。二是民营企业对于促进共同富裕具有重要意义。我国民营企业深入贯彻新发展理念，主动融入新发展格局，以共同富裕作为企业社会责任价值目标，在稳定增长、增加就业、贡献税收、创业创新、乡村振兴、生态文明建设、公益慈善等方面努力作为，对我国经济社会可持续发展发挥的作用日趋显著。全国工商联发布的《中国民营企业社会责任报告(2022)》显示，2021年，我国民营企业履行社会责任已呈现出大型企业和中小型企业齐头并进的格局。另外，民营企业基金会作为我国非公募基金会的重要力量，数量占三分之二左右，且一直呈稳步增长态势。

四、新时代民营经济所面临的挑战

民营经济作为非公有制经济的主要经济组织形式，是我国经济制度的内在要素，是社会主义市场经济的重要组成部分。近几年，民营经济发展面临一些现实的困难和挑战。

从外部环境看，首先，受国内外复杂多变的经济形势影响，外向型企业受到较大冲击。其次，受新冠疫情的影响，全球经济遭受重挫，国外主要经济体陷入衰退乃至财政状况恶化，供应链中断、需求被抑制。再次，企业创新创业的氛围尚未形成，鼓励和支持创新创业的措施有待强化、力度有待加强，部分企业缺乏、缺少研发投入，创新能力不足，创业的机会和空间有待拓展。

从内部环境看，不少民营企业自身还存在一些不足：第一，产权制度单一，民营企业集权式管理模式影响企业经营决策的科学性和有效性，降低了企业核心竞争力，阻碍企业发展。第二，融资困难，融资渠道单一，降低了民营企业投资增长速度，不利于民营企业发展规模扩大和技术开发。第三，民营企业现代化管理水平不高，科技创新能力不足，专业技术人才缺乏，核心竞争力弱、生产要素成本高、附加值少，转型升级发展质量不高。第四，营商环境有待进一步优化，政企沟通和亲清政商关系有待加强。第五，个别民营企业还存在受家族式管理团队制约、盲目扩张、资金链断裂、财务管理混乱等方面问题。

具体来说，民营经济高质量发展主要面临以下几个方面的问题：

一是参与国际竞争的水平不高。整体来看，当前民营经济科技创新发展的科技浓度并不高，受限于准入规则，民营经济分布的行业集中程度较高，垂直结构下民营经济行业内出现过度竞争，促使民营经济呈现创新行为短期化、产出低质化，多数产品在参与国际市场竞争中，表现出产品增值效益较差、质量安全保证能力较弱以及国际市场的应变能力不足等问题。

二是影响规则制定的话语权不高。民营经济是全球经济治理的主要需求者和直接受益者，推动民营经济融入全球化发展，能有效规避技术脱钩与国际市场规则对于我国现有经济形态的某些限制。但目前，民营经济在参与全球经济谈判、规则制定方面的主体意识和引导力还不够强。

三是全产业链建设参与度不高。从参与全产业链建设的程度来看，民营经济的贡献度仍然相对较低。从产业分工的角度来看，我国国有经济多分布于产业链上游，民营经济处于并锁定于技术含量低、附加值低的产业链中下游位置，更多为价值链顶端企业提供配套服务。

四是现有政策对"中坚力量"的关注度不高。"中坚力量"包括中型企业和中坚人才。首先是中型企业得到的关注与其创造的价值不匹配，中型企业经过生存考验期，正是走向稳健发展的周期，往往更有专业聚焦的特点，拥有更多高质量发展的基础。但中型企业既不如位于底部塔基的小微企业得到的普惠政策那么清晰，也不如处于顶端塔尖的大企业政策博弈能力强，各地政府也很少意识到中型企业塑造产业生态的作用，反而在当前各地"扶大扶强""帮小帮弱"的政策举措下，被有意无意地冷落和忽视。其次是对中坚人才关注度不高，各领域"头部"人才引进成本高，性价比并不都尽如人意，但目前各地的政策都聚焦在"头部"人才的争夺上，而对处于发力期、成长期的"颈部"和"腰部"中坚人才，招引政策支持力度相对欠缺，这种过度争夺不利于驱动高端人才形成寻求高效产业化的压力，也不利于地方财政资金效用最大化。

五是技能人才与民企新兴产业匹配度不高。特定的新兴产业，往往包括若干个岗位，需要配置不同的技能人才。但绝大部分高校由于存在课程设置模式单一、技能型师资缺乏、技能型训练机会不够等问题，学校无法产出满足民营经济高质量发展的技能人才，且部分人才在择业时对国企和公务员岗位更具偏好，民营经济新兴产业发展的人力支撑力度更显不足。国家虽然给予了人才生长的"土壤"，提供了扶持人才的"肥料"，却仍然难以改变技能人才失衡的现状。

六是地区发展新兴产业区别度不高。各地紧跟国家战略重点，加速布局产业新赛道。许多城市都在大力发展锂电池、半导体、元宇宙等"时髦"产业，且大多数是"一事一议"予以政策供给，其支持力度甚至超过了本地主导产业。这种做法未充分研判本地资源禀赋和已有产业基础，盲目"扎堆"尚不成熟的未来产业，是对财政资源的浪费，而且容易导致"招来女婿气走儿子"的情况。

五、新时代促进民营经济发展壮大的途径

党的二十大报告指出："坚持和完善社会主义基本经济制度，毫不动摇巩固和发展公有制经济，毫不动摇鼓励、支持、引导非公有制经济发展，充分发挥市场在资源配置中的决定性作用，更好发挥政府作用。"民营经济作为非公有制经济的主要经济组织形式，是我国经济制度的内在要素，是社会主义市场经济的重要组成部分。新时代新征程，我国民营经济只能壮大、不能弱化，要进一步优化民营企业发展环境，为各类所有制企业创造公平竞争、竞相发展的环境，依法维护民营企业产权和企业家权益，促进民营经济发展壮大，实现民营经济健康发展、高质量发展。

第一，着力提振民营经济发展信心。习近平总书记指出："要优化民营企业发展环境，破除制约民营企业公平参与市场竞争的制度障碍""鼓励和支持民营经济和民营企业发展壮大，提振市场预期和信心。"从当前形势看，国内经济增长企稳向上基础尚需巩固，总需求不足仍是突出矛盾，民间投资和民营企业预期不稳，不少中小微企业和个体工商户困难较大。增信心重在优环境。因此，要从制度和法律上把对国企民企平等对待的要求落下来，依法维护民营企业产权和企业家权益。要积极发挥民营企业在稳就业、促增收中的重要作用，采取更有效的措施支持中小微企业和个体工商户发展，支持平台企业在创造就业、拓展消费、国际竞争中大显身手。要把构建亲清政商关系落到实处，为民营企业和民营企业家排忧解难，让他们放开手脚，轻装上阵，专心致志搞发展。要加强思想政治引领，引导民营企业和民营企业家正确理解党中央关于"两个毫不动摇""两个健康"的方针政策，消除顾虑，放下包袱，大胆发展。

第二，引导民营企业走高质量发展的路子。习近平总书记指出："民营企业要践行新发展理念，深刻把握民营经济发展存在的不足和面临的挑战，转变发展方式、调整产业结构、转换增长动力，坚守主业、做强实业，自觉走高质量发展路子。"我国经济已由高速增长阶段转向高质量发展阶段，传统要素驱动、规模扩张的外延式发展模式已经面临瓶颈，这对民营经济发展提出了更高要求。变革创新是民营经济的活力之源，也是民营企业持续迸发灵性和活力的关键。高质量发展离不开创新创造，民营企业要吸收各种先进技术，提高生产效率和产品品质，还要努力做创新主体，全面加强原始创新、产品创新、商业模式创新和管理创新等，以质量变革、效率变革、动力变革推动高质量发展，在推进科技自立自强和科技成果转化中发挥更大作用。

第三，激发民间资本投资活力。民间投资是全社会固定资产投资的主力军，也是提升投资质量、增强投资活力的关键力量。当前，国际国内环境发生深刻复杂变化，民间投资增长仍存在一定制约因素，长期影响民间投资增长的融资难、融资贵等问题有待进一步解决。要鼓励和吸引更多民间资本参与国家重大工程、重点产业链供应链项目建设，激发民间资本投资活力，为构建新发展格局、推动高质量发展作出更大贡献。

第四，弘扬诚信守法的企业家精神。习近平总书记指出："民营企业和民营企业家要筑牢依法合规经营底线。"社会主义市场经济是信用经济、法治经济。法治意识、契约精神、守约观念是现代经济活动的重要意识规范，也是信用经济、法治经济的重要要求。企业家要同方方面面打交道，调动人、财、物等各种资源，没有诚信寸步难行。民营企业家要讲正气、走正道，做诚信守法的表率，做到聚精会神办企业、遵纪守法搞经营，在合法合规中提高企业竞争能力，带动全社会道德素质和文明程度提升。无论是公有制企业还是非公有制企业，都要把守法诚信作为安身立命之本，依法经营、依法治企、依法维权。

近年来，越来越多民营企业家投身各类社会公益事业，特别是发生重大灾情的时候，广大民营企业家都以切实行动作出了重要贡献和良好示范，在实现自身发展的同时积极回报社会。新时代新征程，民营企业家要增强家国情怀，自觉践行以人民为中心的发展思想，增强先富带后富、促进共同富裕的责任感和使命感。民营企业要在企业内部积极构建和谐劳动关系，推动构建全体员工利益共同体，让企业发展成果更公平惠及全体员工。要继承和弘扬中华民族传统美德，积极参与和兴办社会公益慈善事业，做到富而有责、富而有义、富而有爱。

新时代的农户与居民

一、农户的地位和经营目标

农户即农民家庭，是以农业生产为生的个人或家庭，是农村最基层的社会单位，在我国经济运行中具有重要地位。一方面，农户是我国农业生产的主体，而农业生产则是整个国民经济的基础；另一方面，农户是重要的消费主体，在整个社会总消费中的比重超过 30%。

改革开放以来，农村基本经营制度是我国社会主义基本经济制度的重要组成部分，在农村经济中居于基础性地位。现阶段，农户的主要经营目标是家庭联产承包责任制下的利润最大化。农户经营计划强调经济效益，以提高资金利用率为中心安排生产经营活动，始终以追求合法的经营利润为首要目标。

从目前农村生产经营方式的角度看，农村居民的主要收入来源有以下五个部分：一是家庭农业生产经营收入。这是实行家庭联产承包责任制后农民取得收入的最主要方式，也是最稳定的方式。二是家庭在乡从事非农经营的收入。这是随着中国经济改革的深化农民收入多样化的一个新亮点，主要包括农民在家庭农业经营之外从事的诸如工业、商业等第二、第三产业收入。这是在乡农民的一个重要增收点，也是发展农村市场经济、繁荣农村经济的重要内容。三是外出务工收入。伴随着 20 世纪 80 年代末 90 年代初"民工潮"的出现，改革开放浪潮下外出务工成了农民获得农业收入以外收入的新选择。这种收入以其广阔的增长空间成为当前增加农民收入、缩小城乡差距的重要切入点。而大量外出务工的农民也成了我国实现城市化、现代化的重要推动力。四是集体经济收入。集体经济收入曾是改革开放后集体经济刚刚兴起时农民的重要增收来源，但是，由于近年来各种形式的农村集体经济都遇到了资金、技术、管理、人才、市场等问题，这种收入的增长逐渐开始乏力。五是其他各种收入，包括来自各种财产投资性的收入、政府财政或支农政策的转移性收入、租赁变卖财产收入、亲友赠送等各种收入。

二、农户的经济行为

(一)农户经济行为的含义

农户经济行为是指农民为实现纯收入最大化目标,对经营约束所做的规律性反应。

(二)农户经济行为的内容

1. 生产行为

首先,农户要实现纯收入最大化的经营目标,必须在生产过程中根据边际成本等于边际收益这一效率条件对物质生产要素的使用量和组合进行调整,提高各种物质生产要素利用效率。其次,农户要实现纯收入最大化的经营目标,必须在生产过程中根据不同种植劳动边际成本相等的条件合理分配,节约劳动时间或提高家庭成员的劳动力利用效率。再次,农户要实现纯收入最大化的经营目标,必须在生产过程中根据生产要素最佳组合的条件合理配置生产要素,提高劳动产出比率。最后,农户要实现纯收入最大化的经营目标,必须在生产过程中采用符合自身要求的适用技术,提高作物产量,改善作物品质,降低成本。

2. 经营行为

在现阶段,农户为了追求纯收入最大化目标,必须从机会成本的角度考虑劳动力的使用,农户因从事农业生产而放弃的从事非农业经济活动可能取得的收入就是他们将劳动力用于农业生产的机会成本。当非农业经济活动的收入高于农业生产收入时,农户从事农业生产活动的机会成本较大,就会吸引农业劳动力向非农产业部门转移。

三、居民的经济行为

居民的经济行为主要表现在居民收入行为、居民的消费行为、居民的储蓄以及投资行为方面。

(一)居民收入行为

居民收入是指社会成员在一定时期内(通常是一年)通过不同途径或来源

获得的收入的总和。居民获得收入的途径和收入来源受社会经济制度及经济体制的制约。在社会主义社会中，个人收入分配以按劳分配为主，大多数居民的收入主要是通过自己劳动获得的。在中国特色社会主义市场经济条件下，所有制结构和分配结构使居民收入呈现出多元化，除了通过按劳分配获得，还有了其他收入来源。

居民收入的来源主要包括以下方面：一是劳动收入，包括工资、奖金、承包收入等；二是福利性收入，包括政府或企事业单位提供的多种补贴、救济金和其他福利性收入；三是利息收入，包括因持有债券、银行存款和以其他形式贷出货币获得的收入；四是投资收入，包括股票投资的股息红利和股价上涨获得的收入；五是租金收入，即向他人出租私有房屋或其他资产获得的收入；六是经营收入，包括因从事个体或私营经济活动获得的收入和利润；七是其他收入，如保险公司赔偿、馈赠、遗产继承的收入。

(二) 居民的消费行为

居民消费是居民经济行为的最终目标，无论是居民的收入行为还是储蓄、投资行为，最终目的都是为了消费。居民的消费动机可归纳为三类：一是为了满足自身生存的需要，二是为了满足自身发展的需要，三是为了满足自身享受的需要。居民为了满足自身需要所进行的消费活动，要受到收入、价格、商品和社会等诸多因素的制约。

近年来，随着经济发展和居民生活水平的提高，我国居民消费能力显著提升，消费结构不断升级，消费需求日趋多样化、个性化。具体来说，主要表现在以下四个方面：

1. 我国居民的消费水平实现跨越式增长

2017 年，全国居民人均消费支出 18322 元，扣除价格因素后，比 1978 年实际增长 18 倍，年均实际增长 7.8%。据国家统计局发布的数据，2021 年我国居民消费支出为 43.89 万亿元，居民人均消费支出达到 24100 元，是世界第二大消费市场。

2. 居民消费结构发生根本性转变

改革开放以来，我国国内消费需求也发生了天翻地覆的变化，从温饱型向小康型，继而向富裕型消费逐步转变。尤其是进入新时代，发展型、享受型消费比重明显上升，消费层次递进明显，消费热点多样化，住房、汽车、教育、旅游、娱乐、体育、休闲、通信及数码电子消费等多样化消费品和服务热潮持续升温，成为我国居民消费迈向更高层次发展的重要标志。在整体消费需求中，住房消费成为一大支柱，汽车消费快速增长。

3. 居民消费方式产生技术性升级

首先，消费者消费模式改变。随着科技的进步，人们逐渐步入了数字化时代，很多消费者的消费模式从线下购物转变到线上购物。其次，直播带货产生。数字化时代的到来，一些短视频平台相继出现，并很快吸引了人们的眼球，此时有远见的商家很快发现了潜在的商业——直播带货。此外，出行、消费方式发生变化。数字化时代的到来在出行方面也给了我们很大的便利，公交、地铁、车站、机场等公共场合可以直接采用电子支付、线上 App 购票、取票等，满足了多样化、便利化的出行需求。

4. 居民消费对经济增长的拉动持续增强

从规模上看，2012~2021 年，我国社会消费品零售总额从 20.6 万亿元增长到 44.1 万亿元，年均增长接近 9%，成为仅次于美国的全球第二大消费市场。从结构上看，人民群众的消费水平和生活品质也有了显著提升，每百户居民拥有彩电 121 台、冰箱 102 台、手机 254 部。另外，服务消费快速增长，2020 年服务消费虽受新冠疫情影响较大，但占比仍达到 50.1%。

(三) 居民的储蓄行为

改革开放以来，伴随着我国经济的高速增长，我国居民储蓄率始终保持在较高水平。我国国民储蓄率自 1982 年以来大体表现出波动上升趋势，到 2010 年，中国的国民储蓄率达到峰值 51.2%，随后逐渐回落。据国际货币基金组织预测，2023 年中国国民储蓄率将持续下降至接近 41.61% 的水平。从整体上来看，我国居民的储蓄率仍然相对较高。

我国居民高储蓄率的成因相对较为复杂：首先，高储蓄率是经济持续增长、居民收入不断增加的结果；其次，由于以前的计划生育政策造成的特殊人口年龄结构也是导致中国出现较高储蓄率现象的主要因素之一；最后，未雨绸缪、崇尚节俭的传统是我国居民较高储蓄率的文化基因。居民一定的储蓄行为有利于居民应对不确定风险和实现居民的多元化投资，从而提高居民的收入，也有利于进一步提高居民的消费能力。

(四) 居民的投资行为

居民投资是指居民购买可以获得收入的资产，包括购买从事生产经营活动的实物资产和金融资产，如股票、债券等。储蓄转化为投资，从根本上说是为了规避储蓄的低收益而获得更高的收入，满足个人及家庭更高水平的物质和文化需求。居民作为投资者进行投资时，可供其选择的投资形式包括证券投资、经营资产投资、房地产投资、保值商品投资等。我国居民投资存在着以下三个特点：

1. 投资规模不断扩大

自 2009 年以来，全国居民可投资资产规模呈现不断上升的趋势，2025 年居民可投资资产规模将突破 300 万亿元，其中金融资产的规模 175 万亿元。

2. 我国居民金融投资更偏向于短周期低风险的金融产品

从居民的理财结构来看，储蓄存款是家庭金融资产配置中占比最大的一块，2018 年其总规模达到 63.66 万亿元，约占一半；然后是银行理财产品，总规模为 18.55 万亿元，占 15% 左右。从居民对股票、债券、基金的投资以统一口径来看，2018 年资本市场投资占居民总投资的 14.52%，保险投资占 10%，现金与互联网理财（P2P）分别占 5% 和 0.67%。储蓄存款和理财产品仍然是居民投资的主要渠道。

3. 居民投资仍然以住房投资为主

2021 年，中国居民财富总量已达到 687 万亿元，接近 700 万亿元，居全球第二位，仅次于美国，户均资产也达到了 134 万元。但是，从结构层面来看，实物资产占近七成，金融资产占比较低。2021 年中国实物资产占总财富比重高达 69.3%，主要表现为房地产，全国住房市值达到 476 万亿元，而金融资产占比仅为 30.7%。

第五节

微观经济主体的市场监管

一、市场监管的含义

市场监管是政府的重要职能之一。市场监管是在市场经济条件下，具有监管职能的政府行政机构或被赋权组织基于公共利益目标，依法综合运用多种监管方式、技术和手段，服务市场主体合法经营、维护消费者合法权益、保证市场健康有序运行的制度和行为的总称。市场监管的目的是防止各种对社会公共利益、市场秩序和其他市场主体合法权益构成损害的不正当行为的出现，维护正常的市场秩序，保证市场良性有序运行，为市场机制充分发挥作用创造良好环境。

市场失灵是需要进行市场监管的重要原因。市场机制虽然在资源配置中起决定性作用，但是市场机制本身存在许多缺陷和问题，有时会造成"市场失灵"现象的出现。由于垄断、外部性、信息不完全、公共产品等问题的存在，市场机制往往无法实现资源的有效配置。这就需要政府对微观经济主体进行必要的干预，以解决市场失灵问题，提高资源的配置效率。除此之外，市场机制产生的一些消极后果也需要政府进行市场监管。市场机制作用的自发性、盲目性和滞后性常常导致虚假需求和生产过剩，对经济活动缺乏远期规划容易导致经济运行的波动。市场机制还容易助长投机行为，甚至引发违反道德、违反法律的行为，从而破坏市场机制的有序运行，对社会造成不良影响。市场机制的这些消极后果也需要通过市场监管来解决。

二、市场监管的基本原则

以习近平新时代中国特色社会主义思想为指导，全面贯彻党的十九大和党的十九届历次全会以及二十大精神，立足新发展阶段，完整、准确、全面贯彻新发展理念，构建新发展格局，围绕"大市场、大质量、大监管"一体推进市场监管体系完善和效能提升，推进市场监管现代化，着力营造市场化、法治化、国际化营商环境。因此，进行市场监管必须坚持以下五个基本原则：

(一) 坚持以人民为中心

将增进人民福祉作为市场监管工作的出发点和落脚点，围绕人民群众需求，坚守质量安全底线，强化消费者权益保护，提升市场监管领域政务服务水平，不断增强人民群众获得感、幸福感、安全感。依靠人民推进监管，自觉接受人民监督，形成市场监管、社会共治合力。

(二) 坚持改革创新、提升效能

围绕建设高标准市场体系，加快推动市场监管制度与机制不断成熟定型。遵循市场监管规律，顺应市场发展趋势，创新监管工具，优化监管资源配置，强化科技支撑，不断增强监管效能。

(三)坚持有效市场、有为政府

正确处理政府和市场的关系，充分发挥市场在资源配置中的决定性作用，更好发挥政府作用，进一步激发市场活力。加强市场监管与经济调控的协同，促进市场健康发展。提高市场规制能力，有效维护市场秩序和消费安全。

(四)坚持依法行政、公正监管

加快推动市场监管领域法律法规与制度的完善和统一，营造稳定、公平、透明、可预期的制度环境，依法规范政府监管行为，一视同仁对待各类市场主体，为激发市场活力和维护市场主体合法权益提供法治保障。

(五)坚持系统观念、统筹施策

统筹监管线上和线下、产品和服务、传统经济和新兴业态等各类对象，统筹发展和安全、效率和公平、活力和秩序、国内和国际等多元目标，统筹运用市场、法律、技术、标准、信用、行政等多种手段，统筹行业管理和综合监管、事前、事中、事后监管，统筹发挥市场、政府、社会等各方作用，切实提高市场综合监管能力。

三、市场监管的主要目标

随着收入水平提高和科技变革加快，我国消费经济进入繁荣发展时期。人人都是消费者，广大人民群众对消费品质、消费服务的更高要求，对维护消费者权益的更高期望，是人民美好生活需要的重要体现。因此，市场监管必须接近市场、贴近人民群众、满足人民对美好生活的向往，其主要目标表现在以下方面：

第一，营商环境持续优化。高效大市场活力增强，准入、准营、退出制度规范便利，投资创业更加便捷。知识产权大保护格局基本形成，企业创新主体地位进一步确立。支持市场主体发展的政策不断完善，市场主体活力充分激发。

第二，市场运行更加规范。有序大市场巩固提升，竞争规制能力明显增强，线上线下市场竞争生态不断优化，市场秩序突出问题得到有力解决，市场主体诚信守法、合规经营的激励约束机制更加健全，公平、透明、可预期的市场环境进一步形成。

第三，市场循环充分畅通。统一大市场不断完善，公平竞争政策基础地位进一步强化，竞争政策和产业政策更加协调，市场基础制度与规则逐步统一，地方保护、行业分割、市场壁垒有效破除，商品要素在更大范围自由流动。

第四，消费安全保障有力。安全大市场稳中向好，统筹发展和安全的监管机制不断健全，"四个最严"要求得到严格落实，食品、药品等的安全风险和市场运行风险有效防范，标本兼治的制度措施不断完善，消费者权益和社会公共利益得到有力保护。

第五，质量水平显著提升。质量强国建设加快推进，基础设施对产业升级和经济发展的支撑作用显著增强，优质产品和服务供给大幅增加，实现需求牵引供给、供给创造需求的更高水平动态平衡，形成更具质量竞争优势的大市场。

第六，监管效能全面提高。综合监管制度机制更趋完善，信用监管基础性作用进一步发挥，智慧监管手段广泛运用，多元共治的监管格局加快构建，市场监管制度型开放水平进一步提高，推动构建与高水平社会主义市场经济体制相匹配的现代化市场监管体系。

四、市场监管的主要任务

（一）持续优化营商环境，充分激发市场主体活力

坚持放管结合、放管并重，深入推进"放管服"改革，深化商事制度改革，提升公正监管水平，完善市场主体支持政策，有效降低制度性交易成本，更大程度激发市场主体活力和发展内生动力，为畅通经济循环、推动高质量发展提供有力支持。

第一，深化市场主体准入准营退出制度改革。深入推进"证照分离"改革，加快提升市场主体登记规范化水平，持续优化企业开办服务，畅通市场主体退出机制。

第二，增强各类市场主体发展活力。首先，促进新设市场主体可持续发展。其次，加强市场主体全生命周期监测和分析，坚持问题导向，提升支持政策精准性。此外，精准扶持小微企业和个体工商户健康发展，完善促进小微企业发展的政策体系，为市场主体减费降负。

第三，增强市场主体创新动能。构建知识产权大保护格局，完善企业创新服务体系。优化适应新经济发展的监管机制，探索创新符合平台经济、产业数字化、新个体、微经济、共享经济等新经济特点的监管模式，加强新经济监管工具创新供给，完善网络平台交通运输新业态监管规则和标准。

第四，提升公正监管水平。首先，持续提升"双随机、一公开"监管的权威性、公正性，完善"双随机、一公开"监管相关配套制度和工作机制，提高双随机抽查的科学化水平。其次，依法规范监管执法行为。编制实施市场监管部门权责清单，优化和完善行政执法程序，强化市场监管执法监督机制和能力建设，健全执法考核评议和执法案卷评查机制。

(二) 加强市场秩序综合治理，营造公平竞争市场环境

加强市场综合监管，提高竞争执法水平，推进线上线下市场一体化监管，在规范市场秩序中推动发展，在维护公平竞争中增强创新动力。

1. 统筹提升反垄断和反不正当竞争监管能力

首先，完善反垄断和反不正当竞争规则，深入贯彻《关于强化反垄断深入推进公平竞争政策实施的意见》。其次，健全市场竞争状况评估机制，建立健全市场总体竞争状况评估和行业、地区竞争状况评估相结合的评估体系，完善以竞争状况评估为基础的反垄断、反不正当竞争执法重点引导机制，提高垄断和不正当竞争风险监测预警能力。此外，提高竞争执法水平，加强平台经济、科技创新、信息安全、民生保障等重点领域反垄断和反不正当竞争执法，防止资本无序扩张。加强竞争监管与知识产权保护衔接协调，强化公共事业、医疗、药品等领域竞争执法，加强对商业混淆、虚假宣传、虚假交易、违法有奖销售等误导消费行为的监督，创新完善监管体制机制，强化行业管理、反垄断执法和司法衔接。

2. 统筹优化线上线下市场竞争生态

完善线上市场监管体系，引导平台经济有序竞争，加大线上线下一体化监管力度，加强新产业、新业态、新模式市场秩序监管，有效遏制假冒伪劣乱象。

(三)维护和完善国内统一大市场，促进市场循环充分畅通

加强市场监管与产业政策的协调，深入实施公平竞争政策，破除妨碍要素市场化配置和自由流动的制度障碍，促进经济循环畅通，维护和完善全国统一大市场。

首先，要健全和完善维护国内统一大市场的政策体系。要强化平等对待各类市场主体的制度保障，加强竞争政策与宏观经济政策的协调，更好发挥公平竞争审查的作用。其次，要强化完善国内统一大市场的有效措施。畅通跨区域生产经营活动，提高要素配置效率，推进自然垄断行业竞争性环节市场化改革。同时，还要不断健全与国内统一大市场相适应的监管机制。推行重点区域市场监管一体化，探索建立跨区域协同监管机制。

(四)完善质量政策和技术体系，服务高质量发展

大力推进质量强国建设，深入实施质量提升行动，统筹推进企业、行业、产业质量提升，加强全面质量管理和质量基础设施体系建设，全面提升产品和服务质量水平，塑造产品供给和需求良性互动的大市场。

首先，健全宏观质量政策体系。加强质量工作顶层设计，完善质量管理制度，优化质量发展环境。其次，建设适配现代化经济体系的质量基础设施。构建现代先进测量体系，深化标准化改革创新，提高质量认证服务能力，加大认可和检验检测改革创新力度，运用质量基础设施改善市场环境。同时，深入实施质量提升行动，扩大中高端产品供给，全面提高服务业品质，推动产品和服务融合发展。

(五)坚守安全底线，强化消费者权益保护

统筹发展和安全，深入贯彻"四个最严"要求，对涉及人民群众身体健康和生命财产安全、公共安全的特殊行业及重点领域，加强全覆盖重点监管，强化消费者权益保护，构建和完善产品设施安全可靠、人民群众放心消费的安全大市场。例如，推进食品安全标本兼治、稳步提升药品安全性、有效性、可及性，保障特种设备运行安全，加强企业工业产品质量安全监管，提高消费者权益保护水平。

(六)构建现代化市场监管体系，全面提高市场综合监管效能

完善基础制度，健全体制机制，创新监管工具，加强科技支撑，统筹运

用市场、法律、技术、标准、信用、行政等多种手段，提升市场综合监管能力，提高市场监管现代化水平。具体来说：首先，要完善市场监管基础制度，健全市场监管法律体系，提高市场监管基础制度的科学化水平，推进市场监管制度型开放。其次，完善市场监管体制机制。优化监管事项层级配置，强化跨部门综合监管，深化综合执法改革。同时，创新丰富市场监管工具，健全信用监管长效机制，增强市场监管基础能力。

　中国宏观经济运行与调控

宏观经济调控是政府的一项重要职能，特别是我国经济发展进入新常态，更加凸显宏观经济调控的重要性。要加快转变政府职能，正确处理政府与市场的关系，通过构建宏观经济调控体系达成宏观调控目标。

------------------------------ 第一节 ------------------------------

经济新常态

一、新常态的概念

改革开放以来，中国经济快速增长。1978 年，我国 GDP 只有 3679 亿元，2019 年站上近百万亿元的历史新台阶，达到 990865.1 亿元，经济总量稳居世界第二位，年均增速 10% 左右。但是，从 2012 年起，GDP 增速开始回落，2012 年、2013 年、2014 年增速分别为 7.9%、7.8%、7.4%。从高速增长转为中高速增长，中国经济发展进入了一个新的阶段，即"新常态"。

"新常态"由习近平总书记在 2014 年 5 月考察河南省的时候首次提出。当时，他说："中国发展仍处于重要战略机遇期，我们要增强信心，从当前中国经济发展的阶段性特征出发，适应新常态，保持战略上的平常心态。"

新常态中的"新"就是"有异于旧质"，"常态"就是时常发生的状态。新常态就是不同以往的、相对稳定的状态。这是一种趋势性、不可逆的发展状态，意味着中国经济已进入一个与过去 30 多年高速增长期不同的新阶段。

经济新常态是调结构稳增长的经济，而不是总量经济；是着眼于经济结构的对称态及在对称态基础上的可持续发展，而不仅仅是 GDP、人均 GDP 增长与经济规模最大化。经济新常态就是用增长促发展，用发展促增长。

二、新常态的特征

(一)速度——从高速增长转为中高速增长

年均经济增长速度放缓，但仍将保持在 6%~8% 的中高速。虽然这与中国改革开放后的高速增长阶段相比，年均增长速度回落了两三个百分点，但与世界其他国家或全球经济增长速度相比，仍处于领跑状态。新常态下的增长是高基数、大总量上的增长。

(二)结构——经济结构不断优化升级

中国经过前一个阶段的高速发展，资源、环境、社会保障方面的制约比较突出，依靠资源粗放型的投入等旧发展方式已经到了难以为继的地步。一是资源消耗大，资源约束日紧。例如，2013 年，中国 GDP 占世界的比重为 12.3%，但能源消费总量占 20%，而淡水、耕地、森林、煤炭、石油、铁矿石等重要资源的人均占有量均大大低于世界平均水平。二是环境污染较为严重。京津冀、长三角、珠三角地区及部分大中城市大气污染较为严重，雾霾等极端天气增多，已成为百姓的"切肤之痛"。总之，在中国经济新常态下，经济发展方式的转变已经展开，告别不顾资源短缺、竭泽而渔、破坏性开采的粗放型发展，告别忽视环境保护的污染性发展，我国经济发展正在逐步转向依靠转型升级、生产率提升和开拓创新的发展模式。

(三)动力——从要素驱动、投资驱动转向服务业发展及创新驱动

经济增长结构发生了变化。生产结构中的农业和制造业比重明显下降，服务业比重明显上升，服务业取代工业成为经济增长的主要动力。2013 年，中国第三产业(服务业)增加值占 GDP 比重达 46.1%，首次超过第二产业，而到了 2019 年，这一比例继续上升到 53.9%。需求结构中的投资率明显下降，消费率明显上升，消费成为需求增长的主体；内需与外需结构发生变化，内需占比增加。2012 年，消费对经济增长贡献率自 2006 年以来首次超过投资。

三、新常态的机遇

习近平总书记指出，以确定的战略和所拥有的政策储备，中国有信心、有能力应对各种可能出现的风险。2014 年 11 月，习近平主席出席亚太经济合作组织（APEC）工商领导人峰会时首次系统阐述新常态。新常态将给中国带来新的发展机遇。

第一，经济增速虽然放缓，但实际增量依然可观。假如以 7.4% 的 GDP 增速来观察，尽管与前些年相比低了些，但是对应的增量已大于 20 年前的 GDP 总量。中国每年的经济增量相当于贡献了一个中等发达国家的经济规模。

第二，经济增长更趋平稳，增长动力更为多元。我国正在协同推进新型工业化、信息化、城镇化、农业现代化，这有利于化解各种"成长的烦恼"。中国经济更多依赖国内消费需求拉动，避免依赖出口的外部风险。

第三，经济结构优化升级，发展前景更加稳定。通过消费对经济增长的贡献率超过投资、服务业增加值占比超过第二产业、高新技术产业和装备制造业增速高于工业平均增速、单位 GDP 能耗下降等数据，习近平指出，中国经济结构"质量更好，结构更优"。

第四，政府大力简政放权，市场活力进一步释放。数据显示，2019 年全国新设市场主体 2179 万户，日均新设企业达到 2 万户，全国市场主体数量已达到 1.11 亿户，其中企业 3500 万户，市场活力进一步增强。

四、新常态理论的意义

中国经济发展进入新常态，中国政府创新宏观调控方式推出了一系列重大经济举措，不仅促进中国经济不断发展，而且为世界经济发展带来新机遇。

第一，居民消费能力提升，对其他国家产生积极溢出效应。2021 年，时任国家统计局局长宁吉喆在《中国的全面小康》白皮书发布会上表示，今后 5 年（从 2021 年起）中国从世界其他国家和地区进口货物将超过 10 万亿美元。

第二，优势产能"走出去"，"中国制造"获得广泛赞誉。在"一带一路"框架下，中国同多个国家签署了产能合作协议，以本国优势产能推动他国工业化进程。如 2016 年，坦桑尼亚正向着实现"二五"计划的目标迈进，急需资金、人才和技术方面的支持，中国把坦桑尼亚作为产能合作示范国恰逢其时，这将助力坦桑尼亚加快实现成为中等收入国家的目标。中国愿将自身的发展战略与非洲的发展战略对接，通过推进以工业化和农业现代化为牵引的"十大合作计划"，开展对非产业投资合作，为非洲的经济和社会发展作出贡献。

第三，推进产业升级。中国政府调结构不仅能产生助力经济增长、提高产业效能等预期效果，还将在高端制造业领域为全球经济带来新的增长需求。

第二节
政府职能

一、政府职能的种类

广义上说，政府职能可以分为以下四点：一是政治职能，即政府为维护国家统治阶级的利益，对外保护国家安全，对内维持社会秩序的职能。二是经济职能，即政府为国家经济的发展，对社会经济生活进行管理的职能。三是文化职能，即政府为满足人民日益增长的文化生活需要，依法对文化事业所实施的管理。四是社会公共服务职能，即指除政治、经济、文化职能以外政府必须承担的其他职能。本书所讲的政府职能是仅指经济职能。

二、加快转变政府职能

中国经济发展进入新常态，政府职能也被赋予了新的时代要求和实践要求。整体来说，为了更好地释放市场活力，激发社会创造力，从而实现迎接新常态、引领新常态的战略目标，要加强市场在资源配置中的决定性作用，更好地发挥政府的服务作用。

第一，挖掘经济增长潜力需要加快政府职能转变。2012 年以来，经济增长速度逐渐放缓，经济下行压力逐步加大，出现这些问题的原因是制约经济发展的经济体制中的障碍依然存在，经济增长的潜力尚未被充分地释放出来。因此，在新形势下，要下决心扫除阻碍经济发展的障碍，挖掘资源配置中蕴藏的潜力，从根本上要求政府转变原来的行为方式，遵循市场规律，使其从经济的直接干预者转变为市场的管理者和服务者。只有加快政府职能的转变，减少其对微观经济的干预，加大其对宏观经济的调控力度，才能更好地扫除制约经济发展的绊脚石，推动市场经济平稳增长。

第二，转变经济发展方式需要加快政府职能转变。过去中国的经济增长动力主要是靠各种生产要素，如土地、资源、劳动力等，依靠大量的资本投入取得快速发展，这种要素、资本驱动的发展方式虽然在短期内能带动经济的发展，但是也面临着自然资源有限以及不可持续等问题。从长期来看，只有依靠创新驱动，才能更可持续、更加稳定地推动经济的健康发展。因此，转变经济发展方式的出路在于通过改革释放动力，挖掘内需拉动经济增长的潜力，以科技创新的方式提升全要素生产率。这关键在于转变政府职能，取消对市场的直接干预并且加强市场管理和监督，破除不合理的市场垄断，进一步推进行政审批制度改革，让各类市场主体在激烈的竞争中通过创新释放活力，激发市场创新精神。

第三，优化经济结构需要加快政府职能转变。实现经济结构的优化升级，有赖于政府宏观政策的调整。政府的经济职能主要是提供公共产品和服务，加强宏观调控和调节收入分配，调整产业结构的关键在于明确政府的经济职能。产业结构的优化是新常态下经济长期健康发展的重要源泉，所以在产业结构的方向上，改变过去偏重于第二产业的现象，转向注重事关国计民生的第一产业和第三产业，逐渐提高居民的收入及生活水平，以消费需求的扩大和升级来带动经济结构的优化升级。因此，为了更好地促进经济结构的优化和升级，必须通过政府职能的转变，履行好政府在经济和社会领域的服务职能。

三、转变政府职能的措施

(一) 健全宏观调控体系，减少政府干预

在目前的新形势下，政府职能转变的主要目的就是处理好与市场之间的

关系，让市场起决定性作用，把错位、越位的一些微观经济职能退给市场，将自身职能转向为市场提供服务的职能，回归到宏观调控上来。政府应在宏观调控中到位，完成自己的任务，即保持经济平衡，充分挖掘经济增长的动力，促进经济结构的调整和优化，实现经济持续健康的发展。首先，政府制订科学合理的宏观经济计划，制定符合中国实际情况的发展规划，充分发挥政府的指导作用而非指挥作用；其次，运用多种手段配合来进行宏观调控，如行政手段、法律手段、经济手段等；最后，科学界定宏观调控的界限，减少政府对微观经济的干预。这并不是说政府没有干预的必要，而是要求政府以一个监管者的身份参与到经济建设中。只有将市场的决定性作用和政府宏观调控职能结合起来，才能形成强大有力的经济发展体系，促进市场经济的稳定发展。

（二）简政放权，科学界定政府职权范围

邓小平同志曾提出："权力不下放，企业没有自主权，也就没有义务，搞好搞坏都是上面负责。全部由上面包下来，怎么能搞好工作，调动积极性？"只有把简政放权落到实处，科学合理界定政府职能范围，减少政府干预，才能更好地发挥市场作用。首先，深入开展行政审批制度改革。政府应该努力调整并逐步减少行政审批事项，对不利于市场经济发展的审批项目要取消，对不利于实现公共利益的审批项目也要取消；其次，政府应该建立责任清单，完善行政审批责任制度，明确权力和责任，要使授权范围、审批程序以及审批方式合理，把行政审批权力放在法律的框架内，并通过制定和完善相关法律法规，加强对行政审批的监督和问责。

（三）加强市场监管，完善市场经济体系

运用多种手段加强对市场的监管，确保政府可以有效弥补市场失灵，从而建立一个完备的市场经济体系。首先，建立强有力的统一监管部门，改善市场条块分割的现状，防止一些行业或者某些地区的市场主体受到特殊保护而采取不正当行为，从而使市场主体得到统一监管，达到规范化的目的；其次，完善市场准入原则，完善全国统一开放的市场，提高政府的市场监管水平，使每个市场主体享有平等、自由地位，同时还要保证其具有正当性、合理性；最后，完善市场运行规则，规范市场竞争秩序，形成统一、开放、竞争、有序的现代市场经济体系。

(四)完善公共服务体系,使人民共享发展成果

经济新常态下的经济增速趋缓、结构升级的新特征表明,在经济转型的过程中,可能会存在一定的社会风险。因此,政府必须加强社会保障,关注民生,更加侧重于社会公共服务领域。政府应进一步完善公共服务职能,加快公共服务体系建设,使每个人都能够共享经济发展成果。首先,建立健全社会保障体系,弥补当前公共服务领域中就业、教育、医疗卫生、养老等方面的不足;其次,完善公共财政体制,加大对公共产品与公共服务方面资金的投入,以此来弥补由市场失灵所导致的公共产品短缺问题;最后,建立有效的公共产品与公共服务供给机制,切实加强对公共服务行为的监管,使每个人都能够享受到公共服务并且得到保障,不断满足人民日益增长的美好生活需要,使人民的获得感、幸福感、安全感更加充实、更有保障、更可持续。

---------------------------- 第三节 ----------------------------

正确处理政府与市场的关系

一、市场调节

资本主义市场经济是资本主义私有制与市场调节的结合体,生产什么、为谁生产、生产多少及怎么生产都是在利润最大化动力驱使下由私人资本决定的。在资本主义市场经济中,政府也在资源配置中发挥作用,但是,这种作用不可能改变私人资本的支配地位,无法克服资本主义生产方式的基本矛盾,因而会周期性爆发经济危机。20世纪70年代以来,受新自由主义思潮的影响,西方资本主义国家纷纷削弱政府干预,导致去工业化和产业空心化,制造业严重衰竭,金融业过度膨胀,中产阶级没落,两极分化和贫富差距急剧扩大。2008年国际金融危机爆发正是资本主义基本矛盾激化的结果,也是资本主义市场经济高度依赖市场机制自发作用、极端轻视和削弱政府干预的直接后果。资本主义社会仍然产生了垄断、严重的外部性和信息不对称等令市场机制失灵的特征,并不像西方经济学教科书里描述的那般美妙。

二、计划调节

社会主义计划经济是计划调节与社会主义公有制相结合形成的计划经济体制，苏联、东欧国家和改革开放前的中国都曾实行这一体制。该体制以快速实现工业化为目标，实行单一公有制，主要利用行政手段管理国民经济，商品货币关系和价值规律只起形式的和辅助的作用。计划经济体制在迅速推进工业化进程，初步建立现代工业体系和国民经济体系，改变经济和社会发展落后面貌，提高人民生活水平方面发挥了重要作用。但是，该体制的缺陷也很突出：片面发展重工业，轻视农业和轻工业的发展，国民经济比例关系失调，企业经济效益低下。

三、公有制为主体与市场经济的结合

1978 年党的十一届三中全会以来，中国共产党在深刻总结中国社会主义建设和世界经济发展的经验教训基础上，开启了建设中国特色社会主义的伟大实践，探索政府与市场结合的新形式。1992 年党的十四大创造性提出建立社会主义市场经济体制的改革目标，为中国探索政府与市场关系新的科学定位指明了方向。此后，党对政府与市场关系的认识不断深化。党的十八届三中全会明确提出使市场在资源配置中起决定性作用和更好发挥政府作用，这是我们党对政府与市场关系认识的一个新突破，标志着社会主义市场经济发展进入了一个新阶段。正是通过不懈地改革探索，中国经济取得了举世瞩目的伟大成就，综合国力显著提高，人民生活极大改善。实践证明，中国的社会主义市场经济体制是符合现阶段中国国情的，它实现了政府作用与市场作用的有机统一，充分体现了生产关系一定要适应生产力发展状况这一客观规律的要求。

如何处理好政府与市场的关系，是中国经济体制改革的核心问题。经过多年的探索和实践，中国已经建立了社会主义市场经济体制的基本架构，在处理政府与市场关系方面积累了成功经验，体现为以下四个方面的结合：

(一) 社会主义公有制与市场经济相结合

实现公有制与市场经济的融合，是坚持社会主义市场经济改革方向的必由之路。公有制与市场经济实现融合，关键是使企业特别是国有企业成为市场的主体。经过多年深化改革，国有资产监管体制已经实现了公共管理职能和出资人职能的分离，国有企业已成为市场中独立的法人实体。

(二)释放市场活力与集中力量办大事的政治优势相结合

改革开放以来，我国坚持和完善公有制为主体、多种所有制经济共同发展的基本经济制度，促进各种经济成分在市场上展开平等竞争，市场活力得到有效释放。同时，坚持公有制的主体地位和国有经济的主导作用，使我们党和政府拥有强大的集中决策、组织动员和统筹协调能力，形成了中国特色社会主义所独有的最大限度整合社会资源、集中力量办大事的体制机制优势。市场活力充分释放与集中力量办大事的制度优势相结合，是中国经济取得巨大历史性成就的重要制度原因。

(三)市场提供产业变迁动力与政府引领产业变迁方向相结合

为使国民经济各个产业部门的比例更加协调，推动产业升级换代，我国强化了市场在产业变迁中的优胜劣汰和激发创新作用，依靠市场力量推动产业结构调整和发展动力转换，为经济运行提质增效提供强大动力。同时，政府凭借信息掌握充分、资源动员能力强大的独特优势，通过产业政策确定产业结构调整的重点和产业变迁的方向，降低经营成本，提高企业供给能力；扶持战略性新兴产业和现代服务业，优化产业结构；减少无效和低端供给，扩大有效和中高端供给，增强供给结构对需求变化的适应性和灵活性等。

(四)市场激励自由竞争与政府加强监管优化服务相结合

市场竞争可以优化生产，增强产品的多样性和异质性，最大限度地满足人民日益增长的物质文化需要，但如果竞争是无序的，则会抵消效率，不利于资源配置效率的提升。党的十九大提出："构建市场机制有效、微观主体有活力、宏观调控有度的经济体制"，继续在理顺政府和市场关系上下功夫。可以看到，许多发展中国家市场经济的落后不仅表现为市场作用比较弱、市场体系不健全、市场秩序混乱、价格信号扭曲等，还表现为政府作用比较弱、能力不足、效率低下、缺乏权威等。发挥好政府和市场两方面的优势，才能保证经济的持续健康发展。

紧紧围绕政府和市场的有机统一推动相关领域改革，并坚持社会主义市场经济改革方向，着力构建市场机制有效、微观主体有活力、宏观调控有度的经济体制。一方面，通过深化经济体制改革进一步完善现代市场体系，增强微观经济主体活力，让企业和个人有更多活力和空间去发展经济、创造财富。另一方面，通过深化经济体制改革进一步推进经济领域国家治理体系和治理能力现代化，加强和改善党对经济工作的领导，创新和完善宏观调控，发挥国家发展规划的战略导向作用，健全财政、货币、产业、区域等经济政策的协调机制，加快建立现代财政制度，深化利率和汇率市场化改革，健全货币政策和宏观审慎政策双支柱调控框架。更好发挥政府作用，把促进社会公平正义、增进民生福祉作为出发点和落脚点，加紧制定和完善对保障社会公平正义具有重大作用的制度，保证全体人民在共建共享中有更多获得感，不断促进人的全面发展、全体人民共同富裕。

第四节

宏观经济调控的内容与目标

一、宏观调控的必要性

第一，市场调节不是万能的。有些领域不能让市场来调节，如武器生产等关乎国家安全的行业，而有些领域不能依靠市场来调节，如教育、医疗等关乎国计民生的行业。

第二，即使在市场调节可以广泛发挥作用的领域，市场也存在着固有的弱点和缺陷，包括自发性、盲目性、滞后性。

第三，宏观调控有利于帮助人们认识市场的弱点和缺陷，保证市场经济健康有序的发展。

总而言之，政府宏观调控这只"看得见的手"可以补充市场这只"看不见的手"。

二、宏观调控的领域

宏观调控是对整个市场经济的调控，调控的领域自然是整个市场经济，

主要包括以下方面:

第一,有关国家整体经济布局及国计民生的重大领域。凡涉及国家整体经济布局,就是宏观经济调控要监管和调整的问题。另外,有关国计民生的重大产业,或者涉及社会稳定的重大问题,也是宏观经济调控所要干预的领域,如教育、医疗等。

第二,容易产生市场失灵的经济领域。在容易产生市场失灵的经济领域,要体现宏观经济调控的重要作用,如银行、保险业等。

第三,私人力量不愿意进入的领域。对私人力量不愿意进入的或者单个私人力量难以办好的领域,政府需要直接进入或者以适当的方式促成私人进入,如基础设施建设等。中国也已经较快地实现了许多 PPP 项目,即公私合营。

三、宏观调控的目标

宏观调控的基本目标包含六个方面,即促进经济增长、增加就业、稳定物价总水平、保持国际收支平衡、优化经济结构和实现合理的收入分配。

(一)促进经济增长

经济增长是由多方面因素决定的一个客观过程,在经济和社会发展的一定阶段,存在着一个可观的、合理的或潜在的经济增长速度。宏观经济调控就是要使经济增长速度保持在一个合理的水平上,既要努力提高速度,又要防止增长过快,更要避免大幅度波动,也就是我们所说的大起大落。因此,促进经济增长的目标就是在结构优化、效益提高的基础上保持经济持续、快速、稳定的增长。

(二)增加就业

在充分就业状态下,劳动者个人有了可靠的工作保障,找到了稳定可靠的收入来源,居民家庭能够实现收入最大化,就有可能实现个人或居民家庭在各个方面的最大化发展。我国正处在从二元经济向现代经济结构转换、社会主义市场经济体制还很不完善的阶段,再加上我国人口基数很大,所以就业问题比较突出,政府把扩大就业作为重要的调控目标。

(三)稳定物价总水平

既要防止通货膨胀,即价格总水平的持续上涨,也要避免通货紧缩,即价格总水平的持续下降。宏观经济学中菲利普斯曲线描述的是短期通货膨胀与失业率是相互替代的，但是，20 世纪 70 年代西方国家经济的"滞胀"，即低增长率与高通货膨胀并存，经济增长放缓也不见通货膨胀的降低，已经向它发出了挑战。

(四)保持国际收支平衡

国际收支平衡指一国国际收支净额即净出口与净资本流出的差额为零。国际收支对汇率和对外贸易影响巨大。随着经济全球化程度的不断提高，国际收支状况对我国经济运行的影响日益重要，如何保持国际收支基本平衡，避免国际收支长期失衡是我国面临的重要挑战。

(五)优化经济结构

优化经济结构主要就是在各产业、各部门、各主要产品之间保持合理的发展比例，在地区之间、城乡之间实现协调发展，充分发挥主导产业对国民经济的带动作用，不断推动产业结构、产品结构的优化和升级，提升在世界产业链、价值链中的地位。优化经济结构要在充分发挥市场决定性作用的基础上，更好发挥政府作用，认真制定和落实各项产业政策和区域发展政策，对现有的产业结构、地区结构、城乡结构等进行调整，对重点发展的产业和地区给予政策倾斜，推动整个产业结构和各个产业的升级换代，促进区域、城乡经济社会协调发展。

(六)实现合理的收入分配

合理的收入分配是社会公平正义的重要体现，关系到国民经济的健康运行，以及社会主义制度优越性的充分发挥。既要充分发挥市场在收入分配中的调节作用，也要充分发挥政府对收入分配的调控作用，确保分配在促进经济发展、促进社会公平正义方面的积极作用。要扩大财政转移支付，强化税收调节，打破经营垄断，创造公平机会，整顿分配秩序，调整不同阶层、区域、城乡间的收入分配结构，逐步缩小社会成员之间的收入差距。

四、新常态下的中国宏观调控实践

2014 年中国经济发展进入新常态，从高速增长转向中高速增长，经济发展方式从规模速度型粗放增长转向质量效率型集约增长，经济结构从增量扩能为主转向调整存量、做优增量并存，经济发展动力从传统增长点转向新的增长点。为了适应中国经济发展的新常态，宏观调控分别从总需求和总供给两方面入手。

首先，实施积极财政政策和稳健货币政策，同时配合各项制度的改革，努力释放有效需求，充分发挥消费的基础作用、投资的关键作用、出口的支撑作用。扩大内需，增加经济的自给自足。继续实施积极的财政政策和稳健的货币政策，充分发挥逆周期调节和推动结构调整的作用。实施积极的财政政策，结合税制改革完善结构性减税政策，从中央政府到地方政府严格控制一般性支出，把钱用在刀刃上。实施稳健的货币政策，保持货币信贷及社会融资规模合理增长，改善和优化融资结构和信贷结构，提高直接融资比重，切实降低实体经济发展的融资成本，坚决守住不发生系统性和区域性金融风险的底线。

其次，实施供给侧结构性改革。供给侧结构性改革，是适应和引领经济发展新常态的重大创新，是适应2008年国际金融危机发生后综合国力竞争新形势的主动选择。以宏观政策要稳、产业政策要准、微观政策要活、改革政策要实、社会政策要托底的总体思路，保持经济运行在合理区间，在适度扩大总需求的同时，去产能、去库存、去杠杆、降成本、补短板，提高供给体系质量和效率，提高投资有效性，加快培育新的发展动能，改造提升传统比较优势，增强持续增长动力，推动我国社会生产力水平整体改善。强调宏观政策要稳，为供给侧结构性改革营造稳定的宏观经济环境。积极的财政政策要加大力度，实行减税政策，阶段性提高财政赤字率，在适当增加必要的财政支出和政府投资的同时，主要用于弥补降税带来的财政减收，保障政府应该承担的支出责任。稳健的货币政策要灵活适度，为结构性改革营造适宜的货币金融环境，降低融资成本，保持流动性合理充裕和社会融资总量适度增长，扩大直接融资比重，优化信贷结构，完善汇率形成机制。

宏观调控以来，我国经济实力再上新台阶，成为世界经济增长的主要动力源和稳定器。推进供给侧结构性改革，促进供求平衡，经济结构出现重大变革。经济体制改革持续推进，经济更具活力和韧性。对外开放深入发展，倡导和推动共建"一带一路"，积极引导经济全球化朝着正确方向发展，助力我国经济发展取得历史性成就，为其他领域改革发展提供了重要物质条件。2014~2019年，经济增长速度分别为7.4%、7.0%、6.8%、6.9%、6.7%和

6.0%。物价水平稳定，2014~2019年居民消费价格指数分别为2.0%、1.4%、2.0%、1.6%、2.1%和2.9%。2014~2019年末外汇储备分别为38430亿美元、33304亿美元、30105亿美元、31399亿美元、30727亿美元和31079亿美元。国际货币基金组织于2015年11月30日宣布，人民币已经符合关于国际货币的"自由使用"标准的规定，将人民币纳入特别提款权（SDR）货币篮子，并在2016年10月1日生效，这对于人民币国际化具有里程碑式的意义。

第五节

宏观调控的手段和政策

国家宏观调控的手段分为经济手段、行政手段和法律手段。经济手段是政府制定的经济政策；法律手段是政府制定的经济法规；行政手段是政府发布的经济命令。

一、宏观经济调控的手段

（一）经济手段

是指政府在自觉依据和运用价值规律的基础上借助于经济杠杆的调节作用，对国民经济进行宏观调控。经济杠杆是对社会经济活动进行宏观调控的价值形式和价值工具，主要包括价格、税收、信贷、工资等。经济手段中的政策包括税收政策、信贷政策、利率政策、汇率政策、产品购销政策、价格政策、产业政策等。例如，国家进一步加强高收入人群个人所得税征收管理。

（二）法律手段

是指政府依靠法制力量，通过经济立法和司法，运用经济法规来调节经济关系和经济活动，以达到宏观调控目标的一种手段。通过法律手段可以有效地保护公有财产、个人财产，维护各种所有制经济、各个经济组织和社会成员个人的合法权益，调整各种经济组织之间横向和纵向的关系，以保证经济运行的正常秩序。法律手段的内容包括经济立法和经济司法两个方面。经济立法主要是由立法机关制定各种经济法规，保护市场主体权益；经济司法主要是由司法机关按照法律规定的制度、程序，对经济案件进行检察和审理的活动，维护市场秩序，惩罚和制裁经济犯罪。例如，国家通过反垄断立法来维护市场秩序，严厉打击洗钱等经济犯罪。

(三) 行政手段

是指依靠行政机构采取强制性的命令、指示、规定等行政方式来调节经济活动，以达到宏观调控目标的一种手段。社会主义宏观经济调控还不能放弃必要的行政手段，因为计划手段、经济手段的调节功能都有一定的局限性，如计划手段有相对稳定性，不能灵活地调节经济活动，而经济手段具有短期性、滞后性和调节后果的不确定性。当计划、经济手段的调节都无效时，就只能采取必要的行政手段。尤其当国民经济重大比例关系失调或社会经济某一领域失控时，运用行政手段调节将能更迅速地扭转失控，更快地恢复正常的经济秩序。当然行政手段是短期的非常规的手段，不可滥用，必须在尊重客观经济规律的基础上，从实际出发加以运用。例如，政府下令关闭污染严重的小企业、小工厂等。

国家宏观调控，应该以经济手段和法律手段为主，辅之以必要的行政手段，形成有利于科学发展观的宏观调控体系，充分发挥宏观调控手段的总体功能。

二、宏观经济调控的政策

这里谈到的政策属于宏观经济调控手段中的经济手段，因为这是最常用的手段。宏观调控政策主要有财政政策、货币政策、产业政策等。

(一) 财政政策

是指政府制定的关于财政工作的指导原则和行为准则，由财政收入政策和财政支出政策等组成。财政收入政策的主要内容是由税种和税率所构成的税收政策。财政支出政策的主要内容是政府的各项预算拨款政策，如政府购买、公共工程建设和转移支付(转移支付是指政府对某些地区、阶层及人士实行的津贴和补助等）。财政政策的主要任务在于调节总供给和总需求的平衡。按财政政策在调节总供给和总需求方面的不同功能，财政政策可具体分为平衡性财政政策、紧缩性财政政策和扩张性财政政策三种类型。平衡性财政政策是财政支出根据财政收入的多少来安排，既不要有大量结余，又不要有较大赤字，保持财政收支基本平衡，从而对总需求不产生扩张或紧缩的影响。紧缩性财政政策是通过增加税收而增加财政收入，或通过压缩财政支出来减少或消灭财政赤字，以至出现或增加财政盈余，达到抑制或减少社会总需求，乃至消除需求膨胀效应。扩张性财政政策则是通过减税而减少财政收入，或通过扩大财政支出的规模来刺激社会总需求。以上各种财政政策各有其针对性，政府在不同时期、不同条件下会采用不同的财政政策。

(二) 货币政策

是指政府为了达到一定的宏观经济目标对货币流通进行管理和调节所确定的指导原则和行为准则，由信贷政策、利率政策等组成。货币政策的基本目标是稳定币值与发展经济。根据社会总供给与社会总需求矛盾的状况，与财政政策相配套，货币政策可具体分为三种类型，即均衡性货币政策、紧缩性货币政策和扩张性货币政策。均衡性货币政策是保持货币供应量与经济发展对货币的需求量的大体平衡，以实现总供给与总需求的基本平衡。紧缩性货币政策是通过提高利率、紧缩信贷规模、减少货币供应量，抑制社会总需求增长。扩张性货币政策是通过降低利率、扩大信贷规模、增加货币供给量，刺激社会总需求增长。货币政策手段主要有调整法定存款准备金率、变更再贴现率和公开市场业务等。法定存款准备金率是指国家法律规定的、各商业银行向中央银行缴存的存款占各商业银行所吸收到的存款的比率。再贴现率是指商业银行因再贴现而向中央银行支付的利息率，其实质是中央银行对商业银行的再贷款利率。公开市场业务是指中央银行在金融市场上公开买卖政府债券。以上各种货币政策和手段各有其针对性，政府在不同时期、不同条件下会采用不同的货币政策。

(三) 产业政策

是指政府根据经济发展需要，促进各产业部门均衡发展而采取的政策措施及手段的总和，由产业布局政策、产业结构政策、产业技术政策和产业组织政策等组成。一项完整的产业政策，包括政策主体、政策目标、政策手段三个构成要素。政策主体是指政策的制定者，在我国是代表全体人民利益的政府，产业政策具体由国家发展和改革委员会负责制定，国务院发布实施。政策目标是指政策预定要达到的目的，主要包括：规划产业结构演进的方向、步骤及各产业的发展顺序；确定支持什么产业，限制什么产业；选择重点产业、主导产业、支柱产业；妥善处理各产业之间的关系，最终促使国民经济各产业部门按比例协调发展。政策手段是指为了实现政策目标所采取的方式和工具。这些方式和工具可以包括对税收、财政拨款、信贷、投资、价格等方面采取不同的优惠或限制措施，以及实施相关的工商行政管理和市场调节措施。

宏观调控政策除以上主要政策外，还有投资政策、消费政策、区域政策、汇率政策等，它们共同构成宏观调控政策体系。各项宏观调控政策各有特点，各自调控的具体对象和力度不同，各项政策的具体操作有不同的选择。在宏观调控过程中，要从国民经济运行的实际出发，综合运用并有选择地采用各项调控政策，实现相互协调配合的总体功能，达到最佳宏观调控效果。

科技创新是一个全球协作的生态，包含科研、研发、量产、市场四个环节。我国必须坚持走中国特色自主创新道路，以自主创新、重点跨越、支撑发展、引领未来为指导方针，大力推进原始创新、集成创新、引进消化吸收再创新，不断提高自主创新能力，加快建立企业为主体产学研深度融合的技术创新体系，加快建设国家创新体系，加快培育创新型科技人才，努力培育全社会的创新精神，实现关键核心技术实现重大突破、进入创新型国家前列的目标。

第一节
创新理论概述

一、科技创新的四个环节

科技创新演变到今天，不再是偶然的产物，而是一个全球协作的生态。这个生态的核心是一个包括四个环节的链条：科研—研发—量产—市场。这个创新链条于 20 世纪 80 年代初在美国出现，2000 年左右开始成熟，然后迅速向全世界扩散。它先是扩散到德国、丹麦、日本、以色列等经济比较发达的国家，到了今天，已经变成了全球科技创新的主流。

新的创新生态就是近 20 年来创新井喷的原因，也是观察科技企业、观察科技产业进而观察受创新驱动的整个世界的基本模型。

(一)科研：创新的源头是高校

真正推动社会进步的是基于发明专利的硬科技创新。麻省理工学院有一份报告，他们研究了美国 15 个州在 1988~2014 年涌现的初创企业，发现拥有专利的初创企业成功的可能性是没有专利的初创企业的 35 倍。

这些发明专利在哪？在高校。高校搭建了严谨的学术体系，设立了完整的学术门类，系统地进行科学创造，积累了大量的研究成果。企业将这些科研成果转化为产品，创新就会大量产生。创新并不意味着需要自己建实验室、建研究院，创新的第一步是和高校做好对接。

(二) 研发：创新的主体是企业

科研是由科研人员主导，而产业的研发，也就是把先进技术变成产品，则是由企业主导的。

从科研成果到产品上市，这中间需要 5~8 年的研发周期以及大量的研发投入。研发的主体是企业，而不是科研人员。科研人员的责任在申请了技术专利之后就完成了，至于从专利转化为产品，这是企业要做的事。如果没有企业将技术转化成产品，科研人员的研究也只能束之高阁。

(三) 量产：创新的成败看制造

在科技创新领域，生产制造不仅有巨大的价值，而且往往成为创新的"胜负手"。研发完成以后，创新可并没有完成。怎么实现量产是巨大的难点，量产是创新成败的关键。

如果说，研发的目标是如何创造出一个可行的产品，那么量产要解决的问题就是如何用流水线造出大规模、低价格、高质量的产品。只有实现量产，企业才有盈利的可能。

量产需要的投入极其庞大——建厂房、买设备、招员工。这很可能是一笔沉没成本，一旦投入，就再也无法收回。更重要的是，量产的科技含量是非常高的，因为要做到量产，还需要解决很多具体的生产和制造问题。

(四) 市场：创新的价值看用户

到实现量产，创新都还没有结束，因为只有推向市场，让所有人都用上，创新的价值才能实现。今天所有的科技企业要瞄准的不是一个区域性的市场，而是全球市场。如果我们只盯着中国市场，即便这个市场足够庞大，也无法孕育出一流的科技企业。在市场中，用户不是被动的消费者，用户也是创新的参与者。只有经历了用户对产品的应用和改进，创新才算形成了一个闭环。

二、创新是一个生态

创新是一个端到端的链条，从科研到研发、到量产，再到市场。在这个链条中，研发型的科技企业是最重要的主体。它们是创新的组织者和协调者，把创新链条上的四个环节连通起来。

这个链条不是在一家企业的内部完成的，甚至有时也不是在一个国家的内部完成的。企业需要对接全球最好的科研，对接全球最厉害的制造，对接最能够接受科技的市场，强强联手，才能把一个科技产品送入市场。在这个链条以外，创新还需要大量的参与者。比如，和科技企业协同研发的大企业，提供资金和产业支持的资本方，提供孵化加速、联合办公、产品试水、产业交流等服务的各种支持机构，还有为创新营造整体环境的创新区，以及最重要的创新助推者，那就是政府。这些要素围绕在科技企业周围，构成一个完整的生态。

当创新的各个要素衔接到一起，构建成一个生态以后，科技创新就从零散的、个别领域出现的偶然行为，变成了全面覆盖各领域的、协作完成的系统行为。

三、中国在全球创新生态中的价值

创新生态的价值不能只看谁搞出了前沿科技，要看对创新生态的贡献，从这个角度看，在全球创新生态中，中国有非常独特的价值。

如果把创新链条的前端，即科研和研发环节，叫作"产品侧创新"的话，那么会发现好的科技产品并不稀缺。全球只要有领先高校的地方，都可以成为创新的源头。但在创新链条的后端，需要的是量产，是降低成本、覆盖全球市场。这种"产业侧创新"的能力在世界范围内都是稀缺的。中国是世界上具有复杂产品的、大规模、开放制造能力的国家，中国也有世界上最支持创新的市场。要学会利用产业侧的比较优势，为创新提供支持，在全球创新生态中占据有利位置。

创新生态体系

一、前沿科技的高校基因

在人类历史上的绝大多数时期，推动生产力发展的是技术，不是科学。比如，爱迪生为了找到合适的灯丝，试验了数千种材料。这种盲目试错的办法是比较低效的。今天，我们有了材料科学做支撑，知道了光电转换的原理，可以在科学原理的指导下，找到转化效率最高、能够释放更多的光子的材料，不用没有目标地盲目试错。科学与技术的结合，也就是将科学研究作为应用与产品开发的起点，是人类技术突飞猛进的原因。

那么，科研成果来自哪里呢？来自高校。从16世纪的英国开始，高校有了研发职能。到了19世纪，美国、德国和法国建立了以高校为主体的科研体系。二战以后，各国进一步加强了对高校基础科研的投入。今天，全世界最新的科学成果大多集中在高校。我们看到的每项前沿科技，背后都有高校科研的支持。以人工智能为例，它有三个核心：算法、算力和大数据训练，这三个领域的突破都来自高校。2007年，多伦多大学教授杰弗里·辛顿（Geoffrey Hinton）提出深度学习算法；2008年，斯坦福大学教授吴恩达提出用GPU解决算力问题；2011年，斯坦福大学教授李飞飞找到利用大数据训练人工智能的关键方法，即"数据标注"。可以说，人工智能这个产业就是从高校酝酿出来的。再来看自动驾驶。今天，自动驾驶领域的元老主要出自卡耐基梅隆、斯坦福和麻省理工这三所大学。美国国防高级研究计划局（DARPA）办过一个自动驾驶挑战赛，当初参加DARPA挑战赛的高校科研人员，成了现在自动驾驶领域的主力军。还有基因编辑技术，这项技术有三个重要的发明人：麻省理工学院的终身教授张峰，加州大学伯克利分校教授詹妮弗·杜德纳（Jennifer Anne Doudna），以及德国柏林马克斯·普朗克感染生物学研究所工作的艾曼纽·卡彭特（Emmanuelle Charpentier）。这些前沿科技，追根溯源都出自高校。在这个时代，企业要想在技术上有突破，没有高校科研的支持是做不到的。

高校成为创新的源头，并不是天经地义的事，它需要很多因素来促成，其中的一个标志事件，就是1980年美国出台的《拜杜法案》。《拜杜法案》确立了高校对技术专利的所有权。专利的所有权属于高校，高校可以向企业授予专利的独家商业权益。这个设计巧妙的地方在于，专利的所有权和商业开发权是分开的。专利转让出去以后，所有权仍然归高校所有，教授可以继续做科学研究，而企业获得技术专利的成本也降低了。

当技术转让的问题解决了，创新的链条就被打通了。高校这么多年的科研积累都被释放出来，源源不断地从实验室里的科技变成市场上可以看到的最新产品。

二、产品化是一项专业活

高校做科研，企业做研发。科研和研发是两个不同的阶段，需要的是两种不同的技能。

首先，科研追求的是单项领先，研发追求的则是平衡感。科学家追求单一技术的突破，而企业家要解决多项技术协同的问题，满足实际应用。

其次，科研追求理论突破，研发追求的是技术性能的优化。衡量科研创新性的是一项技术的实验室值、理论值实现了什么样的突破，而从实验室成果变成实际可用的产品，还需要经历漫长的技术优化过程。例如，锂电池技术早就发明出来了，但当它配备到电动车上的时候，就出现了续航里程短的问题。这需要企业不断优化锂电池性能和电源管理，使它的输出效率达到最优。此外，还需要从电动车的设计入手，想办法为安装锂电池找到更多空间。

要想真正地改变世界，仅仅有科学是不够的。科学只是提供了新产品的原理，真正改变世界的是懂得打造出新产品、能够把产品的潜力发挥到极致的技术改进者，也就是企业，它们才是这个世界的第一推动力。

企业主导了技术转化活动，完成了针对这项技术的产品化研发、融资、制造和销售等重要的转化环节，这样才能真正完成技术转化的整体操作。因此，国外高校做技术转让，更愿意把技术转让给企业家来组织研发，而不是转让给发明这项技术的科学家。

三、科技产品的量产难题

科技产品的量产面临三个难题。

第一个难题：怎么用流水线制造出复杂产品。

什么叫复杂产品？就是它不是衣服、塑料这种简单的结构，而是包括成千上万个零部件。这样的复杂产品，在实验室里造出几个模型是比较容易的。但是，一旦要投入工厂流水线，马上就面临一堆的问题。比如，每个零部件的参数是多少，这些参数怎么标准化，怎样减少制造过程中的误差，把误差设定在一个怎样合理的范围才能用流水线大规模地生产出来，以及如何将成千上万的零部件组装起来，这些问题都是量产要解决的。

第二个难题：怎么用比较低的成本制造出大规模的产品。

大家都知道，科技产品的特征是前期投入特别大。如果做不到大规模量产，就无法摊薄研发和建设投资的成本。成本一旦无法摊薄，产品的单价就会特别高，普通消费者和下游合作伙伴就会特别少。产品的市场占有率达不到，企业也就谈不上成功。因此，量产能力和产品的市场优势密切相关。产量越大，企业的竞争力相对就越强。

第三个难题：开放性。

当今时代，创新的主导者可能是中小企业，因为中小企业具有灵活、专注的优势。中小企业的劣势是必须协调利用外部资源。它不像大企业那样，有足够的资金和实力去自建工厂，它的制造只能靠外包解决。这样就对制造的开放性有了很高的要求。

所谓开放性，是指能够满足定制化多样化需求，而且可通过规模效应降低生产成本。这是一种非常稀缺的能力。正是因为它稀缺，所以才会有一些科技企业倒闭在量产的前夜。

大家都听到过很多黑科技概念，也在会展上看到了很多功能强大、非常酷炫的黑科技产品。但是，大部分产品喊了很多年，在身边还是见不到，原因就在于这些黑科技还没有解决开放性这个问题。

四、中国制造支持全球创新

中国是世界上支持复杂产品大规模开放制造的国家。苹果公司首席执行官（CEO）库克曾说，为什么不把 iPhone 的制造从中国搬回美国，老实讲，这不只是价格问题，而是一个技能问题。电子消费品的世界从来没有在美国，美国人已经忘记了生产是怎么回事。

中国现在的制造能力也不是一朝一夕的产物，它是过去三四十年积累的结果。20 世纪 80 年代，西方大的跨国企业为了甩包袱，把利润最低的制造部分甩给了中国，形成了庞大的原始设备生产商（Original Equipment Manufacture，OEM）代工产业。所以，不断地有科技企业到中国来寻找制造能力，中国的制造能力也被全球的先进科技产品不断地训练。于是，我们的开放性越来越强，我们的制造优势也越来越大。我们每天使用的科技产品，就是在千千万万的工厂所组成的网络里完成的，它的分工足够细密，效率足够高，还能相互配套。这独一无二的制造业网络，是中国能承接复杂产品的大规模开放制造的一个重要原因。

科技产品的量产，需要能承接复杂产品的、大规模的、开放的制造能力。这种能力目前在全世界来看都是稀缺的，我们要利用好这种能力，积极地支持创新。

五、"跨越裂谷"理论

一项科技需要经历科研、研发、产品、市场扩散四个阶段才会成为推动社会的科技力量。其中，市场对新科技的接受度是考验一个科技企业能否存活的最后一道关卡。

在投资过程中发现，很多科技产品的开发者是技术人员，缺乏市场经验，只考虑性价比，很少考虑用户体验和交互的问题。所以，科技产品在推向市场的时候，往往会碰壁。对这个现象最形象的解释，是由美国科技营销大师杰弗里·摩尔（Geoffrey Moore）提出的"跨越裂谷"理论。摩尔按照人们对新技术、新产品的接受度，把用户分为五类（见图 6-1）。

第一类用户叫"创新者"。他们是技术发烧友，喜欢黑科技，不在乎产品缺陷，只要有新技术出现，就扑过去体验。

第二类用户是"早期接受者"。他们不是技术专家，但他们在新产品还不够完善的时候也乐意尝试。这类用户和第一类用户加在一起，大概占总用户数的 16%。

第三类用户是"早期主流用户"。他们更加实际，要等到产品成熟可靠、

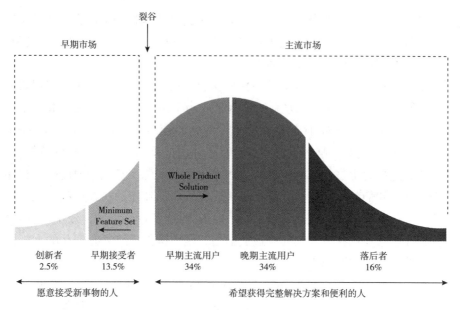

图 6-1 "跨越裂谷"模型

便于操作了，才开始使用。

第四类用户是"晚期主流用户"。他们要等到产品在市面上已经流行了一段时间，大家都开始用了，他们才会跟着用。

第三类用户和第四类用户占到总用户的 68%。他们是企业利润的主要来源，能给企业带来大批量的订单，摊薄研发和制造成本。但是，在"主流用户"和"早期接受者"之间存在一个"裂谷"。如果科技产品成功跨越了"裂谷"，得到了早期主流人群的认可，就容易进化到晚期主流。如果跨不过"裂谷"，新的技术产品就会昙花一现，前期虽获得大量媒体报道，但很可能没过多久就会退出市场。

用户中的最后一类是"落后者"，只占人口的 16%。他们排斥科技产品，轻易不会使用。企业争取到这部分用户成本太高，得不偿失，可以放弃。

"跨越裂谷"理论是在硅谷科技企业血泪教训的基础上总结出来的，对创业者影响很大。后来，人们注意到这个问题，于是更加注重产品设计，提升使用体验，大多规避了这个问题，很少有人再掉进这个陷阱里了。

企业在刚刚推出产品的时候，遇到的往往是一群"发烧友"，看起来销量不错，似乎形成了一个持续向上的曲线。企业就会想当然地画一个延长线，以为接下来市场也会自然而然地扩张，从 10% 扩张到 50% 甚至 100% 的市场。于是，企业开始投入巨大的资金，扩大产量。然而，第二批产品生产出来以后，主流用户不买账，产品突然滞销了。这是因为它并没有"跨越裂谷"，没有赢得真正的主流市场。

怎么样才能"跨越裂谷"呢？答案就是让用户参与创新。在产品大范围推广以前，就让用户介入，了解用户的需求，让用户参与产品的设计和研发，改进产品的使用体验。例如，小米用不到 10 年的时间就进入了世界 500 强，它早期成功的秘诀就是让用户参与创新。

当今，企业和用户之间是合作关系。在产品上市之前，就要找到早期用户来试用，以帮助完善产品。经历了这样的一个过程，最终的产品体验自然就更好。此外，早期用户还是很好的意见领袖，他们可以帮助企业做口碑传播，吸引主流用户，最终以点带面，使企业占领主流市场。

中国人的竞争意识更强，对科技的接受度更高，这是由我们的社会心态所决定的。改革开放 40 多年来，中国社会处在快速变化的过程中，适应新变化，接受新事物，对中国人来说是再正常不过的事情，全国上下对创新都是高度认同的。所以，中国人在创新生态里还有一个价值，就是做创新的早期用户，推动创新的应用。这是中国科技发展的一个巨大优势。

第三节

科技创新政策

如果政府在每道关卡上都能正确干预，就能减少创新过程中的阻力，让科技创新的流程更好地流转起来，也就能更好地让技术产品化，让产品规模化，让规模化的产品顺利进入市场。

一、助推技术产品化

技术产品化指的是将高校实验室里的一项科研成果授权给企业做研发，把技术转化为产品的过程。在过去，这个过程比较简单，参与者的数量也比较少。因此，第一次、第二次工业革命是自发的产物，政府做的主要是创造一个好的社会环境。今天，创新已经变成了一种生态行为，仅仅是科研成果转化这一步，就需要高校、科技企业家、资本和企业四方的沟通与协作。在这个过程中，存在大量信息不对称的问题。高校很难为技术找到好的企业家，企业也没有能力看到尽可能多的技术，资本可能错过进入的机会，企业也未能及时布局。这就需要由政府出面，搭建平台，推动学术界和产业界之间的合作。

例如，为了振兴制造业，美国政府发起了国家制造创新网络计划，并且成立了 14 个创新研究院，专门推动制造技术的研发和商业化。以其中的 3D 打印创新研究院来说，它会定期发起一些项目，邀请知名高校、材料供应商、软硬件方案提供商、大型制造企业参与研发。

政府通过搭建这样的平台，加速了科研成果的转化。高校的技术有更多的机会被产业界看到，小企业可以顺利地启动商业化运作，大企业也可以接触到潜在的收购对象，进行产业布局，整个创新生态的运转效率就会大大提高。

二、助推技术产业化

技术产业化指的是技术从研发完成到投入大规模量产的过程。进入这个阶段，创新生态中的格局开始明朗，参与者彼此了解，但相互之间存在利益冲突。比如，电动车和燃油车、锂电动力系统和柴油发电机就是一种竞争关系。这时候就需要政府制定竞争规则，在兼顾传统企业利益的情况下，适度向先进的科技企业倾斜，保障整个产业的良性发展和新陈代谢。

相比于国外，中国政府对创新的产业支持做得较好。在欧美国家，传统燃油车的市场主导地位仍然稳固，而中国的电动车产业已经全面开花，发展水平位居世界前列。还有太阳能、手机电子产业，也都在中国迎来了大规模的爆发。这些新技术的发展，都得益于中国政府的强力推进。

为什么中国和西方国家会出现这样的差异呢？这是因为国外政府相对更强调就业。传统产业的就业人口多，如果先进科技威胁到了现有的工作岗位，国外政府会倾向于保护原有技术，而不是丢掉传统产业去支持科技创新。国外还有相对更强势的工会组织。企业一旦设立了一个工作岗位，工会要做的就是千方百计地保证这个岗位不会丢。这些都是阻挠创新的因素。但实际上，不管怎么阻挠，新科技最终还是会战胜传统科技，政府的不作为只是延缓了这个过程。市场是一直向前发展的，一味去捍卫旧的工作岗位也是不可能的，新的科技会创造新的工作岗位，接受变化，拥抱变化，才是更积极的做法。

在中国，政府对先进科技的支持力度很大。很多地方政府对于落地的创新企业，能够提供20%~50%的配套投资。每年政府还在职业培训方面投入大量的资源，帮助原有岗位消失的人掌握新的技能。正是基于全民积极拥抱创新这样的背景，中国能够在产业侧对创新提供更强大的支持，显示出更强的活力。

三、助推技术市场化

技术市场化指的是技术从进入市场到被消费者接受的过程。大家都知道，政府对科技企业的支持本身并不是最终目标，最终目标是让科技产品为社会广泛使用，提升整个社会的生产力和运行效率。因此，政府还需要引导市场消费，帮助科技企业的产品迅速占领市场。只有产品进入市场以后，创新的链条才算成功。

以新能源汽车为例，中国政府的补贴政策可以清晰地分为三个阶段：

第一阶段：当新能源汽车产业还处于幼年期的时候，政府通过基金补助、生产环节双积分等政策补贴企业，吸引企业进入这个新的领域。

第二阶段：当新能源汽车的研发完成，车要上市的时候，政府又在消费环节补贴产品，拉低新能源汽车的价格，扩大它的市场份额。与此同时，政府还推出了不限牌、不限购措施，为新能源汽车的使用者提供充电优惠等，降低消费者接受新产品的门槛的政策。

第三阶段：经过十多年的发展，中国的新能源汽车产销规模快速增长，政府又适时地降低了补贴力度，对于续航里程短、电池技术差的产品和企业，逐步减少补贴，甚至取消补贴。结果就是，整个新能源汽车行业迎来了一轮洗牌。竞争力强的企业会逐渐胜出，竞争力弱的企业会被淘汰出局。一直演变到新能源汽车在价格、性能以及配套设施上都能够和传统燃油车相抗衡，这个产业才算真正成熟，才算站住脚。

从补贴企业到补贴产品，再到取消补贴，这种"梯度补贴"政策，对于支持产业发展来讲非常科学。

第四节

中国参与全球创新

一、中国科技创新的现状

美国国家科学基金会的报告《2018 美国科学与工程指标》指出，在中端高科技制造业产出方面，中国占主导地位。中国的全球份额在过去十年间几乎增长了两倍，达到了32%，2009 年超过了美国，2012 年又超过了欧盟，成为全球科技产品的最大出口国(见图6-2)。

（十亿美元）

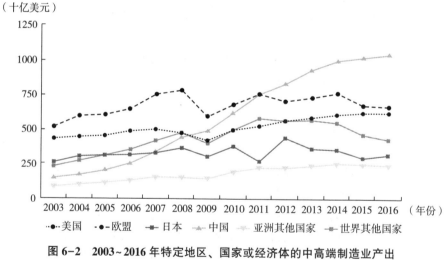

图6-2　2003~2016 年特定地区、国家或经济体的中高端制造业产出

在过去的三四十年，全球创新生态发生了一场剧变。在过去，大家对创新的认识是制造不重要，科技都是别人的，中国更多的是帮别人实现量产。很多 OEM 代工厂既不占股份，也不拥有知识产权，所以没有太大价值。今天，我们意识到，科技产品的制造本身就是创新。它不仅重要，而且还非常的稀缺。它是中国参与全球创新的砝码。过去我们总是纠结于以美国为代表的西方国家占据了创新链条的前端，而今天，策略就要发生改变。要强调的

不是中国为什么不能做前端，而是在创新生态中后端更重要。创新是一个完整的链条，不管是哪国的技术，前端研发完成以后，后端基本都要对接到中国制造。

二、中国产业升级的路径

任何事物的发展都有一个循序渐进的过程。必须承认，在部分基础科研和技术研发能力上，中国距离国际领先水平还有一定的差距。所以，不能完全靠中国科技内生式的增长来帮助中国企业提升科技水平，而应该从产业侧寻找突破口，利用我国的制造、市场和资本能力，吸引别人跟我们合作，在合作中学习，逐步实现产业升级。当然，在努力的过程中，需要一根进度条。这个进度条，可以显示已经达到了什么阶段，前方还应该达成什么目标。"制造就绪指数"（Manufacturing Readiness Index）可以用来作为这个"进度条"。

"制造就绪指数"是美国国防部（DOD）和国家航空航天局（NASA）提出来的。它是衡量一项科技从出实验室到是否能够进入大规模量产环节的标准。这个指数把产品研发的过程总共分为 10 级。研发刚开始的时候，制造就绪指数是 1。产品有了制造的概念，制造就绪指数就是 2。之后，是制造能力的验证，能够进行小批量的生产。最后，一直做到能够大规模、高质量的生产，制造就绪指数才能达到 10。只有达到第 10 级，一个产品才能装备到军队。我们可以把这个"制造就绪指数"迁移到产业升级当中。对中国来说，目标就是在"制造就绪指数"中尽量往前做。如果现在做的是第 10 级的工作，那么可以争取参与到第 9 级、第 8 级甚至第 7 级，这样就可以逐步参与到研发过程当中。研发和制造紧密配合，才能更好地制造出高科技的产品来。

东南沿海就有一些企业已经从 OEM 转型成了 ODM（原始设计制造商，Original Design Manufacture）。要做的就是继续和全球科技前沿对接，吸引全世界的先进科技到中国落地。一方面，帮助这些科技企业跨越"生死陷阱"，实现量产。另一方面，也能够通过这样的合作，锻炼自己的技术产品化能力，尤其是建立技术转化的信用。

三、中国特色自主创新道路

中国特色自主创新道路的基本内涵是，坚持自主创新、重点跨越、支撑发展、引领未来的指导方针，大力推进原始创新、集成创新、引进消化吸收再创新，不断提高自主创新能力，加快建立以企业为主体、产学研深度融合的技术创新体系，加快建设国家创新体系，加快培育创新型科技人才，努力培育全社会的创新精神，实现在关键核心技术上有重大突破、进入创新型国家前列的目标。

坚持走中国特色自主创新道路，必须把握以下基本要求：

第一，坚持自主创新、重点跨越、支撑发展、引领未来的指导方针。这是中国特色自主创新道路的核心问题。自主创新，不是意味着什么都自己干，完全由自己来创新，而是从增强国家创新能力出发，加强原始创新、集成创新和引进消化吸收再创新。重点跨越，就是坚持有所为有所不为，选择具有一定基础和优势、关系国计民生和国家安全的关键领域，集中力量、重点突破，实现跨越式发展。支撑发展，就是从现实的紧迫需求出发，突出关键共性技术、前沿引领技术、现代工程技术、颠覆性技术创新，为建设科技强国、质量强国、航天强国、网络强国、交通强国、数字中国、智慧社会等提供有力支撑。引领未来，就是着眼长远，超前部署前沿技术和基础研究，创造新的市场需求，培育新兴产业，引领未来经济社会发展。

第二，坚持把提高自主创新能力摆在突出位置，大幅度提高国家竞争力。自主创新能力是国家竞争力的核心，提高自主创新能力是应对未来挑战的重大选择，是统领未来科技发展的战略主线，是实现建设创新型国家目标的根本途径。世界科技发展的实践表明，一个国家只有拥有强大的自主创新能力，才能在激烈的国际竞争中把握先机、赢得主动，特别是在关系国民经济命脉和国家安全的关键领域。真正的核心技术、关键技术是买不来的，必须依靠自主创新。当前，要坚持创新在我国现代化建设全局中的核心地位，把科技自立自强作为国家发展的战略支撑，面向世界科技前沿、面向经济主战场、面向国家重大需求、面向人民生命健康，深入实施科教兴国战略、人才强国战略、创新驱动发展战略，完善国家创新体系，加快建设科技强国。

第三，健全社会主义市场经济条件下新型举国体制，打好关键核心技术攻坚战，提高创新链整体效能。习近平总书记指出："我国社会主义制度能够集中力量办大事是我们成就事业的重要法宝。我国很多重大科技成果都是依靠这个法宝搞出来的，千万不能丢了！要让市场在资源配置中起决定性作用，同时要更好引进消化吸收再创新发挥政府作用，加强统筹协调，大力开展协同创新，集中力量办大事，抓重大、抓尖端、抓基本，形成推进自主创新的强大合力。"①构建社会主义市场经济条件下关键核心技术攻关新型举国体制，就是要充分发挥社会主义市场经济的独特作用，充分发挥我国社会主义制度能够集中力量办大事的优势，充分发挥科学家和企业家的创新主体作用，为科技创新提供强大的动力。要加强基础研究、注重原始创新，优化学科布局和研发布局，推进学科交叉融合，完善共性基础技术供给体系。瞄准前沿领域，实施一批具有前瞻性、战略性的国家重大科技项目。制定实施战略性科学计划和科学工程，推进国家实验室建设，重组国家重点实验室体系。布局建设综合性国家科学中心和区域性创新高地，构建国家科研论文和科技信息高端交流平台。

第四，加快科技成果向现实生产力转化。走中国特色自主创新道路，科技是关键。科技成果只有转化为现实的生产力，才能在经济社会发展中发挥巨大的推动作用。因此，必须坚持科技为经济社会发展服务的方向，促进科技与经济更加紧密地结合起来，有效引导和支持创新要素向企业集聚，促进科技支撑与产业振兴、企业创新相结合，促进重大技术和产品推广应用，加快产业共性技术研发与推广应用，建设一批特色产业基地、培育一批战略性新兴产业，发挥大企业引领支撑作用，支持创新型中小微企业成长为创新重要发源地，加强共性技术平台建设，推动产业链上中下游、大中小企业融通创新。

第五，加快科技体制改革。深入推进科技体制改革，完善国家科技治理体系，优化国家科技规划体系和运行机制，推动重点领域项目、基地、人才、资金一体化配置。改进科技项目组织管理方式，实行"揭榜挂帅"等制度。完善科技评价机制，优化科技奖励项目。加快科研院所改革，扩大科研自主权。加强知识产权保护，大幅提高科技成果转移转化成效。加大研发投入，健全政府投入为主、社会多渠道投入机制，加大对基础前沿研究支持。完善金融支持创新体系，促进新技术产业化、规模化应用。弘扬科学精神和工匠精神，加强科普工作，营造崇尚创新的社会氛围。健全科技伦理治理体系。促进科技开放合作，研究设立面向全球的科学研究基金。

第六，加快建设宏大的创新型科技人才队伍。走中国特色自主创新道路，人才是核心。要全面贯彻尊重劳动、尊重知识、尊重人才、尊重创造的

① 习近平谈治国理政：第一卷[M].北京：外文出版社，2018：126-127.

153

方针，深化人才发展体制机制改革，全方位培养、引进、用好人才，造就更多国际一流的科技领军人才和创新团队，培养具有国际竞争力的青年科技人才后备军。健全以创新能力、质量、实效、贡献为导向的科技人才评价体系，加强学风建设，坚守学术诚信。深化院士制度改革。健全创新激励和保障机制，构建充分体现知识、技术等创新要素价值的收益分配机制，完善科研人员职务发明成果权益分享机制。加强创新型、应用型、技能型人才培养，实施知识更新工程、技能提升行动，壮大高水平工程师和高技能人才队伍。支持发展高水平研究型大学，加强基础研究人才培养。实行更加开放的人才政策，构筑集聚国内外优秀人才的科研创新高地。

第七，发展创新文化，努力培育全社会的创新精神。创新文化孕育创新事业，创新事业激励创新文化。一个国家的文化同科技创新有着相互促进、相互激荡的密切关系。发展创新文化，既要大力继承和弘扬中华文化的优良传统，又要充分吸收国外文化的有益成果。要在全体人民中大力弘扬科学精神、普及科学知识、树立科学观念、提倡科学方法，努力在全社会形成学习科学、相信科学、依靠科学的良好氛围，促进全民族科学素质的提高。同时，还要大力提倡敢于创新、敢为人先、敢冒风险的精神，形成勇于竞争和宽容失败的氛围，营造鼓励科技人员创新、支持科技人员实现创新的有利条件。

中国产业政策变迁

一、产业政策的定义

目前学术界对产业政策的定义可分为狭义和广义两类。从狭义的角度看，产业政策是指刺激特定经济活动和促进结构变化的政策，具有特定的产业导向。从广义的角度看，产业政策包括政府针对不同产业之间资源配置和基础设施建设的有关政策，也包括政府在调整产业内部结构方面的政策。可见，狭义的定义仅指产业政策具有特定产业导向，广义的定义则更关注市场和政府在经济和产业发展中各自扮演适当和合理的角色。国内学者更倾向于使用广义的产业政策定义。

二、产业政策的类型及其特征

按照与市场的关系，可将产业政策划分为选择性产业政策与功能性产业政策。

选择性产业政策，主要是根据一定的标准识别并选择主导产业或战略产业，采用市场准入、财税优惠、资金补贴等各项措施加以倾斜式扶持，以期在短期内促进被扶持产业快速发展。它具有鲜明的直接干预微观经济活动的特征。

功能性产业政策，主要是通过加强硬件基础设施和软件营商环境的建设，促进技术创新和人力资本投资，维护公平竞争的市场环境。功能性产业政策也可以采取补贴、税收优惠等政策手段，但不妨碍市场公平竞争，主要用于基础性研究开发和人力资本投资等。

三、与社会主义市场经济相适应的产业政策

1978 年改革开放以来，中国从计划经济向市场经济转轨，取消指令性计划调节手段，让价格转由市场供求来确定。具体措施包括：

（一）在国家战略中明确市场配置资源的决定性地位

党的十四大明确了市场对资源配置起着基础性作用，将计划作为宏观调控的手段来弥补市场失灵，不再直接干预资源配置来实现产业发展。中共十八届三中全会提出使市场在资源配置中起决定性作用。

（二）财政税收体系的系列改革

1994 年，我国进行分税制财政体制改革，确立基于中央与地方事权基础上的分税制，取消了对国有企业的各种税收优惠和减免税政策，为不同所有制的企业创造公平环境。1998 年，我国进行财政体制改革，目标是建立公共财政体制，财政支出逐步从竞争性领域退出，开始重点转向提供公共物品和服务，不再以支持特定产业发展为主要目标。

（三）金融手段的调整和转型

1994 年，我国进行金融体制改革，加强了中央银行的宏观调控职能，通过调节货币供应量和利率政策等手段来实现币值稳定，采用有管理的浮动汇率制来保持国际收支平衡。

（四）加强基础设施建设和促进产业升级

保留针对基础设施的财政专项建设基金，并鼓励外国政府和国际金融机构投资我国基础设施建设。同时，制定国家重点鼓励的高新技术产业和战略性新兴产业目录，促进高科技产业发展。

（五）推进技术改造和技术进步

财政预算中每年安排部分技术改造资金，实行投资抵免，用于鼓励高科技企业技术改造。同时，支持企业技术进步和产业升级；支持大型企业建立

技术开发中心，研究开发有自主知识产权的主导产品；鼓励产业投资基金和风险投资基金的市场化运作，引导和带动更多社会资本和民间资本参与重大工程建设。

第二节

中国特色农业现代化

一、农业现代化的内涵

中国共产党领导革命建设、改革取得的伟大成就是同高度重视解决农业问题密不可分的。改革开放以来，中国共产党制定了一系列正确方针政策，为解决好农业发展问题倾注了大量心血，赢得了农民的广泛支持和拥护，为工业化进程的推进、改革开放的突破和深化、经济社会的发展奠定了重要基础。党的十八大以来，从坚持和完善农村基本经营制度、加快完善城乡发展一体化体制机制等方面为中国特色农业现代化道路增添了新的内容。党的十九大提出乡村振兴战略，从构建现代农业产业体系、生产体系、经营体系，促进农村一、二、三产业融合发展，完善农业支持保护制度，发展多种形式适度规模经营，培育新型农业经营主体，健全农业社会化服务体系，实现小农户和现代农业发展有机衔接等方面，夯实了中国特色农业现代化道路的社会基础。

中国特色农业现代化道路的基本内涵是，立足基本国情和农业发展阶段、遵循农业现代化建设的一般规律，按照生产技术先进、经营规模适度、市场竞争力强、生态环境可持续的要求，以确保国家粮食安全、增加农民收入、促进可持续发展为目标，加强农业基础地位，推进农业发展方式转变，构建现代农业产业体系、生产体系、经营体系，不断提高农业综合效益和竞争力，大幅增强农业可持续发展能力，全面提高农业现代化水平。

二、农业现代化的经营主体和模式

(一) 新型经营主体

目前，我国在农业现代化的过程中除农户外逐渐形成以下四类新型经营

主体:

第一,专业大户。这是指将大部分家庭劳动时间用于农业生产,且农业收入占全部收入80%以上的纯农户。20世纪90年代中期,大量专业化农户涌现,成为我国农业现代化的主导力量。2016年,全国经营耕地面积在50亩以上的专业大户超过350万户,经营耕地面积3.5亿多亩。

第二,家庭农场。这是指在专业大户基础上发展成为实现农业经营的企业化、规模化、机械化和知识化的经营性农场。2016年,全国家庭农场有87.7万户,经营土地面积有1.76亿亩,平均经营耕地为200.7亩/户,平均年收益为18.47万元/户,均明显高于普通农户。

第三,农民合作社。这是指服务农户的互助性经济组织,其以农户为主要服务对象,为农户提供农业生产资料的购买,农产品的生产、销售、加工、运输、贮藏等相关技术和信息等服务。2019年10月底,依法登记的农民合作社达到220.3万家,辐射带动全国近一半的农户,普通农户占成员总数的80.7%。

第四,农业企业。2018年,全国农业企业达9235家,主要包括三大类:一是农业产业化龙头企业,其对区域性农业生产具有明显带动作用。2018年,全国龙头企业营业收入均值为34.65亿元。二是以农业技术研发和创新为主要业务的农业科技企业。三是规模较大的专业农户注册的企业。农业企业在四类主体中规模效应最强,是农业市场化的核心力量。

(二)农业与产业融合的发展新模式

第一,打造区域性农产品品牌。中国地广物博、幅员辽阔,农产品种类繁多,各地方政府鼓励农业生产和加工、运输、销售等一条龙服务,积极申报国际和国家农产品标准认证,打造本地农产品品牌,甚至实现了"一村一品",同时发展电子商务等互联网销售模式,实现农产品价值链产品升级。

第二,建立现代农业产业园。中国实施乡村振兴战略,将现代农业产业园建设作为重要政策抓手,从农业市场需求出发,在园区内整合土地、人力、资本和龙头企业等各种资源,建设高质量灌溉设备等基础设施,引入金融、物流等农业生产性服务,并给予税收优惠和租金减免等,将其作为高质量农业产业化发展的试验区。

第三,"农业+"多种产业的新模式。各地将农业资源与本地生态、文化相融合,在传统种植业上进行价值链功能升级,推动农业与农产品深加工、休闲旅游、特色民俗、健康养生、电子商务等产业的深度融合。

三、农业现代化的基本要求

坚持走中国特色农业现代化道路，必须把握以下基本要求：

第一，把加大国家对农业支持保护力度和增强农业农村发展活力结合起来。农业是弱质产业，必须适应确保国计民生要求，以保障国家粮食安全为底线，健全农业支持保护制度。认真贯彻工业反哺农业、城市支持农村和多予、少取、放活的方针，巩固和完善强农惠农政策，形成以工促农、以城带乡的长效机制。同时，始终把改革创新作为农村发展的根本动力，坚持不懈推进农村改革和制度创新，不断解放和发展农村生产力。巩固和完善农村基本经营制度，深化农村土地制度改革，落实第二轮土地承包到期后再延长30年政策，完善承包地"三权分置"制度，实现小农户和现代农业发展的有机衔接，积极探索实施农村集体经营性建设用地入市制度，探索宅基地所有权、资格权、使用权分置实现形式，深化农村集体产权制度改革。同时，还要尊重广大农民群众的首创精神、充分调动广大农民群众的积极性、主动性和创造性，激发他们自主创业的潜能，引导他们发扬自力更生、艰苦奋斗的优良传统，通过自己的辛勤劳动改善生活条件，建设美好家园。

第二，把保障粮食安全和提升农业质量结合起来。农业要实现可持续发展，承担起支撑经济社会长期发展的重任：一方面，要深入实施"藏粮于地、藏粮于技"战略，严守耕地保护红线，开展粮食节约行动，确保国家粮食安全；另一方面，必须加快转变发展方式，推进农业供给侧结构性改革，优化农业生产结构和区域布局，加强粮食生产功能区、重要农产品生产保护区和特色农产品优势区建设，推进优质粮食工程。制定和实施国家质量兴农战略规划。深入推进农业绿色化、优质化、特色化、品牌化，调整优化农业生产力布局。推动农业由增产导向转向提质导向。推进农业结构战略性调整，促进形成农村一、二、三产业融合发展体系，着力构建现代农业产业体系、生产体系、经营体系，实现农业的多元化经营、区域化布局、专业化生产，培育新型农业经营主体，统筹兼顾培育新型农业经营主体和扶持小农户，大力发展各种类型的农业专业合作组织，加快建设现代农业社会化服务体系，不断提高农业素质、效益和竞争力，不断提高农业创新力、竞争力和全要素生产率，加快实现由农业大国向农业强国转变。同时，必须看到，资源环境是农业现代化的重要前提。在推进农业现代化过程中，必须按照建设资源节约型、环境友好型社会的要求，正确处理眼前利益和长远利益的关系、经济效益和生态效益的关系，保护和利用好有限的农业资源，实行最严格的耕地保护制度，统筹山水林田湖草沙系统治理，加强农村突出环境问题综合治理，建立市场化多元化生态补偿机制，增加农业生态产品和服务供给，促进农村地区走上生产发展、生活富裕、生态良好的文明发展道路，实现百姓富和生态美的统一。

第三，把提高农业物质技术装备水平和提高农村劳动者整体素质结合起来。用现代物质条件装备农业、用现代科学技术改造农业，是农业现代化建设的一项重要任务。要顺应世界科技发展潮流，着眼于建设现代农业，大力推进农业科技自主创新，加强农业技术推广与普及，加快农业科技成果转化。同时，必须看到，推进农业现代化，最终要靠有文化、爱农业、懂技术、善经营、会管理的新型农民。没有高素质的劳动者，任何物质技术装备都难以发挥作用。因此，必须发挥农村的人力资源优势，大力发展农村职业教育，加强农民技能培训，全面提高农村劳动者素质，同时加强"三农"工作干部队伍的培养、配备、管理、使用，造就一支懂农业、爱农村、爱农民的农村工作队伍，为推进农业现代化建设提供强大的人才、智力支持。

第四，把提高农业综合效益和实现农业绿色发展结合起来。农业生产与生态环境关系最为密切，农业综合效益和竞争力的提升必须与生态环境的保护结合起来。追求农业的发展效益，实现农业产出高效、产品安全。同时，坚定不移加快转变农业发展方式，走产出高效、产品安全、资源节约、环境友好的现代农业发展道路。严守耕地保护红线，全面完成永久基本农田划定工作；严守开发强度红线，倒逼城镇发展模式转型；划定生态保护红线，严守生态保护红线，优化调整省级生态红线区域保护规划。坚持生态优先，强化尊重自然、顺应自然、保护自然的观念，以更大力度推进生产方式和生活方式绿色转型。坚持以绿色低碳循环为主要原则，努力促进人与自然和谐共生，促进生态环境质量明显改善。

第五，把扩大农业对外开放和确保农业产业安全结合起来。对外开放是推进农业现代化建设的强大动力。要坚持"引进来"和"走出去"相结合，提高统筹利用国际国内两个市场、两种资源的能力，拓展农业对外开放的广度和深度。优化资源配置，着力节本增效，提高我国农产品国际竞争力，鼓励支持优势农产品进入国际市场。深化与共建"一带一路"国家和地区农产品贸易关系，积极支持农业"走出去"，培育具有国际竞争力的大粮商和农业企业集团。然而，农业对外开放在为农业提供机遇的同时，也给农业安全带来挑战。因此，必须高度重视农业安全特别是粮食安全问题，坚持立足国内实现粮食基本自给的方针，大力发展国内农业生产，牢牢把握解决粮食问题的主动权，把中国人的饭碗牢牢端在自己手中。加快制定农业生产安全政策措施，积极参与全球粮食安全治理和农业贸易规则制定，促进形成更加公平合理的农业国际贸易秩序。进一步加大农产品反走私综合治理力度，切实保障国家经济安全，维护国家根本利益。

<hr />

第三节

中国特色新型工业化

一、新型工业化的提出和内涵

党的十六大指出，我国的新型工业化道路是一条"坚持以信息化带动工业化，以工业化促进信息化"的道路，是一条"科技含量高、经济效益好、资源消耗低、环境污染少、人力资源优势得到充分发挥"的道路。党的十八大明确提出："坚持走中国特色新型工业化、信息化、城镇化、农业现代化道路，推动信息化和工业化深度融合、工业化和城镇化良性互动、城镇化和农业现代化相互协调，促进工业化、信息化、城镇化、农业现代化同步发展"。党的十九大指出："推动新型工业化、信息化、城镇化、农业现代化同步发展"。党的二十大指出，坚持把发展经济的着力点放在实体经济上，推进新型工业化。

二、新型工业化的特征

(一) 工业化和信息化相互促进

党的十八大以来，我国工业化和信息化发展步入从数量扩张转向质量提

升的新阶段。2019 年，我国工业化和信息化融合发展水平达 54.5，2012~
2019 年持续保持 2%~3% 的速度增长（见图 7-1）。2019 年，我国工业化和信息化融合发展指数达 86.7，提前完成"十三五"既定目标。工业化和信息化融合为企业数字化转型构建了良好基础。

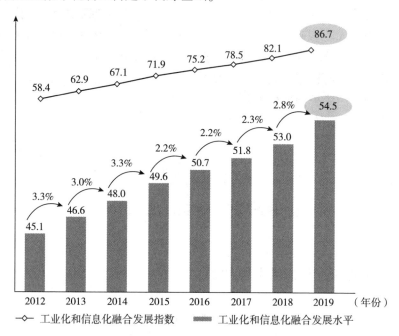

图 7-1　2012~2019 年工业化和信息化融合指数与发展水平示意图

资料来源：《中国两化融合发展数据地图（2019）》，两化分别指工业化和信息化，工业化和信息化融合发展水平和指数取值均为 0~100，测算框架均来自《工业企业信息化和工业化融合评估规范》（GB/T 23020—2013）。

（二）创新贡献率大幅度提升

我国工业发展正在逐渐转变传统的要素驱动模式为创新驱动模式。世界知识产权组织《专利合作条约》（PCT）是有关专利申请的国际条约。国家知识产权局公布了 2019 年度专利统计数据，2019 年中国 PCT 国际专利申请量首次超过美国，跃居全球第一位，达到 58990 件，同比增长 10.58%（见图 7-2）。2019 年 R&D 经费支出达到了 2.17 万亿元（见图 7-3），比 2006 年增长 6 倍以上，占 GDP 的比重达到了 2.19%，大体上和欧盟的平均水平相同。

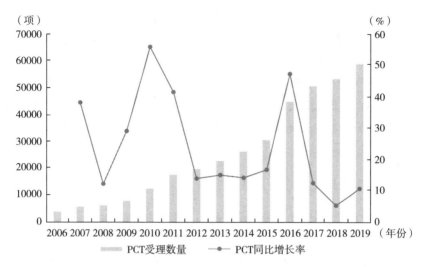

图 7-2 2006~2019 年我国申请 PCT 国际专利数量及同比增长率

资料来源：国家知识产权局。

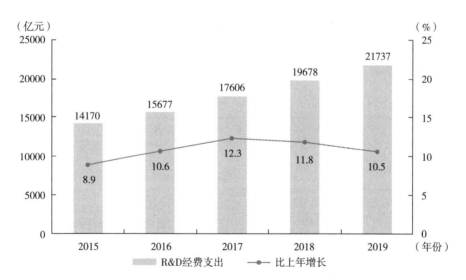

图 7-3 2015~2019 年我国 R&D 经费支出及增长速度

资料来源：《中华人民共和国 2019 年国民经济和社会发展统计公报》。

(三) 工业领域人力资源稳步提升

走新型工业化道路，不断提高全民族的自主创新能力，加快转变经济发展方式，主体在企业，关键在人才。根据《中国高等教育发展报告（2019）》的统计数据，截止 2019 年，中国高等教育毛入学率达到 48.1%，基本实现高等教育普及化。其中，大学专科及以上高学历人才占制造业就业人数的15.8%（参见《中国劳动统计年鉴》）。《中国人力资本报告 2019》指出，2017年中国人力资本总量按当年价值计算为 1934 万亿元，中国人均人力资本按当年价值计算为 172 万元。1985~2017 年，中国人力资本总量增长 10.37倍，年均增长率是 7.58%。

(四) 制造业与现代服务业融合加快

我国产业转型升级的关键是提高高品质产品的制造能力和水平，制造业与现代服务业深度融合是制造业高质量发展的重要抓手。智能制造崛起，平台经济成为新的产业组织形态，云计算、大数据、区块链、人工智能等技术逐步应用于传统工业领域。制造业服务化通常是指制造业产出中内含的服务投入。根据附加值溯源分解法（KWW 法）的产出增加值测算方法，2000~2014 年（偶数年）我国制造业产出中的服务业增加值投入占比（SVAR）、国内服务业增加值投入占比（SDVAR）以及国外服务业增加值投入占比（SFVAR）如表 7-1 所示。

表 7-1　2000~2014（偶数年）年中国制造业服务增加值投入占比　单位:%

年份	SVAR	SDVAR	SFVAR
2000	30.1182	22.5799	7.5383
2002	29.1827	20.9837	8.1990
2004	29.8285	19.5313	10.2972
2006	29.9327	19.3050	10.6278
2008	27.9539	20.3331	7.6208
2010	28.1529	22.4050	5.7479
2012	28.4690	23.6809	4.7881
2014	28.1986	23.8328	4.3658

资料来源：吴永亮，王恕立. 增加值视角下的中国制造业服务化再测算：兼论参与 GVC 的影响[J]. 世界经济研究，2018(11)：99-115，134，137.

2000~2014 年中国制造业产出中的服务业增加值投入占比呈现先下降后

上升的趋势，极小值点出现在 2008 年国际金融危机爆发时。从细分结构来看，在 2001 年加入 WTO 之后到 2006 年，中国存在以国外服务替代国内服务的趋势，而之后中国制造业中的服务业增加值投入开始出现国内服务替代国外服务的趋势。这说明近些年中国大力发展本国服务业实际上对于制造业服务化的提高起到了更加关键的作用，而国外服务业对于中国制造业服务化水平的影响在不断减小。

(五) 绿色工业崛起

党的十八大以来，创新、协调、绿色、开放、共享的新发展理念在全党和全国人民中牢固树立起来。新型工业化也遵循绿色发展原则，对原有工业经济系统进行绿色化或生态化改造，发展能源资源节约型、生态环境友好型的绿色制造业或新兴产业，同时大力发展太阳能、水能、风能、生物质能等可再生能源，为我国传统产业发展带来新一轮绿色革命。

三、新型工业化的基本要求

坚持走中国特色新型工业化道路，必须把握好以下基本要求：

(一) 必须坚持创新驱动

中国已成为工业大国，且正处于向工业强国转变的历史时期。要实现由大到强的转变，关键在于坚持不懈地增强自主创新能力，坚持创新在我国现代化建设全局中的核心地位。把科技自立自强作为国家发展的战略支撑。面对发达国家在科技上长期占优势的压力，面对西方国家在核心技术和关键技术领域对中国实行封锁的现状，必须最大限度地发挥社会主义制度集中力量办大事的优越性；最大限度地发挥中国科技人员数量多和国内市场规模大的优势；最大限度地利用世界科技创新的最新成果和技术储备，充分运用后发优势实现科学技术的跨越式发展。通过创新，为新型工业化提供有力和持久的技术支撑，加快从工业大国向工业强国转变的历史进程。

(二) 必须坚持城乡融合

中国能否由发展中大国逐步成长为现代化强国，从根本上取决于能不能用适合基本国情的方式，建立健全城乡融合发展体制机制和政策体系。因此，必须正确处理好工业和农业、城市和农村、城镇居民和农村居民的关系，强化以工补农、以城带乡，推动形成工农互促、城乡互补、协调发展、共同繁荣的新型工农城乡关系，促进城乡市场开放统一、生产要素有序流动、经济社会协调发展，努力实现城乡共同繁荣。

(三) 必须坚持推进资源全面节约和循环利用

节约资源、保护环境，关系经济社会可持续发展，关系人民群众切身利益，关系中华民族生存与发展。我国要实现新型工业化，不仅要着力把产业做大做强，还要注重节约资源、保护环境。必须把推进现代化与建设生态文明有机统一起来，完善市场化、多元化生态补偿，推进资源总量管理、科学配置、全面节约、循环利用，加快形成节约能源资源和保护生态环境的产业结构、增长方式、消费模式，努力形成工业化与信息化相互促进的新格局。大力发展循环经济，努力在优化结构、提高效益、降低消耗、保护环境的基础上，完成新型工业化的任务。

(四) 必须坚持内外协调

在经济全球化深入发展和全面开放的条件下，中国经济同世界经济的互动日益紧密。中国经济发展对世界经济发展的贡献越来越大，对国际市场和国外资源的依赖程度也日益提高。在这种形势下推进新型工业化，必须准确把握世界经济发展的总态势和新特征，坚持互利共赢的开放战略，统筹利用国内国际两个市场、两种资源，统筹把握好国内产业发展和国际产业分工，促进中国发展和各国发展的良性互动。

(五) 必须坚持以人民为中心

推进工业化的根本目的是造福人民。但一些国家进入工业化后，没有正确处理好经济发展和收入分配的关系，结果社会矛盾激化、现代化进程受阻，这方面的教训值得吸取。当前，中国仍处于并将长期处于社会主义初级阶段，社会结构深刻变动，利益格局深刻调整。因此，在生产和分配两个环节都要正确把握资本、技术、劳动之间相互替代和依存的关系，实现技术进步和扩大就业的有机统一，提高劳动参与分配的能力，构建充分体现知识、技术等创新要素价值的收益分配机制，促进创造财富和公平分配的协调，更加注重发展成果的普惠性。

区域发展战略

一、中国区域协调发展战略的基本框架

我国区域经济发展曾集中资源重点培育区域增长极。改革开放初期，中国实施沿海地区经济发展战略，包括 20 世纪 80 年代初发展珠江三角洲，80 年代末发展长江三角洲，90 年代中重点建设京津唐及渤海三角地带。

20 世纪 90 年代后期至 21 世纪初，随着地区间发展差距的日益扩大，中国的区域发展战略转向了促进区域协调发展。2000 年实施西部大开发，2003 年提出了振兴东北，2004 年提出中部崛起，从而实现东、中、西、东北地区协调发展。

二、四大区域基本经济和社会指标比较

根据 2019 年国民经济常规指标数据，东部地区各项指标数值均远高于其他地区，其中人均 GDP 分别是中部、西部和东北地区的 1.59 倍、1.73 倍和 2.01 倍（见表 7-2）。从三次产业结构来看，第三产业的比例从高到低分别是东部、东北、西部和中部地区。东部地区得益于沿海地区靠近港口的区位优势，其货物进出口总额远远超过其他区域。

表 7-2　2019 年中国四大区域基本经济与社会指标比较

区域	行政区划面积（万平方千米）	常住人口（亿人）	GDP（万亿元）	人均 GDP（万元）	三次产业结构	一般公共预算收入（万亿元）	社会消费品零售总额（万亿元）	货物进出口总额（万亿元）
东部地区	91.58	5.37	50.18	9.34	4.67：39.65：55.68	5.86	22.27	30.46
中部地区	102.77	3.71	21.87	5.89	8.18：41.78：50.04	2.10	8.99	1.96

续表

区域	行政区划面积（万平方千米）	常住人口（亿人）	GDP（万亿元）	人均GDP（万元）	三次产业结构	一般公共预算收入（万亿元）	社会消费品零售总额（万亿元）	货物进出口总额（万亿元）
西部地区	687.87	3.80	20.52	5.41	10.95：37.92：51.13	2.41	7.16	2.36
东北地区	78.81	1.08	5.02	4.64	13.23：34.39：52.38	0.50	3.27	1.04

资料来源：2019年各省、自治区、直辖市国民经济和社会发展统计公报。

三、中国区域发展战略具体内容

(一)东部地区率先发展

2006年，"十一五"规划纲要明确提出鼓励东部地区率先发展。东部地区按照区位和产业集群主要分为长三角城市群、珠三角城市群、京津冀城市群，成为引领我国区域经济发展的"三大引擎"。

东部地区快速发展，很大程度上得益于外向型经济的发展。自2013年开始成立上海浦东自贸试验区，2015年广东、天津、福建作为第二批自贸试验区建设正式启动。第三批自贸试验区中浙江也是东部省份。随着自贸试验区的设立，东部地区逐渐从产业引领转变为制度创新，继续发挥区域经济发展增长极作用。

(二)西部大开发

1999年9月，党的十五届四中全会正式提出实施西部大开发战略，其战略重点包括：

第一，加快基础设施建设，重点是抓好交通、通信、电网、水利和城市基础设施等重大工程，实施"西电东送""西气东输"，打造"五横两纵一环"西部开发总体空间格局。

第二，切实加强生态环境保护和建设，实施长江上游、黄河上中游生态环境建设工程，包括退耕还林试点示范工程、天然林资源保护工程、风沙干旱地区的防沙治沙工程、黄河水土保持生态工程。

第三，积极调整产业结构，发展特色经济和优势产业，培育和形成新的经济增长点。

第四，发展科技和教育，加快人才培养，加大人才的引进。为提高西部地区人才素质，国家实施《乡村教师支持计划（2015—2020年）》，提高乡村教师生活待遇，统一城乡教职工编制标准。

第五，空间布局上重点依托亚欧大陆桥、长江水道、西南出海通道等交通干线，发挥重庆、西安等中心城市作用，以线带点、以点带面稳步发展。

(三) 东北振兴

2003年10月，中共中央、国务院发布《关于实施东北地区等老工业基地振兴战略的若干意见》，标志着振兴东北老工业基地战略的全面启动。东北地区振兴规划的战略目标包括三个方面：

第一，近期目标：增强钢铁冶金和石油化工等原材料工业持续竞争能力。以增强东北地区原材料工业生产的持续竞争力为重点，巩固钢铁和石油化工的优势地位。

第二，中期目标：未来10年重点提高交通运输设备和装备制造业在重工业中的比重。着力发展成套设备、船舶、汽车、数控机床等装备制造业及零部件工业，建成我国装备制造业生产基地。

第三，远期目标：实现装备工业、轻工业、原材料工业的全面协调发展。壮大医药、食品等新兴制造业，培育以电子信息、生物工程、新材料等为主体的高新技术产业，实现轻重工业协调发展。

(四) 中部地区崛起

2006年5月，中部崛起的纲领性文件《中共中央 国务院关于促进中部地区崛起的若干意见》正式出台。中部区域发展战略依托"两大经济带、三大平原农业、四大高新产业、五大支柱产业"的总体布局，抓住"一个城市群龙头"，实施"两大创新工程"，最终实现中部崛起。

一个城市群是指以武汉为龙头，郑州、长沙、合肥、南昌、洛阳、太原为经济增长极，湘潭、株洲、芜湖、安庆、铜陵、宜昌、黄石、襄樊、大同、晋中等城市为经济次中心，带动中小城市形成多层次城市群。

两大经济带是指中部城市形成"十"字形构架的沿线、沿江两大经济带，纵向贯通中部的京广线，连接中部21个大中城市；横向贯穿中部的长江，分布了中部 19 个大中城市。

三大平原农业是指以两湖平原、黄淮平原、鄱阳湖平原三大平原为主的农业区，培育六大优势农产品，即棉花、双低油菜、小麦、水稻、肉牛肉羊、水产品。

四大高新产业是指以武汉为龙头，长沙、合肥、郑州、南昌、洛阳、株洲、襄樊、太原等高新开发区为增长极，重点发展光电子信息、新材料、先进制造技术、生物医药四大高科技产业。

五大支柱产业是指以汽车为龙头的机电制造业，以钢铁为重点的材料工业，以农产品深加工为重点的轻纺制造业，以水电煤为重点的能源电力工业，以金融、房地产、商贸、物流、旅游等为特色的第三产业。

四、区域协调发展总体布局

在整体区域战略布局下，中国逐渐形成了以大型城市群为区域增长极的空间格局，主要分布为横纵两大经济带：纵轴为东部及东南沿海地区，主要包括京津冀城市群、长三角城市群和粤港澳大湾区城市群；横轴为长江沿线地区和黄河流域地区。根据中共中央 2016 年 9 月印发《长江经济带发展规划纲要》可统称为长江经济带，按照在长江水系的地理分布可进一步细分为地处长江上游的成渝城市群、以武汉、长沙和南昌为代表的长江中游城市群和位于下游的长江三角洲城市群。其中，长江三角洲位于两大经济带的交会地带，具有重要的区域带动作用。黄河流域地区含黄河干支流流经的青海、四川、甘肃、宁夏、内蒙古、山西、陕西、河南、山东 9 省区相关县级行政区。

(一) 京津冀协同发展

1. 京津冀城市群的空间范围

京津冀城市群包括北京市、天津市两大直辖市和河北省，两市一省地理位置紧邻，面积为 21.6 万平方千米，2019 年共有人口 11269.5 万人。北京和天津自古以来就是京津冀的两大核心城市，河北省环绕京津，是京津地区的腹地，区域内城市经济社会联系十分紧密。雄安新区即位于京津冀城市群的核心地带。2019 年，京津冀地区 GDP 为 84580.08 亿元，占全国 GDP 总量的 8.54%，人均 GDP 为 75052 元。

2. 京津冀城市群的区内城市分工与协同

北京市的首都区位优势明显，北京市高等院校、科研机构集中，科技人才荟萃，科技投入产出能力、技术辐射和扩散能力、科技产业化均居全国领先地位。

天津市是华北、西北等省区的重要出海口，天津港已与170多个国家和地区、300多个港口建立了长期通航和贸易关系。

河北省是我国重要的工业大省，劳动力资源丰富，具有资源加工结合型工业经济结构。

北京市的经济增长一直都比较稳定，2010~2019年地区生产总值平均增速达13.3%；天津市经济总量规模明显落后于北京，但GDP平均增速为16.89%，高于北京市。这期间，河北省地区生产总值平均增速为12.88%，经济结构呈现北京和天津进行产业扩张、河北进行产业承接的格局。

(二)长三角一体化

1. 长江三角洲城市群的区域范围

根据2019年12月中共中央、国务院发布的《长江三角洲区域一体化发展规划纲要》，长三角一体化规划范围包括上海市、江苏省、浙江省、安徽省全域(面积35.8万平方千米)。2019年，长三角常住人口为22535万人，GDP总额为23.73万亿元，占全国GDP总量的23.94%。

2. 城市群内各大区域的战略定位

(1)提升上海服务功能。面向全球、面向未来，提升上海城市能级和核心竞争力，引领长三角一体化发展。

(2)发挥江苏制造业发达、科教资源丰富、开放程度高等优势，推进沿沪宁产业创新带发展。

(3)发挥浙江数字经济领先、生态环境优美、民营经济发达等特色优势，大力推进大湾区大花园大通道大都市区建设。

(4)发挥安徽创新活跃强劲、制造特色鲜明、生态资源良好、内陆腹地广阔等优势，推进皖江城市带联动发展。

(三)粤港澳大湾区

1. 粤港澳大湾区的区域范围

2019年2月，中共中央、国务院印发了《粤港澳大湾区发展规划纲要》，粤港澳大湾区由"9+2"城市组成，即广东省(广州、佛山、肇庆、深圳、东莞、惠州、珠海、中山、江门)9市和香港、澳门2个特别行政区。总面积

5.6 万平方千米，2019 年末总人口约 12165 万人，是我国开放程度最高、经济活力最强的区域之一，在国家发展大局中具有重要战略地位。

粤港澳大湾区经济发展潜力巨大，2010~2022 年，粤港澳大湾区的 11 个城市 GDP 逐年上升，从 5.42 万亿元增长至超 13 万亿元。

2. 粤港澳大湾区内城市分工与定位

粤港澳大湾区包括的珠三角城市群产业带分为东岸知识密集型产业带、西岸技术密集型产业带、沿海生态环保型重化产业带。

（1）东岸知识密集型产业带，主要为广州东部和中部—东莞—深圳等东岸地区，以现代服务业、战略性新兴产业、高科技产业为主。

（2）西岸技术密集型产业带，主要为广州北部和南部—佛山—中山—珠海等西岸地区。以现代服务业、装备制造业、优势传统农业为主。

（3）沿海生态环保型重化产业带，主要为惠州—深圳—珠海—江门等三角沿海地区，以现代服务业、先进制造业为主。

香港、广州、深圳作为粤港澳大湾区的经济核心，第三产业占比也较高，GDP 总额贡献占比达 65%。

(四) 长江经济带发展战略

1. 打造长江中游城市群

2015 年 4 月，国务院正式批复《长江中游城市群发展规划》。长江中游城市群以武汉为中心，是以武汉城市圈、环长株潭城市群、环鄱阳湖城市群为主体形成的特大型国家级城市群。2019 年，长江中游城市群土地面积约 32.61 万平方千米，2022 年常住人口 16975 万人，全国占比为 12.02%，经济总量为 13.45 万亿元，约为全国的 11.11%。

2. 各个城市群定位

（1）武汉城市圈。全面加快武汉城市圈一体化建设，把武汉城市圈建设成为全国重要的综合交通运输枢纽、先进制造业和高技术产业基地、中部地区现代服务业中心。

（2）环长株潭城市群。打造中部地区重要的先进制造业基地、综合交通枢纽和现代服务业中心，把环长株潭城市群建设成为全国"两型"社会建设示范区和现代化生态型城市群。

（3）环鄱阳湖城市群。优化南昌要素集聚、科技创新、文化引领和综合交通功能，辐射带动周边地区发展，打造重要的先进制造业基地、中部地区综合交通枢纽和现代服务业集聚区。

3. 打造成渝城市群

2016 年 4 月，国务院批复同意《成渝城市群发展规划》。成渝城市群以重庆、成都为中心，是西部大开发的重要平台，是长江经济带的战略支撑，也是国家推进新型城镇化的重要示范区。面积 18.5 万平方千米，2022 年常住人口约 1 亿人，GDP 总量为 7.76 万亿元，占全国比重为 6.4%。培育发展成渝城市群，发挥其沟通西南西北、连接国内国外的独特优势，推动"一带一路"建设和长江经济带发展契合互动，有利于加快中西部地区发展、拓展全国经济增长新空间。

根据《成渝城市群发展规划》的要求，成渝城市群是引领西部开发开放的国家级城市群，要打造成渝发展主轴，提升重庆和成都的核心功能，培育沿江城市带。

(五) 黄河流域生态保护和高质量发展战略

2021 年 10 月，中共中央、国务院印发了《黄河流域生态保护和高质量发展规划纲要》，规划范围为黄河干支流流经的青海、四川、甘肃、宁夏、内蒙古、山西、陕西、河南、山东 9 省区相关县级行政区，国土面积约 130 万平方千米，2019 年末总人口数约 1.6 亿。为保持重要生态系统的完整性、资源配置的合理性、文化保护传承弘扬的关联性，在谋划实施生态、经济、文化等领域举措时，根据实际情况可延伸兼顾联系紧密的区域。

黄河流域经济带是黄河流域生态保护和高质量发展的主要载体，其战略定位包括以下四个方面：

大江大河治理的重要标杆。深刻分析黄河长期复杂难治的问题根源，准确把握黄河流域气候变化演变趋势以及洪涝等灾害规律，克服就水论水的片面性，突出黄河治理的全局性、整体性和协同性，推动由黄河源头至入海口的全域统筹和科学调控，深化流域治理体制和市场化改革，综合运用现代科学技术、硬性工程措施和柔性调蓄手段，着力防范水之害、破除水之弊、大兴水之利、彰显水之善，为重点流域治理提供经验和借鉴，开创大江大河治理新局面。

国家生态安全的重要屏障。充分发挥黄河流域兼有青藏高原、黄土高原、北方防沙带、黄河口海岸带等生态屏障的综合优势，以促进黄河生态系统良性永续循环、增强生态屏障质量效能为出发点，遵循自然生态原理，运用系统工程方法，综合提升上游"中华水塔"水源涵养能力、中游水土保持水平和下游湿地等生态系统稳定性，加快构建坚实稳固、支撑有力的国家生态安全屏障，为欠发达和生态脆弱地区生态文明建设提供示范。

高质量发展的重要实验区。紧密结合黄河流域比较优势和发展阶段，以生态保护为前提优化调整区域经济和生产力布局，促进上中下游各地区合理分工。通过加强生态建设和环境保护，夯实流域高质量发展基础；通过巩固粮食和能源安全，突出流域高质量发展特色；通过培育经济重要增长极，增强流域高质量发展动力；通过内陆沿海双向开放，提升流域高质量发展活力，为流域经济、欠发达地区新旧动能转换提供路径，为促进全国经济高质量发展提供支撑。

中华文化保护传承弘扬的重要承载区。依托黄河流域文化遗产资源富集、传统文化根基深厚的优势，从战略高度保护传承弘扬黄河文化，深入挖掘蕴含其中的哲学思想、人文精神、价值理念、道德规范。通过对黄河文化的创造性转化和创新性发展，充分展现中华优秀传统文化的独特魅力、革命文化的丰富内涵、社会主义先进文化的时代价值，增强黄河流域文化软实力和影响力，建设厚植家国情怀、传承道德观念、各民族同根共有的精神家园。

中国历来是一个人与自然和谐共处的国家，尽管在追求经济增长的过程中存在浪费资源、损害环境的事件，也为此付出过代价，但是，中国已认识到单纯 GDP 增长的不可持续性，并为此做出了重大调整，将资源节约和环境保护纳入国家发展战略，努力寻求绿色发展道路，建设绿色中国，提出人与自然和谐共生的现代化之路。

第一节

中国资源环境概况

一、中国自然资源现状

(一) 中国自然资源总况

"资源"是指一国或一定地区内拥有的物力、财力、人力等各种物质要素的总称，分为自然资源和社会资源两大类。前者如阳光、空气、水、土地、森林、草原、动物、矿藏等；后者包括人力资源、信息资源以及经过劳动创造的各种物质财富。现代经济学认为资源有 3 大类，即自然资源、资本资源、人力资源，或者说土地、资本、劳动，也称基本生产要素。中国幅员辽阔，自然资源丰富，种类多。《2022 年自然资源统计公报》显示，截至 2022 年，全国共有耕地 12760.1 万公顷、园地 2012.8 万公顷、林地 28352.7 万公顷、草地 26427.2 万公顷、湿地 2357.3 万公顷、城镇村及工矿用地 3596.7 万公顷、交通运输用地 1018.4 万公顷、水域及水利设施用地 3628.7 万公顷。从中国各项自然资源的绝对数量看，均可观，但人均占有量低于世界平均水平，人均资源占有量低。例如：中国土地总面积居世界第 3 位，但人均不足 1 公顷，而世界人均却达 3 公顷；耕地面积列世界第 4 位，人均约 0.1 公顷，世界人均约 0.36 公顷；草场资源居世界第 3 位，人均约 0.35 公顷，世界人均为 0.76 公顷；森林面积人均 0.107 公顷，世界人均为 0.65 公顷。

(二) 中国主要自然资源分布

中国各类型资源都有分布，其中水能资源居世界第一位，是世界上拥有野生动物种类最多的国家之一，也几乎具有北半球的全部植被类型。中国矿产资源丰富，品种齐全。

1. 土地资源方面

2022 年度全国国土变更调查初步汇总结果显示，全国共有耕地、园地、林地、草地、湿地、城镇村及工矿用地、交通运输用地、水域及水利设施用地等共计 80153.9 万公顷。中国土地资源的基本特点：①绝对数量大，人均占有少；②山地多，平原少，耕地与林地所占的比例小；③各类土地资源地区分布不均，耕地主要集中在东部的平原地区，林地多集中在东北、西南的边远山区，草地多分布在内陆高原、山区。耕地相对集中在东北平原、华北平原、长江中下游平原、珠江三角洲和四川盆地。东北平原大部分是黑色沃土，生产小麦、玉米、高粱、大豆等。华北平原大多是褐色土壤，农作物有小麦、玉米、高粱、棉花、花生等。长江中下游平原生产水稻、柑橘、油菜等。珠江三角洲是全国商品粮基地，盛产水稻、甘蔗和热带作物等。四川盆地盛产水稻、油菜、甘蔗、茶叶、柚子等。

2. 林地方面

2022 年度全国国土变更调查初步汇总结果显示，全国共有林地 28352.7 万公顷。其中，乔木林地 19675.2 万公顷，竹林地 699.1 万公顷，灌木林地 5841.3 万公顷，其他林地 2137.1 万公顷。2022 年，全年共完成造林面积 383.0 万公顷，其中人工造林面积 120.1 万公顷，占全年造林面积的 31.4%。中国的天然林多集中分布在东北和西南地区，而人口稠密、经济发达的东部平原以及辽阔的西北地区森林却很稀少。

3. 草地方面

中国是世界草地面积最大的国家之一，2022 年度全国国土变更调查初步汇总结果显示，全国共有草地 26427.2 万公顷。其中，天然牧草地 21329.4 万公顷，人工牧草地 58.8 万公顷，其他草地 5039.1 万公顷。中国的天然草地主要分布在西部地区，人工草地主要分布在东南部地区。

4. 水资源和海洋资源方面

中国是世界上河流和湖泊众多的国家。由于中国的河流主要发源于青藏高原，落差很大，因此水能资源非常丰富。但中国水能资源的地区分布很不平衡，70%分布在西南地区。长江和黄河是中国最大的两条河流，长江流域水量最大，约占全国总水量的37.7%。我国海岸线长度约3.2万千米。其中，大陆海岸线长1.8万多千米，岛屿岸线长1.4万多千米。我国共有海岛11000余个，海岛总面积约占我国陆地面积的0.8%。拥有海洋生物2万多种。2021年，我国海水产品产量3387.2万吨，同比增长2.2%；海洋原油产量同比增长6.2%；海洋天然气产量同比增长6.9%；海上风电新增并网容量1690万千瓦，同比增长4.5倍；海水淡化工程规模达185.6万吨/日，同比增长12.4%。

二、中国生态环境现状

(一) 中国生态环境基本特征

中国丰富的自然资源支撑了中国生态总体良好的基本特征，数千年来，人与自然能够基本和谐共生。但在进入工业化后，以经济建设为中心被放在中国发展的首要位置，很长一段时期，经济指标成为党政领导政绩考核的主要依据，使地方党政领导过分地注重GDP的增长，甚至以牺牲资源环境为代价换得短期经济量的增长。具体到产业发展上，在国际市场分工中，我国曾经是世界加工厂，承接了国际市场上劳动密集性高的高投入、高消耗、高污染型经济的产业转移。GDP增长依赖的也是高投入、高消耗、高污染的粗放式发展道路，消耗了大量资源，也给环境造成严重污染，中国为此付出了代价。洪涝灾害、水土流失、空气污染、水污染事件时常发生，草场退化、生物多样性递减，各类生态环境问题暴露出来。

幸运的是，中国认识到环境的重要性，为保护环境和满足经济建设的需要，中国调整了发展思路，开始注重生态治理，努力恢复受损的环境。比如，中国持续开展了大规模的植树造林活动。2021年底，中国人工林面积约8000万公顷，已成为世界上人工林面积最大的国家。中国还建立国家级生态示范区200多个，自然保护区达到2000多个。环境标准也已经纳入政府考核体系中。一系列措施实施，使中国环境有了明显的改善。比如，2013年北京的PM2.5是89.5微克/立方米, 2021年是33微克/立方米, 降低了63.1%。北京的重污染天数也从2013年的58天, 降到了2021年的8天。除了北京, 2013~2022年的十年间, 74个重点城市PM2.5平均浓度下降了56%, 重污染天数减少了87%。

(二) 中国生态文明探索

人与自然是生命共同体, 生态兴衰关系文明兴衰, 如何实现人与自然的和谐共生是人类文明发展基本问题。中国人民历来重视人与自然的和谐共生, 也在不断探索人与自然的和谐共处之道。尤其在党的十八大以后, 中国共产党针对我国当前面临的复杂多变的矛盾, 抓住关键要素, 继承和发展了马克思社会结构理论和可持续发展理论, 首次提出"美丽中国"这一创新理念并被纳入中国"十三五"发展规划; 把绿色发展列入五大发展理念 ("创新、协调、绿色、开放、共享"), 把生态文明建设纳入"五位一体" ("经济建设、政治建设、文化建设、社会建设、生态文明建设") 总体布局。具体实践上, 坚持山水林田湖草沙一体化保护和系统治理, 为全方位、全地域、全过程开展生态文明建设提供了方法论指导。

中国的生态文明探索注重制度建设。保护生态环境必须依靠制度、依靠法治。完整、严格的环境政策体系是绿色发展的制度保障。为了改善和保护生态环境, 中国政府提出要实行最严格的生态环境保护制度, 包括全面建立资源高效利用制度, 健全生态保护和修复制度, 严明生态环境保护责任制度。生态环境保护政策体系覆盖生产、生活和生态的空间布局和活动要求, 涉及城市和乡村的协调发展, 涉及工业、农业和第三产业的协同发展。

中国建立了以《中华人民共和国环境保护法》为基本遵循的制度体系, 先后修订了《中华人民共和国固体废物污染环境防治法》《中华人民共和国野生动物保护法》《最高人民法院、最高人民检察院关于办理环境污染刑事案件适用法律若干问题的解释》, 出台了《排污许可管理条例》《环境保护公众参与办法》《公民生态环境行为规范 (试行)》《农用地土壤环境管理办法 (试行)》, 发布了《中央和国家机关有关部门生态环境保护责任清单》《生态环境保护综合行政执法事项指导目录》《国家先进污染防治技术目录》等有关生物安全、森林、野生动物保护、湿地保护等各个领域的20多部法律法规, 使得生态保护的法治保障更加有力。

中国也创设了很多新的生态治理制度和创新性方案, 很多制度非常具体，如河长制及湖长制、领导干部自然资源资产离任审计、农村环境整治等。这些制度比较明显的特点是，增加了地方政府和领导干部的环保责任，从单纯 GDP 考核转向 GDP、环境保护等多目标考核。近年来，领导干部因为环境问题被上级政府约谈或处分的情况明显增加，显示了中央政府对环境保护的决心。中国还创设了生态保护红线制度，把超过 25% 的国土面积划为生态保护红线。建立了以国家公园为主体的自然保护地体系，正式设立了三江源等第一批 5 个国家公园，有效保护了 90% 的陆地生态系统类型和 74% 的国家重点保护野生动植物种群。党的十八大以来，我国坚持山水林田湖草沙一体化保护和系统治理，稳步推进了 25 个山水林田湖草生态保护修复工程的试点；实施生物多样性保护重大工程和濒危物种的拯救工程，划定了 35 个生物多样性保护优先区域；112 种特有珍稀濒危野生动植物实现了野外回归。作为世界上生物多样性最丰富、物种数量最多、特有物种比例最高的国家之一，我国已初步形成全方位的生物多样性保护体系，成为全球生态文明建设的重要参与者、贡献者、引领者。

第二节

"天人合一"古智慧与"绿色发展"新理念

一、"天人合一"的中国古智慧

(一) 中国的生态思想文化

万物各得其和以生，各得其养以成。中华文明历来崇尚天人合一、道法自然，追求人与自然和谐共生。以"儒释道"为代表的中国传统文化，体现了中国传统文化对人与自然关系的深刻理解，蕴含着丰富而深刻的生态文明思想，对生态文明思想的形成具有启发性意义。早在公元前 5000 多年，中国人在烧制陶瓷的过程中就掌握了用烟囱排烟的简单技术；在公元前 2000 多年又学会了用陶土管修建地厂排水道。公元前 3 世纪中国的荀子在《王制》一文中阐述了保护自然生物的思想："草木荣华滋硕之时，则斧斤不入山林，不夭其生，不绝其长也。"这些说明了古代人类在生产中已逐渐积累了防治污染、保护自然的观念、思想和技术知识。

中华民族向来尊重自然、热爱自然，绵延5000多年的中华文明孕育着丰富的生态文化。中华优秀传统生态文化积淀丰厚、博大精深，对于建设生态文明、推进人与自然和谐共生的现代化具有重要启示和借鉴意义。中国儒家生态思想主张"天人合一"体现了追求和谐社会的生态伦理观；中国道家的生态思想强调人要尊重自然规律，达到"天地与我并生，而万物与我为一"的境界，体现了"道法自然"的生态文明思想，中国佛教的生态思想主张通过参悟万物的本真来完成认知，提升生命，体现了"众生平等"的生态伦理精神。传承中华优秀传统生态文化，对其进行创造性转化、创新性发展，可以为中华民族永续发展提供文化支撑和理论滋养。

(二)"天人合一"的生态智慧

"生态智慧"的概念最早由挪威哲学家阿恩·纳斯提出，指人类在适应环境过程中所表现出的生态伦理和生存智慧。它主张敬畏和顺应自然并与自然和谐共生，克服了近代西方人与自然主客二分价值观的缺陷，对于我们今天确立科学的生态伦理观具有重要价值[①]。中国有5000多年的文化积淀，中国人民总结了很多优秀文化和哲学思想，人类与自然和谐共处就是中国古代智慧的表现，这被中国古代的圣贤称为"天人合一"，它的含义就是人与大自然要和谐相处，不存在征服与被征服的关系，人类与其他动物、植物甚至山水都是平等的，人凌驾于自然之上的做法是错误的。哲学家庄子说："天地者，万物之父母也。"这意思是说人是自然的一部分，人尊重自然就像尊重父母，人保护环境就像保护子女。聪明的中国古人学会了如何与自然和谐相处，有效利用资源并保护环境，建立了伟大的文明古国。

人类一开始就是作为自然的一部分而存在的，在相当长的历史时期，人类适应自然、利用自然，与自然融为一体，推动自身进步。古代的中国人认识到自然的重要性，留下了许多人与自然和谐相处的故事，有些故事记录在历史书籍中。三千多年前的周朝，根据气候规律，政府规定了打猎、捕鱼、砍伐等时间安排；两千多年前的秦朝，政府规定禁止春天猎杀幼小动物、禁止毒杀野生动物。每个朝代或多或少都有对环境保护的法规与禁令。可以说，

---

① 刘建伟，许晴. 中国生态环境治理现代化研究：问题与展望[J]. 电子科技大学学报(社科版)，2021，23(5)：33-41.

中国古人对环境问题的认识并不是停留在思考层面，而是有具体实践的。

"天人合一"思想是中华优秀传统文化的精髓，体现出中国古人尊重自然的理念。天人合一思想听起来是一个很难懂的概念，但这个概念是通过实践总结出来的。中国的农民根据一年四季的变化，选择性种植收益最大的农作物。显然，农民知道如何尊重自然、如何适应自然，最后他们收获了粮食和财富，创造了文明。哲学家将农民的行为总结成为思想和智慧，并记录下来、写成文字，作为珍贵的历史文献，影响更多人。因此，今天我们才得以了解中国古代人与自然和谐生存之道。他们的聪明智慧也为今天中国的发展带来了启迪。特别是在中国经济高速发展过程中暴露出一些环境问题后，我们更觉得中国古人思想是伟大的，破坏环境换来的经济增长需要付出巨大代价，人和自然和谐相处才是正确的道路，我们要走可持续发展之路、绿色发展之路。

二、"绿色发展"的中国新理念

(一)绿色发展的生态智慧

中国绿色发展的新理念是把先进的生态文化置于生态治理体系之中。马克思说："自然条件的丰饶度往往随着社会条件所决定的生产率的提高而相应地减低。"①这意味着，随着社会资源不断丰富，自然资源不断减少。森林、煤炭等自然资源的不断枯竭已引起全球的广泛关注。西方发达国家工业文明背后是生态环境的严重破坏，自然界正在对人类破坏生态环境做出反馈，如干旱、暴雨等极端天气频发。我国在社会主义建设的进程中，利用几十年的时间完成了西方百余年的工业化进程，但随之而来的是集中爆发的环境问题，造成了较为严重的"生态赤字"。这种生态不友好型发展道路给现代化之路带来挑战。为此，重拾中国传统的生态智慧、走绿色发展之路是中国现代化进程的必然选择。

"绿色发展"继承和发展了中国古代"天人合一"思想，更符合现代化社会的需要。绿色发展与可持续发展在思想上也是一脉相承的。绿色发展是以效率、和谐、持续为目标的经济增长和社会发展方式。当今世界，绿色发展已经成为一个重要趋势，许多国家把发展绿色产业作为推动经济结构调整的

---

① 马克思. 资本论：第3卷[M]. 北京：人民出版社，2004：289.

重要举措，突出绿色理念和内涵。绿色发展强调生态环境容量和资源承载力的约束。

中国提出绿色发展方式，既是对全球绿色工业革命的响应，也是对之前以经济增长为核心的发展模式不足的纠正。中国是一个人口众多的国家，超过14亿，对资源环境的依赖很大。但是，中国的自然资源相对紧缺、生态环境较为脆弱、自然灾害发生较为频繁，传统的发展方式很难长久解决人口与资源环境之间的矛盾，中国调整发展方式是必然选择。在以往的发展当中，因受到发展方式、发展水平的限制，曾经也走过"先污染、后治理"的老路，付出了沉重的环境代价，如高浓度的雾霾、水体和土壤的严重污染等，人居环境质量下降。当前，绿色发展是中国的新道路，它强调最大限度地节约资源、保护环境，强调自然资源和环境在经济社会发展中的作用。如今中国政府对自然的价值非常重视，强调生态环境没有替代品，用之不觉、失之难存。要着力推动生态环境保护，像保护眼睛一样保护生态环境，像对待生命一样对待生态环境。

(二) 中国绿色发展的核心要义

在中国的绿色发展实践中，特别注重绿色资源的财富效应，这与中国对贫困治理相关。中国在2013年还有数千万贫困人口，2020年全部脱贫，创下了人类减贫历史的奇迹。经济学教材中有一个术语叫"资源诅咒"，它的含义是资源多、环境好的地方反而更贫困。中国有一些地方存在"资源诅咒"的现象，事实上，中国曾经的一些贫困地区有很好的绿色资源和生态环境，但当时依然难以摆脱贫困。所以，当前中国绿色发展的理念是"绿水青山就是金山银山"，中国政府在思考如何将绿色资源和生态环境变成财富，解决经济增长陷阱问题。

在中国的绿色发展实践中，特别注重科学技术的推动作用。科学技术是平衡经济发展与生态保护的关键。只有当生产实现了高科技的支撑和带动，达到信息化、清洁化、无害化的发展水平，实现低污染、零排放和全封闭，绿色发展才是有根基的，才能有望实现。中国大力推进科技和创新对生产的支撑作用，绿色技术投入比较大，鼓励绿色技术的研发，如中国已是世界上最大的新能源汽车生产国和消费国。中国在积极调整现有的能源结构，加大对新能源技术应用与开发，加大新能源在资源中的占比，鼓励企业积极进行产业升级，快速实现绿色技术的现实应用，促进绿色经济发展。

在中国的绿色发展实践中，特别注重国际合作、发挥大国作为。许多环境问题是跨区域、跨国界的。例如，气候变化就是国际问题，是人类目前共同面对的重大挑战。回顾工业革命以来全球的现代化发展历程，气候变暖与人类财富的增长几乎是同步的，几乎没有哪个国家能逃脱气候变化的影响，全体人类都应当参与到应对气候变化的行动上来。尽管在二氧化碳减排任务上有很大压力，但中国还是签署了《巴黎协定》，承诺完成减排任务，中国是应对气候变化的推动者，既发挥了大国担当，也造福了国内百姓。

第三节

中国绿色发展的典型案例

近年来，中国对国土资源进行了重新规划，将原本为其他土地类型的耕地恢复为原始用途，退耕还林、退耕还湖、退耕还草，这是尊重自然的表现。这些只是中国绿色发展众多措施的缩影而已，事实上，中国已经为绿色发展规划和实施了许多工程项目，如植树造林、垃圾分类、蓝天工程、净水工程、生态修复、可再生资源开发利用等，其中有些项目是超级工程，付出的经济成本巨大，但收获的生态效应也大，成为典型案例。

一、"绿色长城"工程

人们都知道万里长城是中华文明的象征，但可能不知道的是，在中国还有另外一条"绿色长城"，它东起黑龙江、西至新疆，全长 8000 千米，守护中国西北、华北、东北的广大地区，使其不再受风沙侵袭之苦，不再有水土流失之患。"绿色长城"是"三北工程"的形象称谓。三北工程，指在中国三北地区（西北、华北和东北）建设的大型人工林业生态工程。工程分八期进行，占我国国土总面积的 45%，被誉为"绿色长城"。三北工程是 20 世纪 70年代末在小平同志的关怀下，中共中央、国务院为减缓我国日益加速的荒漠化和水土流失进程而实施的生态建设工程，工程规划时间长达 73 年，规划总面积达 406.9 万平方千米，点燃了亿万中国人的绿色梦想。1978 年 11 月

25 日,三北工程正式启动。三北工程建设 40 周年时,习近平总书记作出重要指示,强调三北工程建设是同我国改革开放一起实施的重大生态工程,是生态文明建设的一个重要标志性工程,经时 40 年不懈努力,建设取得巨大生态、经济、社会效益,成为全球生态治理的成功典范。

2011～2020 年是三北五期工程建设期,也是三北工程建设取得突破性成就的时期。在生态效益方面,三北地区生态环境质量呈现稳中向好趋势,自然生态系统恶化趋势得到基本遏制,风沙危害得到有效缓解,水土流失得到有效治理,护农促牧屏障日益完备[①]。截至 2020 年底,五期工程累计完成营造林保存面积 527.12 万公顷,40 多年累计完成营造林保存面积达 3174.29 万公顷。工程区森林覆盖率由四期末的 12.40% 增加至五期末的 13.84%。在经济效益方面,三北工程坚持生态治理与改善民生协同推进,特色林果业和林下经济初具规模,绿色富民产业助力脱贫攻坚成效显著。经测算,五期工程完成的营造林每年所产生的经济效益总值高达 964.55 亿元。截至五期工程末,帮助 1500 万农民脱贫,脱贫贡献率达 27%;三北地区森林旅游年接待游客 3.85 亿人次,旅游直接收入达 480 亿元。在社会效益方面,人居环境极大改善、生态文化日益丰富、生态文明意识普遍提高。通过道路绿化、城乡美化亮化等方式,实现人居环境改善。根据全国森林资源第九次清查结果,三北工程区人均森林面积已达 0.26 公顷。

三北工程开建 40 余年来,建设范围、规模、时长均创下世界生态工程之最。40 多年来,三北工程修复了中国北方脆弱的生态环境,确保了国家生态安全,为中国的改革开放事业建筑起坚实的生态保障,为世界生态建设提供了中国模式。

二、浙江"千万工程"

"千村示范、万村整治"工程,简称"千万工程",是"绿水青山就是金山银山"理念在浙江基层农村的成功实践。2003 年 6 月,在时任浙江省委书记习近平的倡导和主持下,以农村生产、生活、生态的"三生"环境改善为重点,浙江在全省启动"千万工程",开启了以改善农村生态环境、提高农民生活质量为核心的村庄整治建设大行动。习近平同志亲自部署,目标是花 5 年

---

① 姚亚奇. 那片北疆"绿色长城",如今怎样了[N]. 光明日报,2022-08-02(10).

时间，从全省 4 万个村庄中选择 1 万个左右的行政村进行全面整治，把其中 1000 个左右的中心村建成全面小康示范村。2005 年，习近平同志在安吉县余村调研时提出"绿水青山就是金山银山"的发展理念，把生态建设与"千万工程"更紧密地结合起来，美丽乡村建设成为"千万工程"的重要目标。多年来，整治范围不断延伸，从最初的 1 万个左右行政村，推广到全省所有行政村；内涵不断丰富，从"千村示范、万村整治"引领起步，推动乡村更加整洁有序，到"千村精品、万村美丽"深化提升；推动乡村更加美丽宜居，再到"千村未来、万村共富"迭代升级；强化数字赋能，逐步形成"千村向未来、万村奔共富、城乡促融合、全域创和美"的生动局面。

2018 年 9 月，浙江省"千村示范、万村整治"工程被联合国授予"地球卫士奖"中的"激励与行动奖"，为营造和谐宜居的人类家园贡献了中国方案。"千万工程"的首要做法就是坚持生态优先、绿色发展。一是打好"生态牌"，走生态立村、生态致富的路子，并明确了"绿水青山就是金山银山"的发展理念。二是全力推进农业面源污染治理，开展"无废乡村"建设，实施生态修复，不断擦亮生态底色。三是坚持生态账与发展账一起算，整治重污染高耗能行业，关停"小散乱"企业，大力创建生态品牌、挖掘人文景观、培育乡村新业态，推动田园变公园、村庄变景区、农房变客房、村民变股东，持续打通"绿水青山就是金山银山"的理念转化通道，把生态优势变成民生福利。

第四节

生态文明与"绿色中国"

一、习近平生态文明思想

中国特色社会主义是一种既坚持科学社会主义的基本原则，又立足于中国国情的社会主义，这两个方面都要求建设中国特色社会主义必须把生态文明作为标准之一。社会主义的本质特征和核心价值在于创建一种以实现人的全面发展为宗旨，以真正满足人的功能和需求为主要内容的存在方式，中国人民在从事中国特色社会主义的伟大事业的过程中，也就必然会把建设生态文明作为一个重要的战略任务。中国特色社会主义是一种把科学发展作为基本发展战略的社会主义，这就决定了中国的发展不是一种西方传统式的发展，而是一种绿色发展。中国特色社会主义是一种把构建社会主义和谐社会作为基本历史任务的社会主义，这就意味着实现人与自然之间的和谐是它的主要目标之一，走和谐发展的道路，也就是走生态文明的道路，生态文明社会就是最理想的和谐社会。

党的十八大以来，以习近平同志为核心的党中央把生态文明建设摆在全局工作的突出位置，明确提出大力推进生态文明建设，努力建设美丽中国，实现中华民族永续发展。通过全面加强生态文明建设，一体治理山水林田湖草沙，开展了一系列根本性、开创性、长远性工作，决心之大、力度之大、成效之大前所未有，生态文明建设从认识到实践都发生了历史性、转折性、全局性的变化。习近平总书记传承中华民族传统文化、顺应时代潮流和人民意愿，站在坚持和发展中国特色社会主义、实现中华民族伟大复兴中国梦的战略高度，深刻回答了为什么建设生态文明、建设什么样的生态文明、怎样建设生态文明等重大理论和实践问题，系统形成了习近平生态文明思想。[①]习近平生态文明思想以科学的理论范畴、严密的逻辑架构、深邃的历史视野丰富和发展了马克思主义人与自然关系理论，对中华优秀传统生态文化进行了创造性转化、创新性发展，为正确认识人与自然关系提供了科学指导，为建构中国自主的生态文明知识体系提供了科学指引。[②]

习近平生态文明思想的形成与发展具有深厚的理论依据、实践基础和文化底蕴，这一思想继承和创新了马克思主义自然观、生态观，运用和深化了马克思主义关于人与自然、生产和生态的辩证统一关系的认识，是对西方以资本为中心、物质主义膨胀、先污染后治理的现代化发展道路的批判与超越，实现了马克思主义关于人与自然关系思想的与时俱进。这一思想是在几代中国共产党人不懈探索的基础上，针对新时代人民群众对优美生态环境有了更高的期盼和要求这一重大变化，以新的视野、新的认识、新的理念赋予生态文明建设理论新的时代内涵，是社会主义生态文明建设理论创新成果和实践创新成果的集大成，开创了生态文明建设新境界。这一思想根植于中华优秀传统生态文化，传承"天人合一""道法自然""取之有度"等文化传统和

---

① 汪晓东，刘毅，林小溪. 让绿水青山造福人民泽被子孙——习近平总书记关于生态文明建设重要论述综述[N]. 人民日报，2021-06-03(01).
② 赵建军. 中华优秀传统生态文化的创造性转化创新性发展[N]. 人民日报，2022-07-18(11).

生态智慧，并对其进行创造性转化、创新性发展，体现中华文化和中国精神的时代精华，为人类可持续发展贡献了中国智慧、中国方案。

二、"绿色中国"的宏伟目标

从中国古代追求人与自然的和谐相处之道，到中国今天寻找绿色发展之路，中国人民一直有一个"绿色中国"的梦想。中国曾经在追梦路上走过弯路，资源浪费、环境污染事件频发，甚至有些事件严重影响了人们生产生活。黄河是中国第二大河，取名黄河是因为水中携带大量泥沙。中国史书记载，在黄河流域成为中国文明的中心地之后，为发展农业经济，黄河流域植被破坏比较严重，大量泥沙被冲刷入河，清水变成了黄水。2013 年中国雾霾污染集中爆发，几乎波及全国所有省份，全国平均雾霾天数达 29.9 天，创下 52 年来之最。雾霾大面积集中爆发是大自然发出的警告，空气污染如此严重使中国再次深思绿色发展才是有效的。中国城市化与工业化带来困惑与苦恼，当一座座城市用大楼和烟筒取代了一棵棵大树的时候；当工业污水把小溪变成臭水沟的时候；当灰蒙蒙的天空吞噬了蓝天白云的时候，大家一定会怀念起农村，怀念起曾经美好而和谐的生态。

中国正在追求中国梦，这就包括"绿色中国"之梦、"美丽中国"之梦。多年前，中国人民的梦想是挣钱，变得富裕，但当人民挣到了财富时，空气、饮用水等却令人担忧，中国过去多年经济高增长所积累的环境问题降低了人们的幸福指数。中国现在已经清醒意识到生态环境的重要性，在想办法避免走"先污染、后治理"的老路，中国在以前所未有的努力走出污染，建设美丽中国。

建设美丽中国是发展的目标。尽管在生态建设方面取得了很大成效，但是生态环境保护仍然任重道远。步入新时代，我国社会主要矛盾已经转化为人民日益增长的美好生活需要和不平衡不充分的发展之间的矛盾，而对优美生态环境的需要则是对美好生活需要的重要组成部分。在党的十九大报告中，将"美丽中国"纳入建设社会主义现代化强国的奋斗目标之中，多次提出要建设"美丽中国"。党的二十大进一步明确要推进美丽中国建设，还自然于宁静、和谐、美丽，这句富有诗意的表述，实际上反映了党的执政理念，体现了党的责任担当和历史使命。党的十九大报告指出，到 2035 年基本实现社会主义现代化，生态环境根本好转，美丽中国目标基本实现；到本世纪中叶，建成富强民主文明和谐美丽的社会主义现代化强国，生态文明将全面提升。

可以先想象一下未来的"绿色中国"将是怎样的一个国家。在整个冬天，以北京为代表的中国大城市不再有雾霾，灰暗的天空消失，每天都能遇见蓝天，人们不用戴着口罩呼吸，所有河流不再是臭水沟，能见到各种各样的鱼，城市随处可见绿色植物，而不仅仅是高楼大厦，小河流、小湖泊、小溪、湿地、森林公园等自然环境在城乡均有布局，生活在如此美丽的环境中，人们非常幸福。这就是"绿色中国"之梦，中国正在努力实现。

经济全球化与开放发展 **第九章**

经济全球化是社会生产力发展的客观要求和科技进步的必然结果，开放是我国经济发展的重要法宝。我国对外开放 40 多年取得了巨大成就的同时，也存在一些突出问题，要以"一带一路"建设为抓手，构建互利共赢、多元平衡、安全高效的开放型经济新体制，为推动构建人类命运共同体贡献中国力量。

第一节

经济全球化和中国对外开放历程

一、经济全球化的定义和主要表现

(一)经济全球化的定义

国际货币基金组织在 1997 年 5 月发表的一份报告中指出："经济全球化是指跨国商品与服务贸易及资本流动规模和形式的增加，以及技术的广泛迅速传播使世界各国经济的相互依赖性增强。"而经济合作与发展组织认为："经济全球化可以被看作一种过程，在这个过程中，经济、市场、技术与通讯形式都越来越具有全球特征，民族性和地方性在减少。"

因此，可从三方面理解经济全球化：一是世界各国经济联系加强和相互依赖程度日益提高；二是各国国内经济规则不断趋于一致；三是国际经济协调机制强化，即各种多边或区域组织对世界经济的协调和约束作用越来越强。

从一般意义上来讲，经济全球化是指人类的经济活动跨越主权国家地理版图的界限，在全球市场范围内展现出全方位的沟通和互动，并使生产要素在全球范围内自由流动和优化配置的客观历史进程和趋势。

(二)经济全球化的表现形式

经济全球化的表现形式可以细分为六个方面：贸易全球化、投资全球化、金融全球化、生产全球化、技术和信息全球化以及人力资本全球化。

1. 贸易全球化

随着全球货物贸易、服务贸易，技术贸易的加速发展，经济全球化促进了世界多边贸易体制的形成，从而加快了国际贸易的增长速度，促进了全球贸易自由化的发展，也使加入 WTO 的成员以统一的国际准则来规范自己的行为。

2. 投资全球化

随着经济的全球化、信息技术的进步和高新技术产业的飞速发展，跨国公司为了适应更为激烈的全球化竞争，改变过去仅将活动集中在母国或者少数专业市场的做法，开始加大海外投资的力度。跨国公司投资的全球化主要表现为分支机构数量不断增加且投入费用不断加大、海外分支机构的专利日益增多、跨国公司全球战略联盟迅速发展三个方面。

3. 金融全球化

经济全球化形成了世界性的金融机构网络，大量的金融业务跨国界进行，跨国贷款、跨国证券发行和跨国并购体系也已形成。世界各主要金融市场在时间上相互接续、价格上相互联动，几秒内就能实现上千万亿美元的交易，尤其是外汇市场已经成为世界上最具流动性的市场。

4. 生产全球化

由于新科技革命和跨国公司的推动，生产全球化取得巨大进展。现如今某一产品的价值链可以由不同国家的不同企业共同生产完成，这时，生产的国家边界被突破，生产的企业边界也被突破，企业内部的生产经营行为甚至延伸到其他国家的企业。生产全球化可分成四种基本方式，即加工外包、原始设备制造、原始设计制造和原始品牌制造。

5. 技术和信息全球化

信息技术革命的蓬勃发展，信息技术产业在世界经济中的优先增长，使以知识、专利、产品等各种形式表现出来的技术和信息在全球范围内进行贸易、转让和应用，跨国公司的研究和开发活动向全球每个角落延伸，许多企业尤其是高技术企业广泛进行研究开发方面的国际合作，因此技术和信息的生产、扩散和利用日益在全球范围内进行。技术和信息的全球化是当今经济全球化的基础和新动力，它的发展丰富了经济全球化的内容，导致经济全球化的多方面质变，促使经济全球化进入一个全新的境界。

6. 人力资本全球化

随着经济全球化的进一步推进，劳动力市场的开发是必然的。根据 2018年的数据统计，全球有将近 1.5 亿的劳动力跨国就业，劳动力队伍中外国劳工的比例也在逐年上升。人力资本的全球化使各个国家的就业市场发生了巨大的变化，以美国为首的西方国家享受了人力资源全球化的好处，但发展中国家可能会面临人才流失的困境。

二、经济全球化对世界经济的影响

(一)经济全球化的正面效应

首先，经济全球化可使世界范围内的资金、技术、产品、市场、资源、劳动力进行有效且合理的配置。经济全球化加速了生产要素在全球范围内的自由流动，形成了统一的全球市场，从而推动跨国公司的全球化经营和全球产业结构的调整，并最大限度地实现资源的优化配置。

其次，经济全球化为世界各国人民提供了选择物美价廉的商品和优质服务的好机会。随着市场全球化的发展，物流将成为国际贸易的主要形式，世界各国人民可根据自己的爱好和消费需要，选择自己需要的商品。

再次，经济全球化将促进贸易和投资的自由化。贸易与投资自由化是世界经济全球化的产物，又是全球化的强大推动力。正是贸易与投资自由化的加速发展推进了世界经济全球化的进程。世界贸易自由化核心内容就在于减少或取消关税壁垒和非关税壁垒。WTO 正式运转后，首次将服务贸易、知识产权和投资等非货物贸易也纳入多边规则之中，使扩大多边自由化的领域以及扩大国际贸易自由化进程成为 WTO 的一个核心职能。

最后，经济全球化加速技术转让和产业结构调整的进程。经济全球化带来了国际分工的大发展、产业的大转移和资本、技术等生产要素的大流动，这对于发展中国家弥补国内资本、技术等要素缺口，发挥后发优势，迅速实现产业演进、技术进步、制度创新以及促进经济发展十分有利。跨国公司为了延长技术的生命周期，扩大技术效用以及给自己的技术寻找出路，大大加速了技术转让活动。这种加速转让在客观上有利于发展中国家的技术发展，有利于发展中国家加快产业结构的升级和工业化进程，加速从传统经济向现代经济的转变。

(二)经济全球化的负面效应

首先，经济全球化加剧了世界经济的不平衡，使贫富差距拉大。经济全球化带来的是对发展中国家民族经济的冲击，而且这种冲击是建立在不平等关系基础之上的。西方发达国家所拥有的部分经济、技术和管理优势，是发展中国家不可及的。因此，经济全球化中获益最大的当然是社会生产力高度发展的发达国家，而经济和技术相对落后的发展中国家尽管具有一定的中长期利益，但在近期或较长的时间内是受益较少的，甚至可能受到很大的损害和冲击，如许多民族企业亏损或倒闭等。虽然经济全球化客观上能导致全球物质财富的增加，但在市场化的过程中，竞争是首要法则，它在创造高效率的同时，必然导致财富越来越向少数国家或利益集团集中，导致贫富差距的扩大。

其次，经济全球化使世界经济不稳定性加大。随着世界各国金融领域的逐渐开放，金融产品的不断衍生，各国的货币市场、债券市场、外汇市场、股票市场、期货市场等形成了一个全球性的巨大交易网络。在这个网络作用下，全球金融产品的交易额遥遥领先于实物产品的交易额，而且金融产品的交易是全天候的，交易极其迅速，成本较为低廉，这就给世界经济带来了极大的不稳定因素。比如，1992年，国际金融大鳄乔治索罗斯对英镑发起攻击，结果他本人收获了10亿多美元。1997年，他又冲击东南亚金融市场，使东南亚经济几乎一夜之间回到了起飞前。

再次，现行的全球经济运行规则不尽合理，大多有利于发达国家。在经济全球化进程中，很多国际经济组织的规则主要由发达国家来制定。现存的国际经济规则中虽然有些规则考虑到发展中国家的利益，如WTO的规则，但大部分规则仍是由发达国家主导制定的，有些规则还是在发展中国家缺席的情况下制定的。某些产业发展规则是在发展中国家还没有发展该产业的时候制定的，如信息技术产业协议以及劳工标准等。发展中国家一旦发展这些产业就必须遵守他们并未参与制定的规则，并为此而付出代价。此外，尽管发达国家极力提倡经济全球化和贸易自由化，但是，各国政府为维护本国利益，仍然实施各种贸易壁垒措施，尤其是非关税壁垒措施，如所谓绿色壁垒、技术壁垒等。这些由发达国家有意制定的贸易标准往往是发展中国家难以达到的。这些措施客观上阻碍着生产要素在各国间的自由流动，从而使市场导向机制受到很大的限制，发展中国家所应得到的机会与利益无从保障。因此，目前经济全球化给世界经济所带来的利益是建立在发展中国家经济利益及政治利益遭受损失的基础之上的。

最后，经济全球化还可能导致发展中国家生态环境遭到破坏。例如，日益蔓延的荒漠化、土地的侵蚀、动植物物种的灭绝、海洋与河流的污染等问题。发达国家往往出于本国战略利益的考虑，为了保护本国的生态环境不受污染，而把大量的污染源工业都建立在海外，既消耗了他国的资源，又污染了他国的环境。

三、经济全球化给中国带来的机遇与挑战

(一)经济全球化给中国带来的机遇

第一，经济全球化给中国带来了更多引进、利用外资的机遇。注入中国的外国直接投资在 20 世纪 90 年代迅速增加，1997 年达到 452.57 亿美元(占当年中国利用外资总额的 70%)，中国实际利用外国直接投资超过英国、法国居世界第二位。经济全球化进程将使我国能够更多、更好地利用外资，从而加快我国的发展。

第二，经济全球化给中国带来了更多引进技术并消化、吸收和创新的机遇。改革开放以来，中国之所以能够短期内在众多技术领域缩短与世界水平的差距，甚至在一些技术应用方面与世界同步，很大程度上得益于经济全球化带来的技术交流。

第三，经济全球化给中国带来了更多引进世界先进管理技术与知识并实现管理创新的机遇。从整体上看，中国的管理从理论到实践都相对滞后，甚至比技术的差距更大。伴随着经济全球化的人才流、资本流、信息流、知识流和物流的涌动过程，中国能够引进、吸收世界上的先进管理技术与知识，并根据我国的国情进行管理创新。

第四，经济全球化给中国带来了加快产业结构调整的机遇。一方面，中国必须加快产业的改造和更新；另一方面，中国必须大力发展高新技术产业及知识服务业。从策略上讲，在经济全球化浪潮中接受发达国家技术相对先

进的劳动密集型产业的转移，不失为我国产业结构调整和优化过程中的一种现实选择。

(二)经济全球化给中国带来的挑战

第一，经济全球化对中国国家经济安全产生消极影响。我国作为现代化启动晚的发展中国家，西方发达国家在经济、科技方面给我们很大的压力。特别是发达国家在科技、金融、管理等方面的优势，使中国可能面临经济技术和依赖的风险，对中国的国家经济安全构成了潜在的威胁。

第二，经济全球化会对中国的生态环境产生不利影响。经济全球化将使中国加快产业结构调整，接受发达国家越来越多的劳动密集型和资源密集型产业的转移，其中不乏部分对生态环境产生不良影响的产业项目，可能加剧中国生态环境的恶化。

第三，经济全球化对中国经济发展的均衡性产生消极影响。经济全球化进程的异质性规律，可能会加剧中国经济发展的不平衡。经过40多年的改革开放，中国的综合国力大大增强，但同时表现出各地发展明显不平衡。经济全球化带来的人才流、资本流、信息流、知识流和物流具有很强的选择性，无疑会加剧中国经济发展的不平衡性。

四、经济全球化的发展趋势

(一)未来经济全球化的速度将有所放缓

第一，近年来国际贸易和跨国投资增长乏力。国际贸易和跨国投资增速是经济全球化发展速度的外在体现。根据国际货币基金组织统计，2002~2008年全球贸易量年均增长7.1%，高于同期4.5%的全球经济年均增幅。联合国贸易和发展组织发布的《世界投资报告2018》数据显示，2008年国际金融危机爆发后，全球外商直接投资(Foreign Direct Investment，FDI)(流量)复苏艰难曲折，一度徘徊在1.5万亿美元附近，2015年达到1.92万亿美元的高点，但此后连续大幅下滑，2016年为1.87万亿美元，下降2.6%，2017年为1.43万亿美元，下降23.5%。2018年，全球经济笼罩在贸易保护主义的阴影下，全球FDI(流量)未有明显恢复。

第二，传统经济全球化动能正在减弱。过去一段时期，经济全球化迅速发展的重要动能就是广大具有低成本劳动比较优势的发展中国家的加入，中国就是典型的代表。从趋势上看，这一传统经济全球化动能正在减弱，与此同时，反全球化思潮和逆全球化行为成因复杂而深刻，短期内难以风平浪静，因此未来经济全球化速度难有明显改观。

近年来，中国的劳动成本刚性上升，一些仍具有低成本劳动比较优势的国家，如越南，未来也会面临中国当前的问题，而近年来自动化和人工智能技术的不断进步大幅降低了劳动这一要素在产品价值中的比重，全球范围内无人工厂大量涌现。结果就是，劳动密集型产业相关的国际贸易和投资比重下降，根据麦肯锡的《全球化大转型，贸易和价值链的未来在何方》，2017年全球只有18%的商品贸易来自劳动力成本优势，劳动密集型制造业产品占全球商品贸易的份额从2005年的55%下滑到43%。

传统经济全球化动能减弱、速度放缓的重要外在表现就是商品贸易和服务贸易的"此消彼长"。在以往更多基于低成本劳动比较优势的全球贸易中，跨境流动的主要是商品，未来随着技术的不断进步，跨境流动有望变成以知识产权、贸易增值服务等为代表的服务。根据WTO统计，2017年全球商品贸易总额为17.3万亿美元，服务贸易总额为5.9万亿美元，虽然商品贸易仍是服务贸易的近三倍，但是，2007年以来服务贸易的扩张速度比商品贸易快60%。

(二)未来经济全球化的动力将有所转换

第一，知识与技术密集型产业的加快发展和创新链的跨境配置有望成为未来经济全球化的供给端动力。当前，以新一代人工智能为引领，包括新能源、新材料、生物等多领域科技革新的新一轮科技革命正孕育兴起。事实上，资本对创新资源和知识的追求早已成为趋势，新一轮科技进步乃至科技革命的外在表现将是知识和技术密集型产业的大发展。据麦肯锡测算，2000~2016年，在形成全球价值链的主要产业中，研发投入和商标、软件、知识产权等无形资产占产业总收入的比重由5.4%上升到13.1%。

在上一个阶段，与经济全球化深入发展相应的是商品生产被拆分到各个具有比较优势的地区，比如，计算机的加工组装在中国，内存生产在泰国，显示器生产在韩国。未来，随着知识和技术密集型产业的发展，创新链将被不断地细化并配置到具有比较优势的地区，进而带动全球产业链、价值链、供应链布局的重构，形成更多的知识和技术密集型产品的商品贸易、围绕科技创新的高增值服务贸易以及相关的跨境投资，为经济全球化长期发展注入新动能。

第二，以中国为代表的发展中国家的群体性崛起有望成为未来经济全球化的需求端动力。从需求端看，在上一阶段，全球最终需求主要集中在发达国家，正是发达国家旺盛的需求牵引着过去一个时期全球贸易投资的快速增长，而未来随着以中国为代表的发展中国家的崛起，全球最终需求将发生重大结构性变化，发展中国家有望占据其"半壁江山"，对国际贸易和跨境投资、全球产业分工格局产生重大影响。

目前，中国已成为世界第二大经济体、第一大货物贸易国、第一大外汇储备国，近年来对世界经济增长的贡献率超过30%。据麦肯锡测算，1995年、2007年、2017年、2030年，发达国家在全球最终消费中的比重分别为81%、74%、62%、49%，呈下行趋势，而发展中国家分别为19%、26%、38%、51%，其中，到2030年，中国在全球最终消费中的比重将达到16%，比2017年提高6个百分点。中国等发展中国家成长为经济全球化的需求端动力，将对国际贸易产生重要影响。一方面，随着产业竞争力的提升，本土生产和创新能力增强，原本需要进口的产品数量下降，形成进口替代效应；另一方面，随着居民收入增长，消费需求更加多元化，与知识和技术密集型产业密切相关的产品和服务进口增加，这将对贸易增长形成助推作用。

(三) 未来经济全球化的模式将有所改变

第一，国际分工逐步由全球型的"大三角"模式转向区域集中的板块模式。2008年国际金融危机爆发前，全球产业分工形成了"大三角"格局。以美国为首的发达国家创造大量最终需求，以中国为代表的广大新兴经济体和以日本、德国为代表的发达经济体供给中间产品和最终消费品，能源资源富集国向全球供给能矿产品。在"大三角"分工模式下，资本需要全球配置资源，由一个"角"到另一个"角"的商品和服务往往需要长距离输送，导致某一区域内部的贸易占全球贸易的比重持续下降。据麦肯锡测算，2000～2012年区域贸易占全球贸易比重由51%下降到45%。

近年来，区域性自贸协定大量涌现，使区域内部要素流动成本大大降低，加上多回合谈判停滞，欧盟不断扩容、一体化程度加深，中国产业竞争力提升、周边配置资源能力增强，区域贸易占全球贸易比重于2017年回升到47.5%，其中最主要的贡献就来自欧洲和亚太地区。未来，随着经济全球化逐步转向知识和创新驱动、劳动密集型产品占全球贸易比重下降，为实现创新成果及时转向下游环节，资本将更倾向于以某一国为支点进行周边资源配置，国际分工的板块模式更为明显。

第二，国际经贸规则由发达国家主导的局面可能会出现重大变化。当前，国际货币基金组织、世界银行、WTO 等国际治理平台仍由一些发达国家主导，这些发达国家拖延和阻挠其改革进程，并通过签署高标准、具有排他性质的自贸协定，推行竞争中立、国有企业、劳工、环境等利己的新议题，提升自身制度性话语权。广大发展中国家在国际经贸规则改革中有着自身的诉求，最核心的就是具有比较优势的本国产品和服务可以更便捷地以更低成本进入最终消费市场。就目前情况看，发达国家推行的高标准规则在诸多领域与发展中国家的诉求相悖，未来双方还将进行复杂而漫长的博弈。可期的结果是，多边贸易体制实质性作用继续下滑，各种双多边自贸协定涵盖的国际经贸投资比重上升，这也会强化前文所述的国际分工区域化趋势。

比较重要的趋势是，"一带一路"倡议有望成为新的国际治理平台。共建"一带一路"国家基本国情、发展基础、资源禀赋等差异巨大，共同的特点是发展水平不高，工业化和城镇化进程较为滞后，发展诉求强烈。"一带一路"框架下的合作不以签署自贸协定为前提，各国可以依据自身优势平等参与，在共商共建共享中提升自身发展能力。未来，中国将与沿线各国共同构建争端解决机制、安全风险预警防控机制、应急处置工作机制，"一带一路"倡议将在机制化上取得更多成果，为国际经贸规则的调整完善做出更大贡献。

五、我国对外开放的演进轨迹

中国是经济全球化的受益者，更是贡献者。20 世纪 70 年代末，中国开启了波澜壮阔的改革开放伟大征程。伴随着 40 多年对外开放的进程，我国对外贸易取得举世瞩目的成就，贸易规模快速扩大，贸易结构不断优化。2017 年进出口总额为改革开放之初（1978 年）的 199 倍，在世界贸易中的地位由 1978 年的第 30 位跃升为世界第一大贸易国。对外贸易的快速发展，推动了国民经济稳定和可持续增长，2017 年中国外贸依存度达到33.5%。从我国对外贸易发展目标定位、贸易方式和贸易结构转变的视角，可将我国 40多年的对外贸易发展划分为四个阶段。

（一）探索尝试阶段：1978～1991 年

1978 年 12 月，党的十一届三中全会拉开了我国改革开放的序幕，我国对外开放开始起步。这一阶段的主旋律是"简政放权、出口导向、引进外资"。1980 年 5 月,党中央决定设立深圳、珠海、汕头、厦门四个经济特区,允许其实行特殊政策和措施,鼓励引进和利用境外的资本、技术和管理经验,随后 1984 年 5 月进一步开放天津、上海、大连等 14 个沿海港口城市,鼓励出口创汇,目的是缓解技术落后和破除外汇短缺局面。通过这一阶段的改革,中国对外贸易取得了飞跃式发展。1978 年,我国出口总额仅为 97.5 亿美元,1991 年增长至 719.1 亿美元,贸易总额由 206.4 亿美元增长至 1357 亿美元。1978 年贸易逆差 11.4 亿美元,到 1992 年变为贸易顺差 43.5 亿美元,外汇储备增长近 130 倍。

1978 年的改革开放拉开了中国金融业开放发展的序幕。一是 1979 年日本输出入银行在中国设立代表处。日本金融机构代表处的设立具有试点性质,这是中国金融机构对外开放的重要事件。二是 1980 年深圳经济特区成立,为吸引外资提供了平台。三是 1983 年《关于侨资、外资金融机构在中国设立常驻代表机构的管理办法》的颁布,基本解决了外资金融机构的后顾之忧,从法律层面上对外资金融机构进入中国市场后的合法权益进行保护,展示了中国金融业欢迎外资的态度。

(二)全面发展阶段:1992~2001 年

1992 年,党的十四大正式确立"我国经济体制改革的目标是建立社会主义市场经济体制"。在建立社会主义市场经济体制的过程中,我国对外贸易体制改革也在逐渐深化,对外贸易在推动国民经济发展中的作用愈加凸显。这一阶段的主要政策目标是将"走出去"和"引进来"相结合。

1992 年到加入 WTO 之前,中国对外贸易在贸易总量和贸易结构上均有较大改善。2001 年,中国对外贸易总额 5097.6 亿美元,国际排名上升至第六位。其中,出口总额 2661.5 亿美元,贸易顺差 225.4 亿美元。在进口产品中,机械及运输设备占据主要地位;出口产品也从轻纺产品逐渐向机电产品转变。这一阶段的改革为中国对外贸易发展创造了良好的宏观环境,但对外贸易仍然在本国的规则和制度下进行,国际化程度有待提高。

1993 年,中共中央出台《关于建立社会主义市场经济体制若干问题的决定》,国务院颁布《关于金融体制改革的决定》,从顶层设计上完成了对中国金融开放政策的初探,做出推进人民币国际化、促进外汇管理体制市场化改革、实现人民币经常项目有条件可兑换等多项决定。这一阶段有两大标志性事件：一是 1994 年实现汇率并轨，开始实行以市场供求为基础的、单一的、有管理的浮动汇率制度；二是 1996 年实现人民币经常项目完全可兑换，为企业创造了宽松的营商环境。

(三)全面融入世界经济体系形成阶段：2002~2012 年

2001 年 12 月，加入 WTO 是我国深度参与经济全球化的重要里程碑，我国对外开放随之迈入历史新阶段。2002 年 11 月，党的十六大提出，全面提高对外开放水平，要"适应经济全球化和加入世贸组织的新形势，在更大范围、更广领域和更高层次上参与国际经济技术合作和竞争"。此后，我国对外开放由地域上的全方位开放阶段，转入全面融入世界经济体系的新阶段。

为兑现"入世"承诺，中国不断深化改革。一是大幅降低关税税率。我国总体关税水平由 2001 年的 15.3% 大幅降至 2005 年的 9.9%，5 年过渡期下降 35.3%，2012 年进一步降至 9.8%。二是统一内外资企业所得税税率。三是逐步建立符合 WTO 规则的市场经济法律体系。"入世"后我国共集中清理了 2300 多部法律法规和部门规章。我国 2004 年 4 月修订的《中华人民共和国对外贸易法》明确将外贸经营权审批制改为登记制，并删除了关于经营资格条件的要求。

"入世"后，我国逐步兑现加入 WTO 时对银行业、证券业、保险业开放作出的承诺。银行业方面，2003 年，将外资银行人民币业务的客户对象扩至中资企业。2006 年，外资银行在中国境内从事人民币业务的地域和客户限制全部取消，银行业全面对外开放。2007 年，汇丰、渣打、花旗等 21 家外国银行将在华分行改制成法人银行。证券业方面，2002 年开始实施合格境外机构投资者(QFII)制度试点，2003 年 7 月正式引入 QFII 制度。2011 年 12 月，开始实施人民币合格境外机构投资者(RQFII)制度试点。保险业方面，2004 年，我国保险业结束加入 WTO 过渡期，率先在金融领域实现了全面对外开放。截至 2004 年底，有 14 个国家和地区的 37 家保险公司进入我国保险市场。

(四)形成全面开放新格局阶段：2013 年至今

党的十九大报告提出"推动形成全面开放新格局"。大幅度放宽市场准入，扩大服务业对外开放，保护外商投资合法权益，探索建设自由贸易港，创新对外投资方式。一系列政策措施的出台使中国对外贸易迈上新台阶。

2013 年以来，我国自贸试验区建设已经从"一枝独秀"，逐步发展成为"1+3+7+1+6+3+1"的新格局：2013 年 9 月，创建上海自贸试验区；2015 年 4 月，新设广东、天津、福建 3 个自贸试验区；2017 年 3 月，新增辽宁、浙江、河南、湖北、重庆、四川、陕西 7 个自贸试验区；2018 年 10 月，在海南全省范围内创建自贸试验区，开启全域性试点新模式；2019 年 8 月，在山东、江苏、广西、河北、云南、黑龙江 6 省区设立自贸试验区，2020 年 9 月，在北京、湖南、安徽设立自由贸易试验区；2023 年 10 月在新疆设立自由贸易试验区。至此，自贸试验区数量增至 22 个，进一步完善了陆海内外联动、东西双向开放的全面开放新格局。但 2012 年后的全面开放面临新的矛盾，国内方面产能过剩，资源供应紧缺。与此同时，国际社会上，贸易保护主义风头又起，国际市场竞争越发激烈。在此背景下，中国对外贸易政策也发生了变化。在保持传统贸易优势的同时，积极培育新的国际竞争优势，不断调整和优化国际贸易结构，重视进口贸易；加大创新投入力度，扶植高新技术产业；扩大合作范围，促进世界经济共同发展。2013 年，习近平总书记提出了国际社会共同建设"一带一路"的倡议。"一带一路"涵盖亚、欧、非三个大洲 65 个国家，是世界上地理跨度最大的经济通道。"一带一路"是中国对外贸易的通路，是解决中国经济内忧外患的一剂良方。为了形成全面对外开放格局，除了创建自贸区，提出"一带一路"倡议，我国在 2016 年承办了 G20 杭州峰会，还成功举办了六届中国国家进口博览会。2015 年 9 月，习近平主席在纽约联合国总部发表重要讲话中指出："当今世界，各国相互依存、休戚与共。我们要继承和弘扬联合国宪章的宗旨和原则，构建以合作共赢为核心的新型国际关系，打造人类命运共同体。"

为了形成全面对外开放新格局，金融对外开放方面，我国实施了以下举措：一是有序实现人民币资本项目可兑换，推动人民币加入 SDR，成为可兑换、可自由使用货币。二是转变外汇管理和使用方式，从正面清单转变为负面清单。三是放宽境外投资汇兑限制，放宽企业和个人外汇管理要求，放宽跨国公司资金境外运作限制。四是加强国际收支监测，保持国际收支基本平衡。五是推进资本市场双向开放，改进并逐步取消境内外投资额度限制，并在合格境内机构投资者（QDII）、QFII、RQFII 制度的顺利推行为资本市场互通互联提供现实渠道的基础上，于 2014 年 11 月和 2016 年 12 月分别推出沪港通和深港通，为资本市场互通互联提供制度支撑。六是建立浮动汇率制度体系。在 2015 年"8·11"汇改，提升人民币中间价市场地位，以及 2016 年

引入"货币篮子"、2017 年引入了"逆周期因子"后，形成了"收盘价 +
篮子货币+逆周期因子"三足鼎立的局面，这标志着以市场供求为基础、参考
一篮子货币进行调节、有管理的浮动汇率制度已经基本建立。

六、中国对外开放的成就及问题

（一）主要成就

中国对外开放取得的主要成就：一是由"边缘国"到重要"枢纽国"；
二是由"居轻国"到"居重国"；三是由"单向开放"到"双向开放"。

1. 从"边缘国"到重要"枢纽国"

1992 年，中国的枢纽地位居于世界第 16 位。加入 WTO 后，2003 年，
中国的枢纽地位位于美国、德国、英国、法国、加拿大之后，居于世界第 6
位；2010 年，中国 GDP 首次超过日本成为全球第二经济大国，中国的枢纽
地位居于世界第 2 位。

2. 从"居轻国"到"居重国"

在 2000 年总出口贸易网络中，美国是最具控制力和影响力的国家，中
国的影响力位于第 9 位。2000 年贸易流的影响力排名靠前的国家，亚洲地区
主要是日本、韩国，欧洲地区主要是法国、德国、英国和荷兰，美洲地区主
要是美国、加拿大和墨西哥。《全球价值链发展报告（2017）》指出，2000 年
以德国为生产中心的欧洲地区与中国几乎没有价值链关联，而美国与中国的
价值链关联也主要是通过韩国、日本和中国台湾地区进行联系。随着"入世"
后对价值链的广泛和深入参与，中国对贸易流的影响力不断提升。自 2009
年起，中国成为仅次于美国的贸易影响力大国。

3. 从"单向开放"到"双向开放"

随着中国经济实力和国际分工地位的变化，中国从最初注重出口、引进
外资的"单向开放"，逐步转向注重进出口平衡、引进外资和对外投资平衡的
"双向开放"。究其原因，一方面，我们的外汇储备已足够大，且中国在国际
分工中的作用越发重要，需要优质和充足的资源和中间品供给；另一方面，
中国更深入参与全球价值链，为实现产业升级和价值链地位的提升，需要对
外投资以获取发展所需的资源和知识等优质要素。

通过表 9-1 可以看到，我国实际利用外资额及进出口总额整体呈递增的
趋势，虽然进出口总额在 2015 年及 2016 年下滑了，但是 2017 年又迅速增

加，且增长幅度更大。这说明我国对外开放幅度不断增大，对外开放水平不断提升。

表 9-1　2012~2019 年我国对外开放主要经济指标

指标	2012 年	2013 年	2014 年	2015 年	2016 年	2017 年	2018 年	2019 年
GDP（万亿元）	53.8580	59.2963	64.3563	68.8858	74.6395	83.2035	91.9281	99.0865
进出口总额（万亿元）	24.4159	25.8168	26.4241	24.5502	24.3386	27.8098	30.5009	31.5504
进口总额（万亿元）	11.4800	12.1037	12.0358	10.4336	10.4967	12.4789	14.0881	14.3162
出口总额（万亿元）	12.9359	13.7131	14.3883	14.1166	13.8419	15.3309	16.4128	17.2342
实际利用外资额（亿美元）	1132.94	1187.21	1197.05	1262.67	1260.01	1310.35	1349.66	1381.35

资料来源：国家统计局。

(二)现存问题

"世界工厂"的地位助力了中国在国际分工中的枢纽地位和控制力的提升，如今的中国可以更好地在全球获取和集聚资源，但是缺乏与之相匹配的强大的国际市场影响力和规则制定话语权。当今的全球化，依然是以美国为首的发达资本主义主导的全球化。价值链"低端锁定"、出口产品技术复杂度较低、核心技术对外依存度较高等我国外向型经济的缺陷制约了中国向价值链高端攀升的步伐。具体表现如下：

首先，价值链"低端锁定"。自改革开放以来，中国扮演着承接发达经济体简单加工环节的出口"装配厂"角色。中国企业长时间处于发达国家价值链底端，在生产和技术上对已有价值链形成了路径依赖，阻碍了创新。

其次，出口产品技术复杂度较低。1992 年，中国出口占比排名前五的商品(HS4 分类)：男式/女式套装等(6.2%)、石油原油(3.38%)、带轮玩具(2.5%)、皮革制鞋靴(2.25%)、针织或钩编衫(1.97%)；2001 年，自动数据处理设备及部件(5.14%)、办公室用机械零附件(3%)、女式西服套装等

（1.95%）、无线电发送设备和摄像机等（1.92%）、针织或钩编衫（1.92%）；2016 年，电话机等通信设备（8.36%）、自动数据处理设备及部件（6.33%）、集成电路（2.65%）、灯具（1.51%）、机动车零附件（1.42%）。从排行前五的商品可看出，出口产品技术复杂度低，如 1992 年出口集中在原材料、服装、玩具等低技术产品上。2016 年虽有所改变，但提高得不多，出口产品总体处于低技术复杂度水平。

最后，核心技术对外依存度较高。中国缺乏对部分核心技术的控制力，科技创新水平整体上仍有待提高。现阶段，我国很大一部分关键技术、高端设备以及核心零部件和元器件依赖进口。自 1992 年以来，发达经济体向中国出口的高科技产品中，中间品占比在多数年份高于 50%。2001～2011 年，该比重高达 60%～70%。究其原因，在中国对外贸易由弱变强的过程中，基于最初的发展逻辑，把引进外资和技术当作提高和发展国内生产能力的主要手段，虽然方法简单直接、见效快，但是简单的"拿来主义"使我们在一些领域逐步丧失了自主创新的知识和能力，尤其是在一些需要长期投资和积累的领域，对外依存度较高。

第二节

国际贸易与资本流动

一、改革开放以来中国对外贸易的变革

（一）贸易战略的变革：从贸易保护到互利共赢

改革开放以来，中国的贸易战略历经了三个阶段：出口导向和进口替代相结合的贸易战略、出口导向的贸易战略、全面开放新格局下的贸易战略。

1. 改革开放后的第一阶段贸易战略：出口导向和进口替代相结合的贸易战略

改革开放后，中国逐步在沿海地区打开贸易之门。从 20 世纪 70 年代末到 2000 年前后，中国通过引进外资大力发展劳动密集型产业并鼓励出口，

而对于不具备优势的技术密集型产业则保留进口替代战略。1979～1992 年，中国对外贸易的重心在于鼓励出口。采取奖励出口的各类措施，大力发展劳动密集型制成品的出口产业；限制进口，采取许可证制度、外汇管制、提升关税等手段；积极引进外资，注重吸收、学习先进技术和管理模式。1992～2001 年是中国对外贸易开始向多元化发展的重要时期，对外贸易战略主要包括以国际市场为导向，充分发挥比较优势，提升出口产品的国际竞争力。1992 年中国吸收外资金额超过 100 亿美元，到 2001 年则已经超过 468 亿美元。出口导向与进口替代相结合的贸易战略在特定的历史时期，对于扩大贸易规模和吸收外商投资发挥了积极作用。

2. 世界第一贸易大国的诞生：出口导向的贸易战略

自 2001 年加入 WTO 后，中国积极参与经济全球化进程，通过增强综合竞争力构建质量效益导向的外贸促进和调控体系，实施进出口平衡政策，强调发挥进口对经济的助推作用，并进一步扩大服务业开放水平，在高新技术产业、装备制造业、现代服务业和环保产业等新兴产业领域加大引入外资力度，中国成为世界贸易大国。在 2001 年以前，中国每年的进口额、出口额均低于 2000 亿美元，2001 年 12 月加入 WTO 以后，开始真正融入全球价值链体系，对外贸易迅速发展。进出口额在此后的五年间均保持 20%以上的增速。2007 年底，中国货物贸易的进出口总额突破 2 万亿美元，2013 年进一步突破 4 万亿美元，超越美国成为全球第一大贸易国。服务贸易也迅速发展，2012 年服务贸易进出口总额位居世界第三。此后，中国稳居世界贸易大国之列。但该阶段中国对外贸易的高速增长总体依然是基于要素投入的增长模式，本土企业相对于外资企业的出口产品技术复杂度较低，转变贸易发展方式成为新一轮开放的重要使命。

3. 从贸易大国迈向贸易强国：全面开放格局下的贸易战略

改革开放 40 多年来，中国充分发挥优势参与国际经济合作与竞争，已经成为名副其实的贸易大国，但仍需要在保持稳定增长的同时，加快从规模速度型向质量效益型的转变。随着全球化进程中不断增长的跨国投资和产业转移，中间品贸易在对外贸易中所占比重越来越大。中国总体依然处于全球价值链分工中的中低端地位。虽然高技术产品出口额已有明显提升，但是，核心部件和生产性服务依然无法自给，出口产品的国内增加值率相对较低。贸易结构中服务贸易与货物贸易比例需要调整和优化，服务贸易出口占比低于世界平均水平。

（二）开放格局的变革：从经济特区到自由贸易区

1. 从南海小渔村到超级都市的深圳特区

1979 年 1 月，关于在蛇口建设工业区的计划书呈递国务院。邓小平以敏锐的洞察力作出创办出口特区的战略决策。1980 年 8 月，第五届全国人大常委会审议通过了《广东省经济特区条例》，批准深圳、珠海、汕头、厦门四地先行先试设立经济特区。深圳在制度创新方面始终走在前列，如率先引进外资发展混合所有制经济，率先进行外汇管理体制改革，率先引进第一家外资银行等。深圳在中国南海边点亮了星星之火，其成功经验也逐步向其他沿海城市乃至内陆推广。

2. 从散点城市向沿海经济带的开放空间拓展

中国的东部沿海地区经济基础相对坚实，工业体系较为完备，技术力量和人力资本储备相对充足。综合考虑这些优势因素后，1984 年 5 月，中央决定进一步开放大连、天津、秦皇岛、烟台、青岛、连云港、南通、上海、宁波、温州、福州、广州、湛江、北海 14 个沿海港口城市。1985 年 2 月，中央决定将长江三角洲、珠江三角洲、闽南厦漳泉三角区、辽东半岛、胶东半岛列为经济开放区。1988 年 4 月，成立海南经济特区。至此，中国沿海地区对外开放格局基本形成。

3. 从沿海经济带向沿江经济带的开放空间拓展

1987 年颁布的《全国国土总体规划纲要》在国家战略层面提出了"点—轴系统"和"T 字型战略"，在继续大力发展东部沿海经济带的同时，提出沿海、沿长江空间开发结构战略。沿长江经济带的经济发展与对外开放问题引起了中央高度重视。1991 年邓小平在视察上海时，指出"开发浦东，不只是浦东的问题，是关系上海发展的问题，是利用上海这个基地发展长江三角洲和长江流域的问题"。1992 年国务院召开的长江三角洲及长江沿江地区经济发展规划座谈会上达成了共识：长江三角洲和沿江地区涉及七省一市，基础设施好，农业经济比较发达，工业门类比较齐全，加上城市众多、人才密集、科技力量强等有利因素，这一地区将成为继沿海开发之后又一个发展最快的经济发展先行区。加快沿海发达城市与沿江经济带协同发展成为扩大对外开放格局的重要战略。与此同时，沿边开放也日益活跃起来。

4."一带一路"倡议和自由贸易区支撑更高层次的全方位开放

党的十八大以来，中国经济进入从高速增长转为中高速增长、经济结构不断优化升级、从要素驱动和投资驱动转向创新驱动的新常态阶段。中国的改革开放进入攻坚期和深水期。面对新的国际贸易格局，2013年8月，国务院决定设立中国(上海)自由贸易试验区，同年9~10月，习近平分别提出建设"新丝绸之路经济带"和"21世纪海上丝绸之路"的合作倡议。2014年12月，国务院决定在广东、天津和福建设立自由贸易试验区。2015年3月，国家发展改革委、外交部、商务部联合发布了《推动共建丝绸之路经济带和21世纪海上丝绸之路的愿景与行动》，提出在陆上依托国际大通道，以沿线中心城市为支撑，以重点经贸产业园区为合作平台，共同打造新亚欧大陆桥、中国—中亚—西亚、中国—中南半岛、中蒙俄等国际经济合作走廊；在海上强调依托重要港口，共建通畅安全高效的运输大通道。2016年8月，国务院决定进一步在辽宁、浙江、河南、四川和陕西设立自由贸易试验区。党的十九大报告明确提出："赋予自由贸易试验区更大改革自主权，探索建设自由贸易港。"中国加快构建开放型经济新体制，推动形成更高水平开放格局，"一带一路"倡议成为中国企业"走出去"的重要机遇，也是中国发展惠及亚洲、实现人类命运共同体的关键渠道。

(三) 贸易结构的变革：从低附加值产品到高附加值产品

1. 进出口贸易产品的结构变革

第一次变化是由初级产品向工业制成品为主的出口结构转型。第二次变化是由轻纺产品向机电产品为主的出口结构转型。第三次变化是从低端机电产品向高端机电和尖端技术产品出口的转型。

2. 服务贸易结构变革：由传统服务向高端服务转变

相对于货物贸易而言，中国的服务贸易起步较晚。1991年服务进出口总值仅有108亿美元，但随着开放的不断推进和改革的持续深化，中国服务进出口总值迅速增加，世界占比快速提升，2015年服务进出口总值排名世界第二。1997年旅游、运输、建筑等传统服务业占比分别为49.3%、12%和2.4%，其他商业服务和相对的高端服务业占比很低。到2016年，三大传统服务业占比下降到46.5%，计算机和信息服务、咨询、保险、金融、广告宣传等技术含量较高、附加值较高的生产性服务业出口比重明显增长，其合计占比达到34%。新兴服务进出口表现活跃。目前，在中国三大传统服务以外的各类新兴服务中，电信、计算机和信息服务进出口同比增长最快，其次是文化服务、专业管理和咨询服务。出口方面，知识产权使用费和文化服务出口增速最快，其次是电信、计算机和信息服务、专业管理和咨询服务。进口方面，电信、计算机和信息服务以及文化服务进口增长较快。

3. 直接投资结构变革：从吸引 FDI 到双向投资

在中国改革开放初期，首先要解决的难题便是资金和技术缺口，需要尽可能地在重点产业和关键领域吸引 FDI。中国市场消费潜力巨大，劳动力成本较低，发展前景良好，外国投资者也能获取较高的投资回报率。20 世纪 90 年代以来，尤其是邓小平南方谈话以后，中国 FDI 始终保持着较快的增长速度，中国的经济开放迈入新的发展阶段。2008 年以后，中国出台了一系列新法规，规定外商投资企业与国内企业按统一税率纳税，并增加外资禁入的行业数量，中国引入外资的目标管理从大规模、高增长指标逐步向优化外资结构、营造企业公平竞争环境的方向转变。外商直接投资的主要来源地是中国香港、新加坡、中国台湾、韩国、日本、美国、德国、法国、英国以及中国澳门。FDI 实际使用金额最多的五个行业分别为制造业、房地产业、批发和零售业、租赁和商务服务业以及交通运输、仓储和邮政业，占到 FDI 总额的 80% 以上。2008 年国际金融危机以后，世界经济整体复苏疲弱乏力，增长速度放缓，但中国吸引外资和对外直接投资仍继续保持良好的发展态势。中国对外直接投资起步虽晚但增长迅速。2009~2014 年，中国实际利用外资额均大于中国对外直接投资额，这个差值在逐年缩小；2015 年，中国对外直接投资额首次超过实际利用外资额。党的十八大以来，中国加快构建开放型经济新体制，推动形成更高水平开放格局，"一带一路"倡议自然成为中国企业"走出去"的重要机遇，也是中国发展惠及亚洲、构建人类命运共同体的关键渠道。截至 2018 年底，中国在共建"一带一路"国家（地区）设立境外企业超过 1 万家，2018 年当年直接投资流量为 178.9 亿美元，年末存量为 1727.7 亿美元，占比分别为 12.5% 和 8.7%。

二、改革开放以来中国利用外资概况

改革开放以来，中国引进外资保持了近 40 年的持续增长态势，这既源自中国自身要素禀赋优势，也依托了中国坚定有效的外资政策。作为发展中大国，中国外资结构与发展历程均呈现出了清晰的"中国特征"，这些结构性特征对中国外向型经济产生了重要影响。

(一) 中国引进外资的规模变化

1979~1982 年，我国吸引 FDI 只有 17.69 亿美元。此后，凭借着富余的劳动力供给、广阔的市场需求、不断改进的制度、完备的基础设施条件以及稳定的国际政治环境等一系列有利条件，FDI 得以持续快速增长。图 9-1 所示为 1979~2018 年中国利用外资情况，除个别年份略有下降外，中国实际利用 FDI 额整体保持较快的增长态势。2018 年，中国实际利用外商投资额达 1349.7 亿美元，是改革开放初期实际利用外资金额的数十倍，累计设立外商投资企业已突破 95 万家。

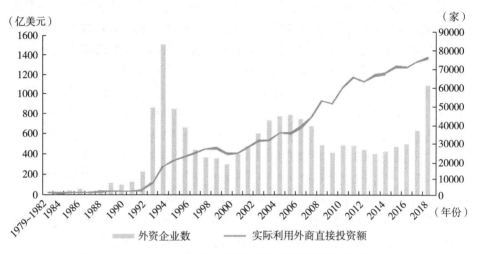

图 9-1　1979~2018 年中国实际利用外商投资额及外资企业数

资料来源：1979~2019 年《中国统计年鉴》。

就外资存量而言，随着中国引进外资规模增长，中国外资存量在全球占比逐年提升。1990 年中国外资存量在全球外资中占比仅为 0.94%，到 2018 年这一比重已经增长至 6.4%。但是，2018 年中国 GDP 在全球 GDP 中占比为 15.86%，后者为前者的近三倍，这表明中国引进外资规模与中国经济体量是不匹配的。

衡量一个国家利用和整合外资的成效与水平，人们还用 FDI 与 GDP 之比。将中国 FDI 与 GDP 之比做国际比较，我们发现，1998 年以来伴随着中国经济的迅猛增长，中国 FDI 与 GDP 之比开始显著下降。2008 年国际金融危机以来，这种下降状态开始企稳，但到 2015 年中国 FDI 与 GDP 的比值为 11.1%，不仅低于全球平均水平（33.6%）、低于发达国家平均水平（37.3%），而且低于发展中国家平均水平（28.5%）。与欧美发达国家、金砖国家和一些新兴经济体相比，中国整合全球资本的成效与水平还有很大的增长空间。

(二) 中国引进外资的发展历程

观察中国外资规模的增长态势我们可以发现，与全球经济发展和投资增长态势相呼应，中国 40 多年引进外资发展历程清晰地呈现出四个阶段。

1. 起步阶段(1979~1991 年)

20 世纪 80 年代以来，在经历了 70 年代席卷全球的金融危机和经济滞胀之后，世界各国经济进入战略调整和结构转换的新阶段。跨国公司致力于通过直接投资在全球配置产业链，国际直接投资开始了高速增长，全球产业调整、转移、升级换代由此拉开序幕，中国对外开放和引进外资恰逢其时。

设立特区实施优惠政策，是中国引进外资起步阶段外资政策的突出特征。1980 年，我国设立深圳、珠海、汕头、厦门四个经济特区。之后，我国陆续开放 14 个沿海港口城市、五个经济开发区以及上海浦东新区，扩大这些地区的经贸自主权，实施对外商投资企业的优惠待遇。1985 年，又进一步开放长三角、珠三角等经济开发区。为改善外商投资企业的经营环境，国务院于 1986 年制定了《关于鼓励外商投资的规定》。此后，政府又相继批准设立海南经济特区(1988 年)和上海浦东新区(1990 年)，初步形成"经济特区—沿海开放城市—经济开放区—内陆"的渐进式开放格局。改革开放初期，利用外资尚未形成规模，到 1991 年实际利用外资额仅 115.5 亿美元，基本实现从无到有的转变。总体而言，这一阶段中国外商投资规模开始起步，但增长缓慢，利用外资仍处于探索期，大多数外商投资者仍持观望态度。

2. 快速发展阶段(1992~2000 年)

1992 年继邓小平南方谈话后，党的十四大提出要建设社会主义市场经济，标志着中国对外开放和现代化建设事业迈入一个新的阶段，利用外资的实践也从摸索慢行转接到快速发展的轨道，这极大地鼓舞了外商投资者的信心。1992 年中国 FDI 总额首次突破百亿美元，达 110.1 亿美元，约占当年实际利用外资的 57.3%，成为利用外资形式的主要部分。1995 年，国家发布《外商投资产业指导目录》和《指导外商投资方向暂行规定》，将外商投资项目划分为鼓励、允许、限制和禁止四类，外商投资领域从出口加工业延伸到高新技术等产业。为贯彻落实党的十五大精神，中共中央、国务院于 1998 年发布《关于进一步扩大对外开放，提高利用外资水平的若干意见》，一方面总结利用外资的成就和分析面临的新形势，另一方面继续把吸收 FDI 作为利用外资的重点，同时也适度筹借和切实用好国外贷款。整体而言，这一时期中国利用外资处于快速发展阶段，2000 年实际利用外资额达 593.6 亿美元，1992~2000 年均增长率为 15.2%。

3. 高质量增长阶段(2001~2012 年)

2001 年中国加入 WTO，国内市场进一步对外开放，中国对外经济合作步伐加快。为适应 WTO 规则，我国对涉外经贸的法律法规和部门规章进行了集中清理和修订，加入 WTO 前后分别修改了"外资三法"，取消与规则不相适应的条款。按照入世承诺，中国逐步开放了金融、电信、旅游、交通等众多领域，外商投资范围从制造业扩大到服务业。2002~2007 年，政府对《外商投资产业指导目录》等政策文件进行多轮修订，积极引导外资产业流向，鼓励吸引高新技术产业的外资。2008 年我国实行内外资统一税制，新税率确定为 25%，受国际金融危机的影响，中国利用外资出现短期的小幅下降，到 2010 年又恢复增长态势。2010 年中国吸收外资已突破千亿美元大关。此外，为促进"引进来"与"走出去"政策相协调，国家发展改革委于 2012 年发布《"十二五"利用外资和境外投资规划》，引导外资投向节能环保、新能源等领域和中西部地区。2012 年实际利用外资额达 1132.9 亿美元，相比2000 年增加了 90.86%，加入 WTO 对我国利用外资有明显促进作用。总体而言，这一时期中国利用外资规模达到新一轮高峰，我国吸收外资的质量进一步提高，外资政策体系也逐步完善。

4. 全面发展阶段(2013 年至今)

2013 年，政府借鉴国际先进管理制度和经验，首次提出要建立负面清单管理模式，并在上海自贸区率先实行。党的十八届三中全会通过的《关于全面深化改革若干重大问题的决定》明确提出："实行统一的市场准入制度，在制定负面清单的基础上，各类市场主体可依法平等进入清单之外领域。"自此"负面清单"开始被公众熟知，同时也意味着中国外资政策出现新的发展方向。《全球投资趋势监测报告》显示，2014 年中国外资流入量首次超过美国而跻身为全球最大的 FDI 接受国，吸收外资规模达 1195.6 亿美元。党的十九大报告明确提出"大幅放宽市场准入"，这是中国利用外资全面发展的重要突破。

为响应党的十九大号召，2018 年正式开始实施全国版负面清单，进一步对外资开放制造业、服务业等多个领域。随着国内外形势的变化，"外资三法"已经不能满足全面深化改革的需要，取而代之的是《中华人民共和国外商投资法》，该法经第十三届全国人大二次会议通过，是中国历史上首部全面系统的外资立法，为利用外资提供更有力的制度保障，有助于我国与世界经济体系接轨。习近平主席在 G20 大阪峰会上强调，中国将推出若干重大举措，力争改善营商环境，便利外商投资。总体而言，这一时期中国利用外资的发展态势屡创历史新高，全方位、宽领域、多层次的吸收外资新格局为中国经济高质量发展做出了重大贡献。

(三) 中国利用外资的发展成效

商务部发布的《跨国公司投资中国 40 年》报告显示：截至 2018 年底，我国累计设立外商投资企业 96 万家，虽然外资企业占中国企业数不足 3%，但中国对外贸易额的近一半、规模以上工业企业产值和利润的四分之一都是由外资企业贡献的，外资已成为中国经济的重要组成部分。接下来从经济增长、产业结构升级和技术进步的角度来展示外资在我国的发展成效。

1. 外资的经济增长效应

由经济增长理论可知，一个国家或地区经济要想获得快速增长，资本 (投资) 是必不可少的推动要素。外资进入不仅集聚起可以供本区域发展所需的投资，还通过带来的先进技术和管理提高了生产效率。我国在引入外资的过程中使得东部沿海地区经济率先获得快速增长，进而带动全国经济发展。同时，通过分析我国利用外资发展贡献情况可以看出，外资企业对我国工业的发展，尤其是对净出口做出了巨大贡献。长期以来，国内外资企业出口占我国净出口额的 60% 左右，近几年虽然有所下降，但是仍占 30% 左右。正是因为外资对出口的巨大贡献，我国的外汇储备大幅增长，这为我国游刃有余地应对外部经济冲击，保持经济快速平稳发展奠定了强大基础。从图 9-2 和图 9-3 中可以清楚看出，我国利用外资与投资及外汇储备呈现较显著的同向演变关系。

2. 外资的产业结构升级与技术进步效应

产业是经济发展的载体。随着经济发展水平的提高，产业结构呈现出第一产业不断下降、第二产业逐渐上升至趋于稳定、第三产业不断上升的演变规律。我国在利用外资过程中，充分尊重产业结构演变规律，通过颁布和多次修订《外商投资产业指导目录》引导外资投向与产业结构升级趋于一致方向。本书根据现有文献通行的做法，用第三产业增加值来衡量产业结构升

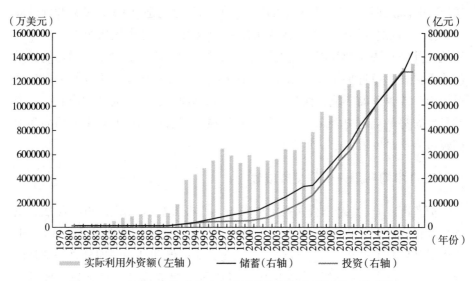

图 9-2　1979~2018 年全国实际利用外资额与我国投资、储蓄情况

资料来源：1979~2019 年《中国统计年鉴》。

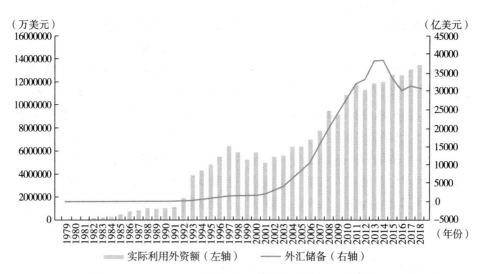

图 9-3　1979~2018 年全国实际利用外资额与外汇储备情况

资料来源：1979~2019 年《中国统计年鉴》。

级。从图 9-4 可以得出，随着利用外资规模的扩大，第三产业增加值也在快速增加。从内在机制来说，外资主要通过同业之间的竞争效应、技术溢出效应带动内资企业加快技术升级，最终实现整体产业结构升级。从数据来看，

外资确实更多投向服务业和高技术产业：2018 年，制造业新设外商投资企业
6152 家，同比增长 23.4%；服务业新设外商投资企业 53696 家，同比增长
78.6%。2019 年 1～10 月，服务业实际使用外资 5383.5 亿元，同比增长
13.5%；高技术产业实际使用外资 2224.8 亿元，同比增长 39.5%。由此可以
初步判断，外资利用更多流入服务业和高技术产业对我国产业结构升级发挥了
很大作用。此外，由表 9-2 可看出，2009～2017 年占中国大陆企业总数不到
3%的外资企业，其研发投入大多保持 20%以上，可见外资企业总体更关注研
发投入。可以预期，外资将在促进技术进步方面发挥更大作用。

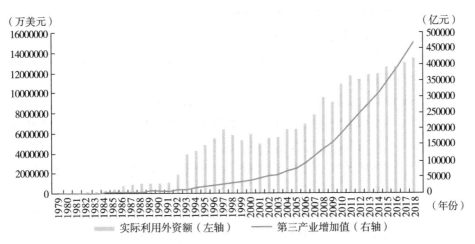

图 9-4　1979～2018 年全国实际利用外资额与第三产业增加值情况

资料来源：1979～2019 年《中国统计年鉴》。

表 9-2　2009～2017 年内外资企业研发投入变化情况

年份\企业	2009 年		2011 年		2013 年		2015 年		2017 年	
	R&D经费（百亿元）	所占比重（%）	R&D经费（百亿元）	所占比重（%）	R&D经费（百亿元）	所占比重（%）	R&D经费（百亿元）	所占比重（%）	R&D经费（百亿元）	所占比重（%）
内资企业	27.8	73.6	45	75	63	75.8	77.1	77	94.2	78.4
港澳台商投资企业	3.6	9.7	5.6	9.4	7.7	9.3	9.5	9.5	11.2	9.3
外商投资企业	6.3	16.7	9.4	15.6	12.4	14.9	13.5	13.5	14.7	12.3
合计	37.7	100	60	100	83.1	100	100.1	100	120.1	100

资料来源：2010～2018 年《中国统计年鉴》。

(四)外商投资促进中国对外贸易的发展

伴随着跨国公司在全球投资的增长，人们发现跨国公司投资到哪里，哪里的进出口贸易特别是出口贸易会应声而起。原因很简单，跨国公司投资地区就是它们产业链配置所在之地。在跨国公司的全球产业链上，各国企业进口中间产品，然后加工制造再出口。发展中东道国通常是产业链中低端加工组装环节的承接者，大量加工产品和制成品加工组装之后返销发达市场，不仅形成了当地日益增长的进出口贸易，而且能够为当地带来源源不断的外汇收入。更重要的是，通过在全球产业链上持续进行产业升级和换代，发展中东道国能够动态地推进出口优势产业的推陈出新，进而保持出口竞争力的稳步提升，实现对外贸易规模增长与结构优化的双重收益。中国对外贸易就是这方面的典型案例。

FDI 改变了中国对外贸易的面貌。中华人民共和国成立以来较长的一段时间内，是一个以农产品出口为主的贸易逆差国，依靠出口农产品换取外汇，进口工业化所需的先进技术设备，这是中国对外贸易的常态。20 世纪80年代后期，这种状况发生了根本性的改变。通过引进外资发展对外贸易，中国大规模承接了全球产业链中低端环节的转移，依托大量廉价劳动力加工组装制成品。图 9-5 展示了中国对外贸易的规模变化。中国超越了一系列国家，成为以制成品特别是机电产品出口为主的货物贸易大国，且结束了贸易逆差状态，出现了贸易顺差同步、持续、大幅增长。中国创造了人类贸易史上的奇迹，外商投资对中国贸易经济做出了重要贡献。

(五)中国利用外资过程中积累的主要经验

我国在利用外资实践过程中，能够根据国家经济发展战略进行调整，不断解放思想，与时俱进地进行理论和政策创新，总结出利用外资的宝贵经验。主要体现在以下三个方面：

1. 将利用外资融入对外开放

1978 年党的十一届三中全会提出了实行对外开放的基本经济政策，并把利用外资作为我国对外开放的重要组成部分，在对外开放的"试验田"——经济特区首先拉开引进外资的序幕。随着我国对外开放进程的不断推进，我国利用外商投资行业准入从一般加工制造业到金融等服务业扩展，再到负面清单以外的所有行业，利用外资的区域从经济特区到沿海、沿江及沿边开放城

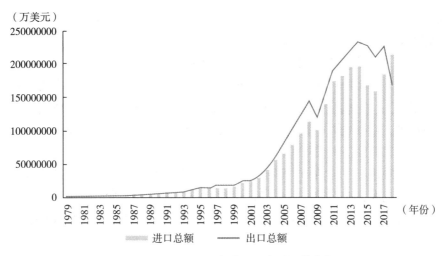

图9-5 1979~2017年中国进出口规模变化

资料来源：1979~2018年《中国统计年鉴》。

市，再到内陆省会及其他地区，利用外资方式从合作合资到外商独资，再到股份制等各种创新形式，都实现了渐进式的开放。相应地，利用外资的理论与政策也在不断创新。具体来看，改革开放初期，依据缺口理论，我国主要实行有差别的特殊待遇的优惠政策来吸引外资，逐步实现利用外商投资弥补我国在储蓄、投资、外汇、技术等方面的缺口的目的；加入 WTO 以后，主要依据比较优势理论，对外资加强引导和监管，实行更加公平、透明的国民待遇，通过利用外资实现促进经济发展和技术进步，更好地参与全球价值链，从而提高我国的对外开放水平。

2. 将利用外资与国家经济发展规划有机结合

我国政府依据利用外资主要是为经济发展服务，将利用外资与经济发展的总体目标、经济结构调整和均衡发展等紧密结合，对外商直接投资的规模、产业与区域进行引导，不断提高利用外资的质量和效益。具体来看，首先，在利用外资规模上，政府根据今后一段时期国民经济总体发展规划确定利用外资的大致规模；其次，在利用外资的产业选择上，将利用外资与我国产业政策和产业升级目标相结合，多次对1995年颁布的《外商投资产业指导目录》进行修订，以便引导外资由劳动密集型向资本密集型，再到知识技术密集型产业转移，以此来适应我国经济转型升级的需要，不断提高利用外资的质量；最后，在利用外资的区域布局上，我国政府加大了对中西部地区利用外资的支持力度，专门颁布并多次修订《中西部地区外商投资优势产业目录》，实行有差别的产业政策，鼓励外商投资向中西部地区倾斜，不断提高外商投资的效益。

3. 将利用外资与我国比较优势有机结合

改革开放初期，我国实行的是出口导向的利用外资战略，使得我国充分发挥了人工、土地等资源要素价格低等比较优势。随着我国经济体制改革的不断推进，特别是大中型国有企业的改革重组，投资主体多元化战略也为利用外资和民营经济的发展提供了广阔空间。这些因素结合在一起，真正激活了国内微观市场主体活力，形成了巨大的国内消费市场，最终借助外资形成了我国制造业在全球的比较优势，让我国经济真正嵌入全球价值链中，同时通过全球市场化的分工和运行规则，让现代市场经济体系在中国真正扎根。

三、改革开放以来中国对外投资概况

改革开放以来，以大型国有企业、民营企业等为代表，中国企业一直积极探索通过多种方式走出国门。2000 年全国人大九届三次会议正式提出实施"走出去"战略，2013 年习近平总书记提出"一带一路"倡议等，都为中国对外投资提供了重要的发展机遇。

(一) 中国对外投资的规模变化

改革开放之后，受经济发展水平所限，我国跨境投资一直以引进外资为主，对外直接投资数额相对较少。1990 年对外投资净额为 9 亿美元，到了 1999 年对外投资净额为 19 亿美元，但是，随着中国加入 WTO 以及经济全球化的发展趋势，从 2004 年起，对外投资净额进入发展的快车道，截止到 2018 年，中国对外投资净额达到 1430.4 亿美元，居全球第二位(见图 9-6)。从中国对外投资累计数(存量)上看，2002 年存量为 299 亿美元，居全球第 25 位，截止到 2018 年，我国对外投资累计数达到 19822.7 亿美元，居全球第 3 位(见图 9-7)。

(二) 中国对外投资的发展历程

1978 年以来，中国对外投资从无到有，从小到大，已经成为中国对外经济的重要组成部分。回顾中国改革开放以来对外投资的发展历程，大致可以划分为四个阶段。

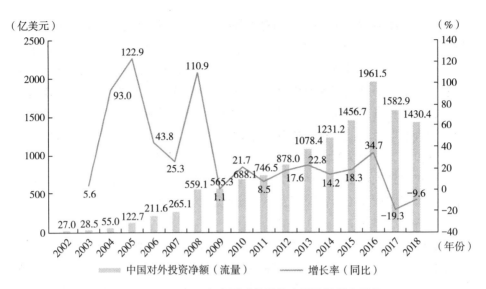

图 9-6　2002~2018 年中国对外投资净额及增长率情况

资料来源：《2018 年度中国对外直接投资统计公报》。

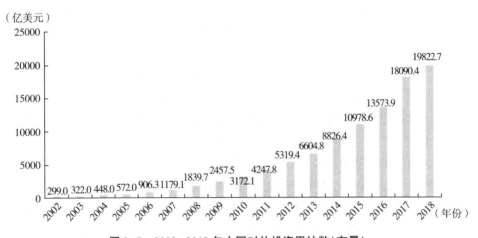

图 9-7　2002~2018 年中国对外投资累计数(存量)

资料来源：《2018 年度中国对外直接投资统计公报》。

1. 探索发展阶段(1978~1992 年)

改革开放之初，少数从事国际贸易的公司从自身经营发展的需要出发，开始在国外设立窗口企业，一些国有企业也开始探索对外投资，但真正参与对外投资的企业并不多。20 世纪 80 年代初期，受到国家经济发展水平等客观原因的限制，国家外汇紧缺，每宗对外投资项目都要经过国务院审批。

1982 年，国务院授权对外经贸部对对外投资个案进行审批并对经营企业加以管理。1985 年，对外经贸部颁布了《关于在境外开办非贸易性企业的审批程序和管理办法的试行规定》。1991 年，国家计划委员会颁布了《国家计划委员会关于加强海外投资项目管理的意见》，中国企业境外投资活动开始有章可循，对外投资管理也由个案审批向规范性审批转变，各部门分工进行审批、管理和监督的投资管理体制框架初步形成。20 世纪 80 年代中后期，中国对外投资有了较快的发展，对外投资的行业范围扩大了，投资主体由外经贸企业扩展到工业企业、科技企业以及金融保险企业，投资领域由商贸服务业扩展至工农业加工、资源开发、交通运输、建筑服务等。

2. 调整发展阶段（1993～2001 年）

1993 年，中国经济开始出现过热以及高通货膨胀现象，国家开始进行经济结构调整，紧缩银根，力求过热的经济软着陆。同时，相应清理和整顿对外投资，严格审批手续。受人民币汇率双轨制并轨、1998 年亚洲金融危机等影响，中国对外投资实力受挫，审批政策进一步收紧，对外投资在20 世纪90 年代并没有延续 80 年代中后期增长的势头。1990 年对外投资净额为 9 亿美元，1999 年对外投资净额仅仅增长至 19 亿美元。1998 年，党的十五届二中全会明确指出，为了更好地利用国内国际两个市场、两种资源，在积极扩大出口的同时，要有领导、有步骤地组织和支持一批有实力、有优势的企业"走出去"；1999 年，国务院办公厅转发商务部、财政部公布的《关于鼓励企业开展境外带料加工装备业务的意见》，提出支持我国企业以境外加工贸易的方式"走出去"，为我国实施"走出去"战略打下基础。随后，国务院各个有关部门分别制定了具体实施的配套文件，对外投资管理体制得到重大改进和发展。在此背景下，中国海外投资获得了突破性进展，投资行业从贸易服务向资源开发和生产制造领域延展，民营企业开始试水对外投资。截至 2001 年底，中国对外投资已扩展至 160 多个国家和地区，其中生产性领域的投资占据了 44% 的份额。

3. 快速发展阶段（2002～2012 年）

2001 年中国加入 WTO 后，对对外投资的管制也不断放宽，对外投资服务体系不断完善。2001 年我国正式把"走出去"战略写入《国民经济和社会发展第十个五年计划纲要》中，"走出去"与对外贸易、利用外资并列为"十五"开放型经济发展的三大支柱。中国的对外开放步入"引进来"和"走出去"并重的新阶段。

"走出去"战略从根本上改变了中国对外投资的政策方向：一方面，对外投资管理体制开始由审批制向核准制、备案制转变；另一方面，对外投资促进政策体系开始建立起来。例如，商务部会同有关部门在境外加工贸易方面制定了16项财税、外汇新的配套政策，形成了我国第一个较为完整的对外投资鼓励政策体系。

在这个阶段，中国对外投资净额（流量）从27亿美元增长至878亿美元，在世界排名从第26位上升至第3位；中国对外投资累计数（存量）从299亿美元增长至5319.4亿美元，在世界排名从第25位上升至第13位。截至2012年底，从境内投资者在中国工商行政部门登记注册情况看，境内投资者为有限责任公司的占62.5%，国有企业占9.1%，私营企业占8.3%，投资主体更加多元。2012年中国对外投资企业共分布在全球179个国家和地区，境外企业覆盖率为76.8%。

4. 稳定发展阶段（2013年至今）

党的十八大以来，中国政府高度重视推动对外投资发展，通过不断改革对外投资管理模式，逐步放开对外投资管制，对外投资规模进一步扩大，发展势头强劲。这个阶段，随着中国对外投资的管理体制更加便利化，相关统计数据的披露也更加透明化，有力地支持了中国对外投资从小到大的稳步发展。2013年，中国首倡推进"一带一路"建设，这是中国积极承担大国责任、主动探寻全球经济发展新动力的重大转型，也为中国企业的对外投资合作发展带来历史性的契机。2015年，《中共中央 国务院关于构建开放型经济新体制的若干意见》颁布，提出要建立促进"走出去"战略的新体制，确立企业和个人对外投资主体地位，努力提高对外投资质量和效率。2016年，国家"十三五"规划纲要强调，要顺应我国经济深度融入世界经济的趋势，坚持"引进来"与"走出去"并重，发展更高层次的开放型经济。

随着改革开放以来中国经济的快速发展，2010年中国GDP超越日本成为世界第二大经济体，标志着中国经济实力和产业竞争力具备了稳步对外投资的客观条件，在这个阶段，对外投资规模扩大，其更是对国内经济结构调整的一个手段。一些产业的产能过剩状况严重，亟须通过对外投资来转移过剩的产能，不断加剧的贸易摩擦也需要在出口市场当地生产、当地销售，而产业链中低端企业希望通过获取战略资产来实现上下游升级换代。

在这个阶段，对外投资净额并未像上个阶段一样出现爆发式增长，而是保持平稳的增长率。截至2018年，中国对外投资净额（流量）最高年份为2016

年，达到 1961.5 亿美元，当年居世界第二位；对外投资累计数保持持续增长，2018 年为 19822.7 亿美元，世界排名从 2013 年的第 13 位上升至第 3 位。

(三) 对外投资的主要特点

中国加入 WTO 以来，对外投资规模快速攀升，党的十八大以来中国对外投资不仅在规模上保持增长，投资结构也不断优化。总的来说，投资领域更加丰富，投资主体日趋多元化，投资区位分布更为广泛，总体呈现良好的发展态势。

1. 投资领域更加丰富

从行业结构上看，中国对外投资流向行业逐渐增多，分布日益完善。2003 年，对外投资主要流向八个行业，其中采矿业占比达到了 48%（见图 9-8）。如图 9-9 所示，2012 年，租赁和商务服务业为对外投资净额流入最多的行业，达到 267.4 亿美元，占比达到 30.46%，另外超过百亿美元的行业还有采矿

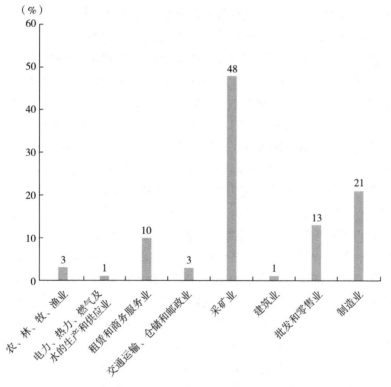

图 9-8　2003 年对外投资行业分布及占比

资料来源：《2003 年度中国对外直接投资统计公报》。

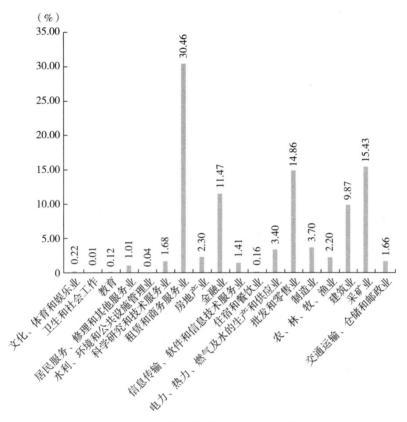

图9-9 2012年对外投资行业分布及占比

资料来源：《2012年度中国对外直接投资统计公报》。

业(135.4亿美元，占比15.43%)、批发和零售业(130.5亿美元，占比14.86%)和金融业(100.7亿美元，占比11.47%)。可以看出，在第三产业比重不断增加的同时，制造业比重上升，采矿业比重下降。如图9-10所示，2018年，租赁和商务服务业依然是对外投资净额流入最多的行业，达到507.8亿美元，占比进一步提升至35.5%，另外超过百亿美元的行业有制造业(191.1亿美元，占比13.36%)、批发和零售业(122.4亿美元，占比8.56%)和金融业(217.2亿美元，占比15.18%)。

从以上数据可以发现，现阶段对外投资主要流向是第三产业(租赁和商务服务业，批发和零售业，金融业，房地产业，交通运输、仓储和邮政业，信息传输、软件和信息技术服务业，科学研究和技术服务业)。2018年，第三产业占对外投资净额达到71.5%，传统第二产业的采矿业比重下降，而制

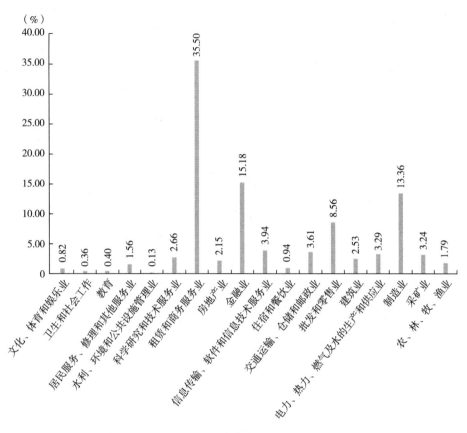

图9-10　2018年对外投资行业分布及占比

资料来源：《2018年度中国对外直接投资统计公报》。

造业比重上升，这在一定程度上反映了目前中国经济结构的变化。首先，第三产业中租赁和商务服务业占比依然较高，与此同时，知识密集型的科学研究和技术服务业及信息传输、软件和信息技术服务业增长迅速，分别同比增长59%和27%，这反映了我国对高端服务业的需求逐渐增加。其次，在经济发展的初期，国内经济发展导致对初级产品特别是能源和矿产品的需求一直处于高位，之后随着经济的发展，国内产业结构调整，一些低端劳动密集型企业需要向海外转移，使制造业的对外投资占比上升，而由于大宗商品市场持续低迷，市场不确定性因素增加，国内开始推动绿色发展和节能减排等政策因素使得采矿业占比下降。

2. 投资主体日趋多元化

从国有企业和非国有企业分类上看，国有企业在对外投资上最初扮演的是"走出去"战略的主力军，这有力地推动了中国对外投资的初步发展。随着中国民营企业实力的大幅度提升，以及中国对外投资监管的自由化和投资环境的便利化，民营企业对外投资迅速发展。如图 9-11 所示，2006 年中国国有企业对外投资资本存量占比为81%，非国有企业占比为19%，而截至 2018 年底，非国有企业占比为48%，离国有企业占比仅差 4 个百分点。

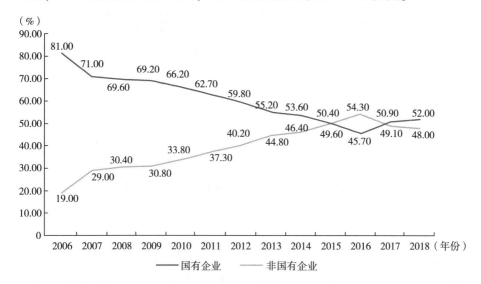

图 9-11　2006~2018 年中国国有企业和非国有企业对外投资资本存量占比

资料来源：历年《中国对外直接投资统计公报》。

从中央企业和地方企业分类上看，对外投资开启之初，中央企业一马当先，在对外投资中占据主导地位。2008 年国际金融危机爆发以来，随着中国对外开放新格局的迅速发展，地方企业纷纷加入对外投资队伍并发挥日益重要的作用，虽然中央企业在对外投资中依然具有重要地位，但是地方企业已然成为现阶段对外投资增长的主要推动力量。如图 9-12 所示，2006 年中国对外投资净额中，中央企业占比高达 86.4%，地方企业占比仅为 13.6%。但是，自 2010 年起，地方企业对外投资逐年发力，2014 年地方企业占比超过对外投资净额的 50%，2018 年地方企业对外投资占比达到 81%，中央企业占比 19%。

在实践中，中国各省（自治区、直辖市）积极参与对外投资合作，通过发展本地优势产业，支持地区内企业"走出去"，并完善相关政策及管理，是中国对外投资稳步推进的重要力量。但是，由于各地经济社会发展水平和实力

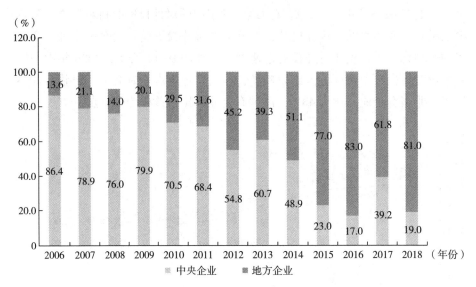

图9-12 2006~2018年中央企业和地方企业对外投资占比

资料来源：历年《中国对外直接投资统计公报》。

不同，政府的支持力度也有较大差距，中国对外投资区域异质性比较明显，不同地区对外投资总量差距较大。其中，东部地区对外投资具有明显优势，对外投资净额占比始终较高，投资规模增幅较大，明显高于中部地区和西部地区，且领先幅度较大。

3. 投资区位分布更为广泛

从地域分布来看，中国对外投资的重点区域是亚洲。2003年，中国对外投资分布在139个国家及地区，基本覆盖全球60%的国家和地区（见图9-13）。2007年之后，中国对亚洲的直接投资流量占比始终在60%以上，2008年达到了77.9%。在此期间，中国对拉丁美洲的投资一度达到高峰，2005年对外投资净额占比53%，超越对亚洲国家及地区的投资（见图9-14）。截至2018年底，亚洲依然是中国对外投资净额分布最多的区域，2018年占比达73.7%（见图9-15），中国（不包括港澳台地区）2.7万家投资者在境外共设立对外投资企业4.3万家，分布于全球188个国家和地区。

2013年中国提出"一带一路"倡议后，对共建"一带一路"国家投资也逐渐增多。截至2018年末，中国（不包括港澳台地区）投资者在"一带一路"沿线的63个国家设立企业超过1万家，涉及国民经济18个行业大类，2018年实现直接投资178.9亿美元，虽然同比下降11.3%（主要原因在于采矿业的

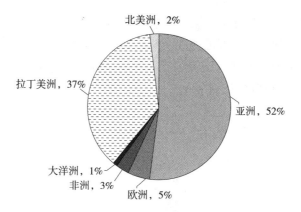

图 9-13　2003 年对外投资净额分布

资料来源：《2003 年度中国对外直接投资统计公报》。

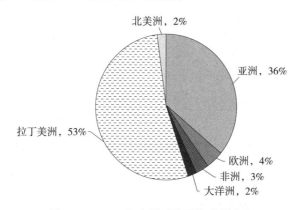

图 9-14　2005 年中国对外投资净额分布

资料来源：《2005 年度中国对外直接投资统计公报》。

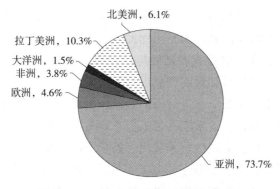

图 9-15　2018 年中国对外投资净额分布

资料来源：《2018 年度中国对外直接投资统计公报》。

投资净额下滑），但占同期中国对外投资净额的 12.5%。从国别构成来看，投资主要流向新加坡、印度尼西亚、马来西亚、老挝、越南、阿联酋、柬埔寨、俄罗斯、泰国、孟加拉国等国家。2013~2018 年，中国对共建"一带一路"国家累计直接投资额达到 986.2 亿美元(见图 9-16)。

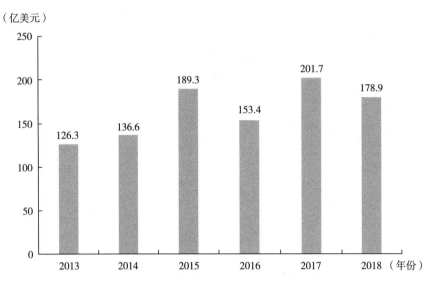

图 9-16　2013~2018 年中国对共建"一带一路"国家投资净额

资料来源：《2018 年度中国对外直接投资统计公报》。

(四) 对外投资的贸易效应

对外直接投资对母国贸易的影响表现在两个方面：一是贸易创造，二是贸易替代。前者增加进出口，后者减少进出口，增加或减少受不同因素的影响。一般来说，发展中国家跨国公司到发达国家投资主要是为了寻求战略资产或开拓市场，有利于提升或者延展母国产业竞争力，短期内能替代出口，长期内能增加中间品进口和最终产品出口，形成贸易创造。发展中国家跨国公司到下游发展中国家投资，进行海外生产，目的主要在于利用当地廉价的要素资源进行加工制造，通常能够带来生产设备和中间产品的出口，但也可能在长期内因生产转移而产生贸易替代。处于产品生命周期的成熟或衰退阶段的企业进行对外投资，有利于延长产品生命周期，赚取额外的资本回报，增进贸易收益。因此，投资区位、投资期限长短和投资产业的技术特征会对投资的贸易效应产生不同的影响。

如前所述，改革开放 40 多年，开拓海外市场始终是中国企业对外投资的主要动机。中国企业在东南亚、拉丁美洲和非洲国家投资设厂，生产纺织品、服装、家电以及其他消费品，带动了中国企业的技术、设备、产品和服务的出口，改变了以往主要依靠对外贸易拉动出口的模式；中国企业在世界各地广泛设立商贸公司和其他服务型企业，提升了"中国制造"和"中国服务"在全球的影响力；中国企业在欧美发达国家进行战略投资，带动了国内产业的技术进步、品牌成长，提升了产业竞争力，最终推动了中国对外贸易的发展。

（五）对外投资面临的挑战及应对措施

目前我国对外投资面临的挑战主要有以下三点：一是以"单兵种"作战为主，对外投资整体合力不足。例如，对外投资管理体制建设相对滞后，在投资审批、外汇管理、金融服务、货物进出口、人员出入境等方面存在障碍，政策性金融支持缺乏统一管理等。二是企业国际化经验不足，对外投资整体效果欠佳。目前，国内企业与大型跨国公司之间仍存在较大差距。从国际经验来看，海外并购的成功案例要少于失败案例。2012 年麦肯锡的一项研究显示，1992~2012 年全球大型企业兼并案例中取得预期效果的比例低于 50%，具体到中国企业大约只有 1/3。三是发达国家对中资的安全审查增多，对外投资面临的监管问题增多。随着国际贸易和投资保护主义有所抬头，国家安全考虑日益成为外资监管的重要部分，一些国家对涉及核心技术、前沿技术和重大资源领域的投资，采取更为严格、更加形式多样的限制措施。

可以从三个方面入手来应对对外投资面临的挑战：首先，不断完善对外投资的支持、服务和保障体系。从美日等对外投资大国的发展路径来看，政府均建立了比较完善的投资促进体系，鼓励、保护和引导企业对外投资。我国应在借鉴国际经验的基础上，强化对企业海外投资的支持和服务。其次，凝聚各方力量提升对外投资整体合力。从国际上看，政府、企业等各主体之间的良好协作是成功开展对外投资的关键，建议借鉴日本、美国等国经验，创造有利于形成对外投资整体合力的良好局面。最后，应进一步完善"走出去"金融支持体系。构建政策性金融和商业性金融相结合的境外投资金融支持体系，进一步拓展海外投资贷款、涉外企业融资担保等业务，建立健全境外投资保险体系。

中国自由贸易试验区

一、自由贸易试验区成立的背景

2017 年 10 月，党的十九大报告提出，在推动全面开放新格局下，赋予自由贸易试验区更大改革自主权，探索建设自由贸易港。2018 年《政府工作报告》中要求，全面复制推广自由贸易试验区经验，探索建设自由贸易港，打造改革开放新高地。自由贸易试验区的建设不仅成为中国应对国际新规则的新举措，而且是对接全球贸易和服务业新规则的窗口。

二、自由贸易试验区的概念

自由贸易区这一区域经济形式在国际上发展已久，但对其概念没有一个统一的规定。

1973 年海关合作理事会签订的《京都公约》将自由贸易区定义为："一国的部分领土，在这部分领土内运入的任何货物就进口关税及其他各税而言，被认为在关境以外，并免于实施惯常的海关监管制度。"

1995 年《中国利用外资基础知识》一书对自由贸易区下了官方比较权威的定义，即自由贸易区是指划在所在国或地区的海关管辖区的关卡以外、以贸易为主的多功能经济性特区，又称免税贸易区或对外贸易区、自由关税区。

2000 年版的《世界经济学大辞典》对自由贸易区下了更为明确的概念，即自由贸易区是指在一个国家或单独关税区内实行贸易、海关、服务、投资和金融等方面相对自由化措施，减少行政干预的一定区域。

目前学术界比较公认的说法，自由贸易试验区（简称自贸试验区）是依托于海关特殊监管区的外向型经济开发区，由国务院批准设立的，试行特殊贸易、投资与金融政策并率先探索政府管理模式改革的指定区域，以形成可复制、可推广的经验，发挥示范带动、服务全国的积极作用，促进各地区共同发展，是在现有制度框架内有限度地探索制度创新。因此，自贸试验区是一国设立在关境之外的对外开放的特殊经济区，最大的特征是不存在贸易限制并且豁免关税，追求"三大自由"，即货物进出口的自由、资本投资的自由和金融领域的自由。它的主要目的是促进对外贸易，并且随着自身的发展，也极大促进以出口为导向的加工业、商业和金融业等服务贸易业的发展。自贸试验区是一个国家或地区单边开放的措施，设立自贸试验区已经是各国促进国家及其区域经济增长的重要政策手段。

三、自由贸易试验区的发展历程

自 2013 年 9 月上海自贸试验区挂牌成立以来，到 2019 年 8 月，党中央和国务院已先后批准五批共 22 个自贸试验区，基本形成了"1+3+7+1+6+3+1"的自贸试验区方阵，形成了协调东中西、统筹南北方，覆盖沿海、内陆、沿边统筹兼顾的全方位开放格局，如图 9-17 所示。

图 9-17 全国七个批次自由贸易试验区的设立

2013 年 9 月，国务院发布《中国（上海）自由贸易试验区总体方案》，决定在上海设立第一个自由贸易试验区。2014 年 12 月，国务院常务会议决定将广东、天津、福建正式纳入第二批自由贸易试验区试点。2015 年 4 月，《国务院关于印发进一步深化中国（上海）自由贸易试验区改革开放方案的通知》《国务院关于印发中国（广东）自由贸易试验区总体方案的通知》《国务院关于印发中国（天津）自由贸易试验区总体方案的通知》《国务院关于印发中国（福建）自由贸易试验区总体方案的通知》印发，正式设立第二批自由贸易试验区，并进一步深化开放上海自贸试验区。2017 年 3 月，国务院关于辽宁、浙江、河南、重庆、湖北、陕西和四川自由贸易试验区总体方案的通知印发，正式设立第三批自由贸易试验区。2018 年 5 月，国务院发布《国务院关于做好自由贸易试验区第四批改革试点经验复制推广工作的通知》。同年 9 月，国务院发布《国务院关于同意设立中国（海南）自由贸易试验区的批复》，实施范围为海南岛全岛。2019 年 7 月，《国务院关于印发中国（上海）自由贸易试验区临港新片区总体方案的通知》印发。同年 8 月，《国务院关于同意新设 6 个自由贸易试验区的批复》印发，同意设立中国（山东）自由贸易试验区、中国（江苏）自由贸易试验区、中国（广西）自由贸易试验区、中国（河北）自由贸易试验区、中国（云南）自由贸易试验区和中国（黑龙江）自由贸易试验区。2020 年 9 月，国务院批复同意设立中国（北京）自由贸易试验区、中国（湖南）自由贸易试验区和中国（安徽）自由贸易试验区。2023 年 10 月，国务院印发《中国（新疆）自由贸易试验区总体方案》，设立中国（新疆）自由贸易试验区。

第四节

推进"一带一路"建设

一、"一带一路"倡议的提出背景及意义

（一）提出背景

2017 年 10 月 18 日，习近平总书记在党的十九大报告中指出推动形成全

面开放新格局。开放带来进步，封闭必然落后。中国开放的大门不会关闭，只会越开越大。要以"一带一路"建设为重点，坚持"引进来"和"走出去"并重，遵循共商共建共享原则，加强创新能力开放合作，形成陆海内外联动、东西双向互济的开放格局。过去我国的开放基于沿海地区，面向海洋、面向发达国家，现在更多地考虑向中西部地区和沿边地区开放，进一步向西开放、向周边国家开放。

"一带一路"是"丝绸之路经济带"和"21世纪海上丝绸之路"的简称，2013年，中国国家主席习近平分别提出建设"新丝绸之路经济带"和"21世纪海上丝绸之路"的合作倡议。[①] 依靠中国与有关国家既有的双多边机制，借助既有的、行之有效的区域合作平台，"一带一路"旨在借用古代丝绸之路的历史符号，高举和平发展的旗帜，积极发展与沿线国家的经济合作伙伴关系，共同打造政治互信、经济融合、文化包容的利益共同体、命运共同体和责任共同体。2015年3月，国家发展改革委、外交部和商务部联合发布了《推动共建丝绸之路经济带和21世纪海上丝绸之路的愿景与行动》。

(二) 建设意义

1. 对中国的意义

(1)有利于对外开放区域结构转型。"一带一路"尤其是"一带"起始于西部，也主要经过西部通向西亚和欧洲，这必将使我国对外开放的地理格局发生重大调整，由中西部地区作为新的牵动者承担着开发与振兴占国土面积2/3广大区域的重任，与东部地区一起承担起中国"走出去"的重任。同时，东部地区正在通过连片式的自由贸易区建设进一步提升对外开放的水平，它依然是我国全面对外开放的重要引擎。

(2)有利于要素流动转型和国际产业转移。"一带一路"建设通过政策沟通、设施联通、贸易畅通、资金融通、民心相通这"五通"，将中国的生产要素，尤其是优质的过剩产能输送出去，让沿"带"沿"路"的发展中国家和地区共享中国发展的成果。

2. 对世界的意义

(1)弥补治理赤字。在以前西方主导并推动的经济全球化正在失去动力，各国彷徨之际，中国提出了"一带一路"倡议，指明了新型经济全球化发展的

---

① 陈积敏. 正确认识"一带一路"[J]. 商业观察，2018(7)：72-75.

方向，为世界提供了全新公共产品，为全球弥补治理赤字。

（2）弥补发展赤字。"一带一路"建设纠正了过去经济全球化的偏差，不把眼睛盯在发达国家的市场，而是把建设重点放在亚欧大陆，直面中亚和中东的现实挑战，以交通、能源、通信、农业等基础建设和互联互通为先导和抓手，让沿线国家搭上中国经济发展的快车便车，破解消除贫困和共同发展的难题。通过"一带一路"建设，沿线国家共同发展、共享繁荣，缩小发展鸿沟，弥补发展赤字。

（3）弥补和平赤字。"一带一路"建设通过对接各国彼此政策，在全球范围内整合经济要素和发展资源，形成合力，促进沿线各国共同发展。通过"发展"这个解决一切问题的总钥匙，破解战乱、恐怖主义等难题，促进世界和平与安宁，弥补世界的和平赤字。

二、"一带一路"倡议的基本内涵和建设原则

（一）基本内涵

自提出"一带一路"倡议以来，我国不断拓展合作区域与领域，尝试与探索新的合作模式，使之得到丰富、发展与完善，其初衷与原则始终如一。

"一带一路"倡议是一个多元开放包容的合作性倡议，而非排他性、封闭性的中国"小圈子"，其开放包容性的特征是其区别于其他区域性经济倡议的一个突出特点。当今世界是一个开放的世界，"一带一路"倡议就是要把世界的机遇转变为中国的机遇，把中国的机遇转变为世界的机遇。

"一带一路"倡议是务实合作平台，而非中国的地缘政治工具。"和平合作、开放包容、互学互鉴、互利共赢"的丝路精神成为人类共有的历史财富，"一带一路"倡议也秉承了这一精神与原则。"一带一路"平等包容的合作特征为其推进减轻了阻力，提升了共建效率，有助于国际合作真正"落地生根"。

"一带一路"倡议是共商共建共享的联动发展倡议，而非中国的对外援助计划。"一带一路"倡议的推进依靠双边或多边联动，是在进行充分政策沟通、战略对接以及市场运作后形成的发展倡议与规划。"一带一路"倡议的核心主体与支撑力量并不在政府，而是企业，根本方法是遵循市场规律，并通过市场化运作模式来实现参与各方的利益诉求，政府在其中发挥构建平台、创立机制、政策引导等指向性、服务性功能。

　　"一带一路"倡议和现有机制是对接与互补的，而非替代的。"一带一路"倡议的相关国家要素禀赋各异，比较优势差异明显，互补性很强。我国经济规模居全球第二，外汇储备居全球第一，优势产业越来越多，基础设施建设经验丰富，装备制造能力强、质量好、性价比高，具备资金、技术、人才、管理等综合优势。这为中国与"一带一路"倡议其他参与方实现产业对接与优势互补提供了现实需要与重大机遇。

　　"一带一路"倡议是促进人文交流的桥梁，而非触发文明冲突的引线。"一带一路"跨越不同区域、不同文化、不同宗教信仰，但它带来的不是文明冲突，而是各文明间的交流互鉴。通过弘扬丝绸之路精神，开展智力丝绸之路、健康丝绸之路等建设，在科学、教育、文化、卫生、民间交往等各领域广泛开展合作，"一带一路"倡议民意基础更为坚实，社会根基更加牢固。

（二）建设原则

　　根据《推动共建丝绸之路经济带和 21 世纪海上丝绸之路的愿景与行动》，"一带一路"倡议包括政策沟通、设施联通、贸易畅通、资金融通、民心相通五个主要方面的内容。其中，政策沟通为重要保障，设施联通为优先领域，贸易畅通为重点内容，资金融通为重要支撑，民心相通为社会支撑。"一带一路"倡议的实施路线图是，在政策沟通的基础上，实现互联互通，大力推进沿线各国基础设施建设和投资贸易互利合作，深化各国金融合作，并通过广泛的国家和社会多个层面的交往与合作，促进各国民心相通。"一带一路"倡议需要沿线国家政府、企业、人民和各类组织共同参与，倡导共商共建共享的建设原则①。具体原则如下：

　　第一，恪守联合国宪章的宗旨和原则。遵守和平共处五项原则，即尊重各国主权和领土完整、互不侵犯、互不干涉内政、和平共处、平等互利。

　　第二，坚持开放合作。"一带一路"倡议相关的国家基于但不限于古代丝绸之路的范围，各国和国际、地区组织均可参与，让共建成果惠及更广泛的区域。

　　第三，坚持和谐包容。倡导文明宽容，尊重各国发展道路和模式的选择，加强不同文明之间的对话，求同存异、兼收并蓄、和平共处、共生共荣。

　　第四，坚持市场运作。遵循市场规律和国际通行规则，充分发挥市场在

---

　　① 胡宗山，聂锐."一带一路"倡议：成就、挑战与未来创新［J］. 社会主义研究，2019（6）：162-170.

资源配置中的决定性作用和各类企业的主体作用，同时发挥好政府的作用。

第五，坚持互利共赢。兼顾各方利益和关切，寻求利益契合点和合作最大公约数，体现各方智慧和创意，各施所长、各尽所能，把各方优势和潜力充分发挥出来。

三、从"五通"看"一带一路"建设取得的成就

2013 年以来，共建"一带一路"倡议以政策沟通、设施联通、贸易畅通、资金融通和民心相通为主要内容扎实推进，取得明显成效，一批标志性的早期成果开始显现。

(一) 政策沟通

政策沟通是共建"一带一路"倡议的重要保障，是形成携手共建行动的重要先导。多年来，中国与有关国家和国际组织充分沟通协调，达成了共建"一带一路"的广泛国际合作共识，并取得了如下成就：

第一，共建"一带一路"倡议载入国际组织重要文件。共建"一带一路"倡议及其核心理念已写入联合国、二十国集团、亚太经合组织以及其他区域组织等有关文件中。2015 年 7 月，上海合作组织发表了《上海合作组织成员国元首乌法宣言》，支持关于建设"丝绸之路经济带"的倡议。2016 年 9 月，《二十国集团领导人杭州峰会公报》通过关于建立"全球基础设施互联互通联盟"倡议。2016 年 11 月，联合国 193 个会员国协商一致通过决议，欢迎共建"一带一路"等经济合作倡议，呼吁国际社会为共建"一带一路"倡议提供安全保障环境。2017 年 3 月，联合国安理会一致通过了第 2344 号决议，呼吁国际社会通过"一带一路"建设加强区域经济合作，并首次载入"人类命运共同体"理念。

第二，签署共建"一带一路"政府间合作文件的国家和国际组织数量逐年增加。在共建"一带一路"框架下，各参与国和国际组织本着求同存异的原则，就经济发展规划和政策进行充分交流，协商制定经济合作规划和措施。截至 2019 年 3 月底，中国政府已与 125 个国家和 29 个国际组织签署了 173 份合作文件。共建"一带一路"已由亚欧延伸至非洲、拉丁美洲、南太平洋等区域。

第三，共建"一带一路"专业领域对接合作有序推进。数字丝绸之路建设

已成为共建"一带一路"的重要组成部分，中国与埃及、老挝、沙特阿拉伯、塞尔维亚、泰国、土耳其、阿联酋等国家共同发起《"一带一路"数字经济国际合作倡议》，与16个国家签署加强数字丝绸之路建设合作文件。2017年12月，中国发布《标准联通共建"一带一路"行动计划（2018—2020年）》，与49个国家和地区签署了85份标准化合作协议。

(二) 设施联通

互联互通是贯穿"一带一路"的血脉，而基础设施联通则是"一带一路"建设的优先领域。在尊重相关国家主权和安全关切的基础上，由各国共同努力，以铁路、公路、航运、航空、管道、空间综合信息网络等为核心的全方位、多层次、复合型基础设施网络正在加快形成，区域间商品、资金、信息、技术等交易成本大大降低，有效促进了跨区域资源要素的有序流动和优化配置，实现了互利合作、共赢发展。

第一，国际经济合作走廊和通道建设取得明显进展。新亚欧大陆桥、中蒙俄、中国—中亚—西亚、中国—中南半岛、中巴和孟中印缅等六大国际经济合作走廊将亚洲经济圈与欧洲经济圈联系在一起，为建立和加强各国互联互通伙伴关系，构建高效畅通的亚欧大市场发挥了重要作用。

第二，基础设施互联互通水平大幅提升。"道路通，百业兴。"基础设施投入不足是发展中国家经济发展的瓶颈，加快设施联通建设是共建"一带一路"的关键领域和核心内容。截至2020年，在基础设施互联互通下，铁路合作方面、公路合作方面、港口合作方面、航空运输方面、能源设施建设方面、通信设施建设方面均取得诸多进展，其中最具代表性意义的为中欧班列的开通运营。2020年1~4月，中欧班列共开行2920列、发送货物26.2万标准箱，同比分别增长24%、27%，综合重箱率98%。其中，去程1638列、14.8万标准箱，同比分别增长36%、40%，综合重箱率99.9%；回程1282列、11.4万标准箱，同比分别增长11%、14%，综合重箱率95.5%。

(三) 贸易畅通

贸易畅通是共建"一带一路"的重要内容。共建"一带一路"促进了沿线国家和地区贸易投资自由化、便利化，降低了交易成本和营商成本，释放了发展潜力，进一步拓展了各国家和地区参与经济全球化的广度和深度。

第一，贸易与投资自由化、便利化水平不断提升。中国发起《推进"一带一路"贸易畅通合作倡议》，83 个国家和国际组织积极参与。中国进一步放宽外资准入领域，营造高标准的国际营商环境，设立了面向全球开放的 12 个自由贸易试验区，并探索建设自由贸易港，吸引沿线国家和地区来华投资。中国平均关税水平从加入 WTO 时的 15.3% 降至 2020 年的 7.5%。中国与东盟、新加坡等多个国家和地区签署或升级了自由贸易协定，与欧亚经济联盟签署经贸合作协定，与沿线国家的自由贸易区网络体系逐步形成。

第二，贸易规模持续扩大。2013～2018 年，中国与共建"一带一路"国家货物贸易进出口总额超过 6 万亿美元，年均增长率高于同期中国对外贸易增速，占中国货物贸易总额的比重达到 27.4%。其中，2018 年，中国与共建"一带一路"国家货物贸易进出口总额达到 1.3 万亿美元，同比增长 16.4%。中国与共建"一带一路"国家服务贸易由小到大、稳步发展。

第三，贸易方式创新进程加快。跨境电子商务等新业态、新模式正成为推动贸易畅通的重要新生力量。2018 年，通过中国海关跨境电子商务管理平台零售进出口商品总额达 203.5 亿美元，同比增长 50%，其中，出口 84.8 亿美元，同比增长 67.0%；进口 118.7 亿美元，同比增长 39.8%。"丝路电商"合作蓬勃兴起，中国与 17 个国家建立双边电子商务合作机制，在金砖国家等多边机制下形成电子商务合作文件，加快了企业对接和品牌培育的实质性步伐。

(四) 资金融通

资金融通是共建"一带一路"的重要支撑。国际多边金融机构以及各类商业银行不断探索创新投融资模式、积极拓宽多样化融资渠道，为共建"一带一路"提供稳定、透明、高质量的资金支持。

第一，探索新型国际投融资模式。"一带一路"沿线基础设施建设和产能合作潜力巨大，融资缺口亟待弥补。各国主权基金和投资基金发挥越来越重要的作用。近年来，阿联酋阿布扎比投资局、中国投资有限责任公司等主权财富基金对"一带一路"沿线国家主要新兴经济体投资规模显著增加。丝路基金与欧洲投资基金共同投资的中欧共同投资基金于 2018 年 7 月开始实质性运作，投资规模 5 亿欧元，有力地促进了共建"一带一路"倡议与欧洲投资计划相对接。

第二，多边金融合作支撑作用显现。中国财政部与阿根廷、俄罗斯、印度尼西亚、英国、新加坡等 27 国财政部核准了《"一带一路"融资指导原则》。根据这一指导原则，各国支持金融资源服务于相关国家和地区的实体经济发展，重点加大对基础设施互联互通、贸易投资、产能合作等领域的融资支持。中国人民银行与世界银行集团下属的国际金融公司、泛美开发银行、非洲开发银行和欧洲复兴开发银行等多边开发机构开展联合融资，截至2019年底已累计投资100多个项目，覆盖70多个国家和地区。

第三，金融机构合作水平不断提升。在共建"一带一路"中，政策性出口信用保险覆盖面广，在支持基础设施、基础产业的建设上发挥了独特作用；商业银行在多元化吸收存款、公司融资、金融产品、贸易代理、信托等方面具有优势。截至2019年底，中国出口信用保险公司累计支持对共建"一带一路"国家的出口和投资超过6000亿美元。中国银行、中国工商银行、中国农业银行、中国建设银行等中资银行与沿线国家建立了广泛的代理行关系。

第四，金融市场体系建设日趋完善。共建"一带一路"国家不断深化长期稳定、互利共赢的金融合作关系，各类创新金融产品不断推出，大大拓宽了共建"一带一路"的融资渠道。中国不断提高银行间债券市场对外开放程度，截至2018年底，熊猫债发行规模已达2000亿元左右。中国进出口银行面向全球投资者发行20亿元"债券通"绿色金融债券，金砖国家新开发银行发行首单30亿元绿色金融债以支持绿色丝绸之路建设。

第五，金融互联互通不断深化。截至2019年底已有11家中资银行在28个共建"一带一路"国家设立76家一级机构，来自22个共建"一带一路"国家的50家银行在中国设立7家法人银行、19家外国银行分行和34家代表处。人民币国际支付、投资、交易、储备功能稳步提高，人民币跨境支付系统(CIPS)业务范围已覆盖近40个"一带一路"沿线国家和地区。

(五)民心相通

民心相通是共建"一带一路"的人文基础。享受和平、安宁、富足，过上更加美好生活，是各国人民的共同梦想。"一带一路"倡议发起以来，各国开展了形式多样、领域广泛的公共外交和文化交流，增进了相互理解和认同，为共建"一带一路"奠定了坚实的民意基础。

第一，文化交流形式多样。中国与沿线国家互办艺术节、电影节、音乐节、文物展、图书展等活动，合作开展图书、广播、影视精品创作和互译互播。丝绸之路国际剧院、博物馆、艺术节、图书馆、美术馆联盟相继成立。中国与中东欧、东盟、俄罗斯、尼泊尔、希腊、埃及、南非等国家和地区共同举办文化年活动，形成了"丝路之旅""中非文化聚焦"等10余个文化交流品牌，打造了丝绸之路（敦煌）国际文化博览会、丝绸之路国际艺术节、海上丝绸之路国际艺术节等一批大型文化节会，在共建"一带一路"国家设立了17个中国文化中心。

第二，教育培训成果丰富。中国设立"丝绸之路"中国政府奖学金项目，与24个共建"一带一路"国家签署高等教育学历学位互认协议。2017年，共建"一带一路"国家3.87万人接受中国政府奖学金来华留学，占奖学金生总数的66%。在54个共建"一带一路"国家设立孔子学院153个、孔子课堂149个。

第三，旅游合作逐步扩大。中国与多个国家共同举办旅游年，创办丝绸之路旅游市场推广联盟、海上丝绸之路旅游推广联盟、"万里茶道"国际旅游联盟等旅游合作机制。2017年与57个共建"一带一路"国家缔结了涵盖不同护照种类的互免签证协定，与15个国家达成19份简化签证手续的协定或安排。

第四，卫生健康合作不断深化。自首届"一带一路"国际合作高峰论坛召开以来，中国与蒙古、阿富汗等国，世界卫生组织等国际组织，比尔及梅琳达·盖茨基金会等非政府组织，相继签署了56个推动卫生健康合作的协议。2017年8月，"一带一路"暨健康丝绸之路高级别研讨会在北京召开，发布了《北京公报》。中国与澜沧江—湄公河国家开展艾滋病、疟疾、登革热、流感、结核病等防控合作，与中亚国家开展包虫病、鼠疫等人畜共患病防控合作，与西亚国家开展脊髓灰质炎等防控合作。中国先后派出多支眼科医疗队赴柬埔寨、缅甸、老挝、斯里兰卡等国开展"光明行"活动，派遣短期医疗队赴斐济、汤加、密克罗尼西亚、瓦努阿图等太平洋岛国开展"送医上岛"活动。在35个共建"一带一路"国家建立了中医药海外中心，建设了43个中医药国际合作基地。

第五，救灾、援助与扶贫持续推进。自首届"一带一路"国际合作高峰论坛召开以来，中国向"一带一路"沿线发展中国家提供20亿元紧急粮食援助，向南南合作援助基金（现为全球发展和南南合作基金）增资10亿美元，在共建"一带一路"国家实施了100个"幸福家园"、100个"爱心助困"和100个"康复助医"等项目。开展援外文物合作保护和涉外联合考古，与6国开展了8个援外文物合作项目，与12国开展了15个联合考古项目。中国向老挝等国提供地震监测仪器设备，提高其防震减灾能力。中国在柬埔寨、尼泊尔开展社会组织合作项目24个，助力改善当地民众生活。

四、从"三共"看"一带一路"建设的中国贡献

共建"一带一路"倡议着眼于构建人类命运共同体，坚持共商共建共享原则，为推动全球治理体系变革和经济全球化作出了中国贡献。

(一)共商：从中国倡议到全球共识

共商就是"大家的事大家商量着办"，强调平等参与、充分协商，以平等自愿为基础，通过充分对话沟通找到认识的相通点、参与合作的交汇点、共同发展的着力点。

第一，打造共商国际化平台与载体。2017年5月，首届"一带一路"国际合作高峰论坛在北京成功召开，29个国家的元首和政府首脑出席论坛，140多个国家和80多个国际组织的1600多名代表参会，论坛形成了5大类、76大项、279项具体成果，这些成果已全部得到落实。2019年4月，第二届"一带一路"国际合作高峰论坛继续在北京举办。"一带一路"国际合作高峰论坛已经成为各参与国家和国际组织深化交往、增进互信、密切往来的重要平台。2018年11月，首届中国国际进口博览会成功举办，172个国家、地区和国际组织参加，3600余家境外企业参展，4500多名政商学研各界嘉宾在虹桥国际经济论坛上对话交流，发出了"虹桥声音"。中国还举办了丝绸之路博览会暨中国东西部合作与投资贸易洽谈会、中国—东盟博览会、中国—亚欧博览会、中国—阿拉伯国家博览会、中国—南亚博览会、中国—东北亚博览会、中国西部国际博览会等大型展会，它们都成为中国与沿线各国共商合作的重要平台。

第二，强化多边机制在共商中的作用。共建"一带一路"顺应和平与发展的时代潮流，坚持平等协商、开放包容，促进共建"一带一路"国家在既有国际机制基础上开展互利合作。中国充分利用二十国集团、亚太经合组织、上海合作组织、亚欧会议、亚洲合作对话、亚信会议、中国—东盟(10+1)、澜湄合作机制、大湄公河次区域经济合作、大图们倡议、中亚区域经济合作、中非合作论坛、中阿合作论坛、中拉论坛、中国—中东欧"16+1"合作机制、中国—太平洋岛国经济发展合作论坛、世界经济论坛、博鳌亚洲论坛等现有多边合作机制，在相互尊重、相互信任的基础上，积极同各国开展共建"一带一路"实质性对接与合作。

(二)共建：共同打造和谐家园

共建就是各方都是平等的参与者、建设者和贡献者，也是责任和风险的共同担当者。

第一，打造共建合作的融资平台。由中国发起的亚洲基础设施投资银行2016年开业以来，在国际多边开发体系中发挥着越来越重要的作用，得到国际社会广泛信任和认可。截至2018年底，亚洲基础设施投资银行已从最初57个创始成员发展到遍布各大洲的93个成员，累计批准贷款75亿美元，撬动其他投资近400亿美元，已批准的35个项目覆盖印度尼西亚、巴基斯坦、塔吉克斯坦、阿塞拜疆、阿曼、土耳其、埃及等13个国家。亚洲基础设施投资银行在履行自身宗旨使命的同时，也与其他多边开发银行一起，成为助力共建"一带一路"的重要多边平台之一。2014年11月，中国政府宣布出资400亿美元成立丝路基金，2017年5月，中国政府宣布向丝路基金增资1000亿元。截至2018年底，丝路基金协议投资金额约110亿美元，实际出资金额约77亿美元，并出资20亿美元设立中哈产能合作基金。2017年，中国建立"一带一路"PPP工作机制，与联合国欧洲经济委员会签署合作谅解备忘录，共同推动PPP模式更好运用于"一带一路"建设合作项目。

第二，积极开展第三方市场合作。共建"一带一路"致力于推动开放包容、务实有效的第三方市场合作，促进中国企业和各国企业优势互补，实现"1+1+1>3"的共赢。2018年，第一届中日第三方市场合作论坛和中法第三方市场合作指导委员会第二次会议成功举办。英国欣克利角核电等一批合作项目顺利落地，中国中车与德国西门子已经在一些重点项目上达成了三方合作共识。

第三，建立"二轨"对话机制。中国与共建"一带一路"国家通过政党、议会、智库、地方、民间、工商界、媒体、高校等"二轨"交往渠道，围绕共建"一带一路"开展形式多样的沟通、对话、交流、合作。中国组织召开了中国共产党与世界政党高层对话会，就共建"一带一路"相关议题深入交换意见。中国与相关国家先后组建了"一带一路"智库合作联盟、丝路国际智库网络、高校智库联盟等。英国、日本、韩国、新加坡、哈萨克斯坦等国都建立了"一带一路"研究机构，举办了形式多样的论坛和研讨会。中外高校合作设立了"一带一路"研究中心、合作发展学院、联合培训中心等，为共建"一带一路"培养国际化人才。中外媒体加强交流合作，通过举办媒体论坛、合作拍片、联合采访等形式，提高了共建"一带一路"的国际传播能力，让国际社会及时了解共建"一带一路"相关信息。

(三) 共享：让所有参与方获得实实在在的好处

共享就是兼顾合作方利益和关切，寻求利益契合点和合作最大公约数，使合作成果福及双方、惠泽各方。共建"一带一路"不是"你输我赢"或"你赢我输"的零和博弈，而是双赢、多赢、共赢。

第一，将发展成果惠及共建"一带一路"国家。中国经济对世界经济增长的贡献率多年保持在30%左右。近年来，中国进口需求迅速扩大，在对国际贸易繁荣作出越来越大贡献的同时，拉动了对华出口的共建"一带一路"国家经济增长。中国货物和服务贸易年进口值占全球一成左右，2018年，中国货物贸易进口14.1万亿元，同比增长12.9%。2018年，中国对外直接投资1298.3亿美元，同比增长4.2%，对沿线国家的直接投资占比逐年增长。在共建"一带一路"合作框架下，中国支持亚洲、非洲、拉丁美洲等地区的广大发展中国家加大基础设施建设力度，把世界经济发展的红利不断输送到这些发展中国家。

第二，改善共建"一带一路"国家民生。中国把向共建"一带一路"国家提供减贫脱困、农业、教育、卫生、环保等领域的民生援助纳入共建"一带一路"范畴。中国开展了中非减贫惠民合作计划、东亚减贫合作示范等活动，积极实施湄公河应急补水，帮助沿河国家应对干旱灾害，并向泰国、缅甸等国提供防洪技术援助。中国与世界卫生组织签署关于"一带一路"卫生领域合作的谅解备忘录，实施中非公共卫生合作计划、中国—东盟公共卫生人才培养百人计划等项目。

第三，促进科技创新成果向共建"一带一路"国家转移。中国与共建"一带一路"国家签署了46个科技合作协定，先后启动了中国—东盟、中国—南亚等科技伙伴计划，与东盟、南亚、阿拉伯国家、中亚、中东欧共建了5个区域技术转移平台，发起成立了"一带一路"国际科学组织联盟。通过共建"一带一路"国家青年科学家来华从事短期科研工作以及培训共建"一带一路"国家科技和管理人员等方式，形成了多层次、多元化的科技人文交流机制。

第四，推动绿色发展。中国遵循《巴黎协定》，积极倡导并推动将绿色生态理念贯穿于共建"一带一路"倡议。中国与联合国环境规划署签署了关于建设绿色"一带一路"的谅解备忘录，与30多个"一带一路"沿线国家签署了生态环境保护的合作协议。建设绿色丝绸之路已成为落实《变革我们的世界：2030年可持续发展议程》的重要路径，100多个来自相关国家和地区的合作伙伴共同成立"一带一路"绿色发展国际联盟。中国在2016年担任二十国集团主席国期间，首次把绿色金融议题引入二十国集团议程，成立绿色金融研究小组，发布《二十国集团绿色金融综合报告》。中国积极实施"绿色丝路使者计划"，2017年已培训共建"一带一路"国家2000人次。中国发布《关于推进绿色"一带一路"建设的指导意见》《"一带一路"生态环境保护合作规划》等文件，推动落实共建"一带一路"的绿色责任和绿色标准。

五、"一带一路"建设面临的挑战及应对

(一)"一带一路"建设面临的挑战

1."一带一路"建设与国内供给侧结构性改革如何平衡和相互促进

在推进"一带一路"建设的过程中，中国企业要紧密结合中央提出的供给侧结构性改革，有意识地将发展方式从投资驱动向创新驱动转换，将产品服务从劳动密集型向科技密集型转变。供给侧结构性改革是今后的一个重要任务，主要是三个方面：一个是化解过剩产能，二是传统产业的转型升级，三是新兴产业的支持和培育。供给侧结构性改革当前和今后一个时期的重点任务包括五项，分别是去产能、去库存、去杠杆、降成本、补短板。

2. 中国是否有足够的知识和技术在国外进行投资

目前，我国懂相关国家语言和政策的人较少，有些国家国内政治复杂、安全形势欠佳，可能经常会有重大疫情、恐怖袭击等情况出现。"一带一路"中中国企业"走出去"后，要跟当地政府和工人沟通和交流，如果不懂当地的法律和政治生态，缺乏相关人才、知识和技术，在执行具体项目时就会出现诸多障碍。

3. 如何应对共建"一带一路"国家发展后可能存在的竞争

目前"一带一路"建设采取开放包容的态度，顺应时代潮流，坚持开放合作，实现共同发展。但从长远看，一些国家发展后可能会成为中国强有力的竞争者。这是需要提前做好战略考量的关键性问题，即在开放包容的同时要有所考虑。

4. 可能存在收回成本困难和"滚雪球"效应

基础建设投入大，但成本回收的周期特别长，风险大，可能存在收回成本困难，而且还会产生"滚雪球"效应。共建"一带一路"国家普遍比较落后，

如果有些国家的政府不给担保，那么"一带一路"建设投资会面临较大的资金风险和不稳定因素。

（二）如何应对"一带一路"建设面临的挑战

1. 战略上积极，战术上慎重

"一带一路"建设是一个伟大的愿景，在帮助周边国家共同发展的同时，也要在具有长期的战略意义的问题上做好充分的研究准备工作。

2. 共同承担风险，共商、共建、共享

共商，就是要注重和他国发展战略的对接，考虑沿线国家利益关切，追求发展最大公约数；共建，就是要将沿线国家利益、命运和责任紧密相连，共同推进"一带一路"建设；共享，就是要追求互利共赢，造福沿线各国人民。

3. 升级国内的经济结构，输出高技术产品和依靠知识产权获益

中国崛起最终要依靠国内经济结构的转型升级。一开始我们可以以基础设施建设为主，慢慢转向输出高技术产品，让中国制造"走出去"。其中，最重要的是要依靠知识产权获益，也就是让中国最终成为知识的提供者，掌握核心竞争力。

4. 充分发挥企业和社会组织的主体作用

"一带一路"建设光靠政府是远远不够的，我们要更多地依靠当地的企业、华人等，尽量规避建设中的种种风险，真正使"一带一路"建设成为平等互利的国际合作倡议。

第五节

推动构建人类命运共同体

一、人类命运共同体基本介绍

（一）提出背景

当代中国正经历着我国历史上最为广泛而深刻的社会变革，也正在进行着人类历史上最为宏大而独特的实践创新。自党的十八大以来，面对国内外

形势的复杂深刻变化，以习近平同志为核心的党中央总揽战略全局，把握发展大势，做出了一系列顶层设计和开创性谋划，成功开辟了中国特色社会主义的新局面。

当今世界正经历冷战结束以来最深刻复杂的变化，各种风险累积叠加，各国角力激烈交织。当前国际形势正处于新的转折点，国际力量对比正在发生历史性变化，世界面临的不确定性突出，重塑新的国际秩序的要求变得更加迫切。所有这些正在发生的重大变化表明国际体系和国际秩序进入了加速演变和深刻调整的关键时期。国际社会关注的焦点在于这种转变将以什么样的方式实现，未来的国际秩序将是什么样子，由谁来领导、依照什么规则、遵循哪种价值。可以肯定的是，新的国际秩序必须能够应对和平赤字、发展赤字、治理赤字等摆在全人类面前的严峻挑战。

经济全球化大潮滚滚向前，新科技革命和产业变革深入发展，全球治理体系深刻重塑，国际格局加速演变，和平发展大势不可逆转。人类交往的世界性比过去任何时候都更深入、更广泛，各国相互联系和彼此依存比过去任何时候都更频繁、更紧密，和平、发展、合作、共赢已成为时代潮流。

当今世界正经历百年未有之大变局，变革会催生新的机遇，但变革过程往往充满着风险和挑战，人类又一次站在了十字路口。合作还是对抗？开放还是封闭？互利共赢还是零和博弈？如何回答这些问题，关乎各国利益，关乎人类前途命运。正是基于以上背景，中国提出了构建人类命运共同体的倡议，旨在解决当今世界发展难题，共同建设一个和平、安全、繁荣、开放、美丽的世界。

(二) 提出过程

2013 年 3 月，习近平主席在莫斯科国际关系学院的演讲中，第一次在外交场合提到"命运共同体"概念，指出这个世界越来越成为你中有我、我中有你的命运共同体，和平、发展、合作、共赢成为时代潮流。

2015 年 9 月，习近平主席在联合国总部发表题为《携手构建合作共赢新伙伴 同心打造人类命运共同体》的讲话，明确指出要"构建以合作共赢为核心的新型国际关系，打造人类命运共同体"。

2017 年 1 月，习近平主席在联合国日内瓦总部发表题为《共同构建人类命运共同体》的主旨演讲，阐述了中国为何要推动构建人类命运共同体、要构建一个什么样的人类命运共同体以及怎样构建人类命运共同体这三大基本问题。此次演讲全面明确了"人类命运共同体"理念的动因、愿景与实施路径，显著提升了这一理念的影响力和感召力。2017 年 10 月 18 日，在党的十九大开幕会上，习近平总书记代表第十八届中央委员会作了《决胜全面建成小康社会 夺取新时代中国特色社会主义伟大胜利》的报告。报告提出构建新型国际关系、构建人类命运共同体的对外关系主张。报告将"坚持推动构建人类命运共同体"作为新时代坚持和发展中国特色社会主义的基本方略之一，同时呼吁"各国人民同心协力，构建人类命运共同体，建设持久和平、普遍安全、共同繁荣、开放包容、清洁美丽的世界"。

2018 年 3 月，第十三届全国人民代表大会第一次会议通过的《中华人民共和国宪法修正案》对我国宪法作最新一次的修正，其中一个重要内容就是将推动构建人类命运共同体写入宪法。2018 年 10 月，在第八届北京香山论坛开幕式上，习近平主席向论坛致贺信，指出中国坚持共同、综合、合作、可持续的新安全观，愿以更加开放的姿态与各国同心协力，以合作促发展、以合作促安全，推动构建人类命运共同体，展现了中方推动构建人类命运共同体的信心和决心。

（三）意义

人类命运共同体要求人类既顺应历史，又立足当下，不断超越自身、超越国界、超越文明，共同创造一个更加美好的新世界。在这个意义上，人类命运共同体既是历史的，也是现实的，更是发展的。这一思想引领了世界发展的潮流和方向，把现实世界与美好未来的辩证统一、地理范围与问题领域的兼容超越、传统领域与全球公域的统筹构建、统一性与多样性世界的包容关怀、自我发展与共同发展的整体推进融为一体，具有丰富而深刻的内涵。

人类命运共同体思想描绘了普遍安全的世界，强调把国家安全与全球安全统筹起来，在营造公道正义、共建共享的安全格局上不懈努力。中国将贯彻落实总体国家安全观，努力改善周边安全环境，同时倡导结伴而不结盟、合作而不对抗的国际安全合作，超越传统的对抗性、排他性的安全共同体。普遍安全理念不仅超越了传统的安全联盟和区域安全复合体理论，还推动了集体安全理论的创新发展。

人类命运共同体思想描绘了共同繁荣的世界，强调把共同繁荣与共同富裕统筹起来，在谋求开放创新、包容互惠的经济发展上持续努力。一方面，中国将继续深化新发展理念，实现社会的公平正义，推动形成全面开放的新格局；另一方面，中国将与世界各国一道，着眼世界经济与全球发展的新情况、新问题，为改善全球经济治理贡献中国智慧，共同打造开放、包容、均衡、普惠的全球经济新结构。

人类命运共同体思想描绘了开放包容的世界，强调把中华文明与各国文明的发展统一起来，在促进和而不同、兼收并蓄的文明交流上不断努力。这意味着，中国将不懈推进中华民族伟大复兴之路，在实现社会主义现代化强国的基础上，为增强世界文明多样性注入强大能量，为推进世界文明交流做出积极贡献，共同创造一个开放包容、丰富多彩的全球文明体系。这种全新的整体文明观，超越了狭隘的文明中心主义，对消解文明冲突、促进文明交流具有重要引领作用。

人类命运共同体思想描绘了清洁美丽的世界，强调把经济社会发展与自然生态保护协调起来，在构筑尊崇自然、绿色发展的生态建设上不懈努力。这一思想继承了中华文明"天人合一""和谐共生"的优良传统，契合了当今世界对可持续发展、包容性发展的强烈追求。中华民族的伟大复兴和永续发展离不开和平的国际秩序，也离不开良好的生态环境。中国与世界各国都亟待把经济、社会、环境视为不可分割的整体，在经济社会的发展进程中更加注重全球生态建设，不断推动全球生态合作。

(四) 基本概念和主要内涵

1. 基本概念

人类命运共同体是一种价值观，包含相互依存的国际权力观、共同利益观、可持续发展观和全球治理观。人类命运共同体旨在追求本国利益时兼顾他国合理关切，在谋求本国发展中促进各国共同发展。这个倡议回答了"人类社会走向何处、如何走"这一重大命题，为人类社会实现共同发展、持续繁荣指明了方向、绘制了蓝图，体现了中国发展同世界共同发展相统一的全球视野、世界胸怀和大国担当，具有强大的吸引力、感召力和生命力。

对于构建人类命运共同体这个倡议，2013 年 3 月，习近平主席在莫斯科国际关系学院发表重要演讲时指出："这个世界，各国相互联系、相互依存的程度空前加深，人类生活在同一个地球村里，生活在历史和现实交汇的同一个时空里，越来越成为你中有我、我中有你的命运共同体。"习近平总书记在党的十八大正式提出构建人类命运共同体的重要倡议，并在多种场合反复强调。党的十九大报告中，习近平总书记呼吁："各国人民同心协力，构建人类命运共同体，建设持久和平、普遍安全、共同繁荣、开放包容、清洁美丽的世界。"这是引领世界普遍交往的中国智慧与中国方案。

时任外交部部长的王毅提出，人类命运共同体理念植根于源远流长的中华文明和波澜壮阔的中国外交实践，契合各国求和平、谋发展、促合作、要进步的真诚愿望和崇高追求。它强调要建立平等相待、互商互谅的伙伴关系，营造公道正义、共建共享的安全格局，谋求开放创新、包容互惠的发展前景，促进和而不同、兼收并蓄的文明交流，构筑尊崇自然、绿色发展的生态体系。这五个方面形成了打造人类命运共同体的总布局和总路径，成为中国特色大国外交理论创新的重大成果。

2. 主要内涵

(1)政治上，相互尊重、平等相待。各国体量有大小、国力有强弱、发展有先后，但作为人类命运共同体的一员，各国都有平等参与地区和国际事务的权利，涉及大家的事情由各国共同商量来办。相互尊重、平等相待，最重要的就是尊重各国自主选择的社会制度和发展道路，尊重彼此核心利益和重大关切，客观理性看待别国发展壮大和政策理念，努力求同存异、聚同化异。共同维护当今世界来之不易的和平稳定局面和良好发展势头，反对干涉别国内政，反对为一己之私搞乱地区形势。

(2)经济上，合作共赢、共同发展。当前世界经济仍处在深度调整中，呈现出复杂性、脆弱性、不稳定性和不确定性。经济不景气导致政治、安全难题丛生，反过来也会抑制经济复苏进程。人类命运共同体首先是利益共同体，世界各国作为命运共同体的一员，应当跳出零和博弈的旧框架，从大处着眼，以更加客观、理性的态度看待经济全球化带来的新问题，以更加长远和深邃的利益观来处理利益纷争，本着合作共赢精神，把本国人民利益同各国人民共同利益结合起来，共同维护世界各国共同发展的良好局面。

(3)文化上，兼收并蓄、交流互鉴。世界上不同类型的文明、文化没有优劣之分，只有特色之别。作为人类命运共同体的成员，各国应当切实维护世界文明多样性，加强相互交流、相互学习、相互借鉴，而不应该相互排斥、相互取代。文明因交流而多彩，文明因互鉴而丰富。对人类社会创造的各种文明，都应该采取学习借鉴的态度，都应该积极吸纳其中的有益成分。

(4)国际秩序上，构建公正、和谐的国际新秩序。以人类命运共同体为引领构建起来的国际秩序，应当是公正的、和谐的。所谓公正，就是要更充分反映发展中国家日益发展壮大的事实，更多照顾发展中国家重大关切，更好维护发展中国家正当权益，确保发展中国家和发达国家在国际合作中权利平等、机会平等、规则平等。所谓和谐，是指拥有不同社会制度、意识形态以及处于不同发展阶段的国家要在这一秩序下和平共存、和谐相处、交流互鉴、共同进步，不搞自我中心主义，不把本国的发展道路、制度体系强加于人。

二、推动构建人类命运共同体的中国实践

(一)初步形成全球伙伴关系网络

推动构建人类命运共同体是全方位、多层次的立体化体系，涵盖了国家关系、安全建构、经济发展、文化包容、生态保护等诸多内容，具体包括五大方面，即建立平等相待、互商互谅的伙伴关系，营造公道正义、共建共享的安全格局，谋求开放创新、包容互惠的发展前景，促进和而不同、兼收并蓄的文明交流，构筑尊崇自然、绿色发展的生态体系，其中，达成伙伴关系是推动构建人类命运共同体的重要途径。为此，中国提出了"对话而不对抗，结伴而不结盟"的国家间交往新理念、新思路。近年来，中国把推动构建人类命运共同体落实到与具体国家的实际交往中，营造了新型国际关系的良好氛围。2016年，中国搭建了更为紧密化的全球伙伴关系网络，覆盖范围进一步拓展，伙伴关系水平得到提升。中国不仅与7个国家新建了伙伴关系，还与11个国家提升了伙伴关系定位。截至2018年底，中国与100多个国家(地区)和国际组织建立了不同形式的伙伴关系。全球伙伴关系网络的进一步搭建，对推动构建人类命运共同体具有重大意义。国家间关系的良好发展，有助于世界各国加深对推动构建人类命运共同体的认识和理解，可以扩大维护世界和平与实现共同发展重要共识的影响和作用。

(二)推动构建人类命运共同体倡议赢得世界共鸣

推动构建人类命运共同体表达了中国对外交往的诚意与期许，其题中之义是发展、维护和促进国家间良好关系。在外事访问和国际场合，中国领导人多次以"人类命运共同体"描述和界定双边或多边关系，从双边层面、多边层面、地区层面、全球层面致力于联合推动构建人类命运共同体倡议的国际传播。例如，在双边层面上，中国与巴基斯坦"不断充实两国命运共同体内涵"，与土库曼斯坦"已成为合作共赢的利益共同体和守望相助的命运共同

体"，与哈萨克斯坦旨在"打造互利共赢的利益共同体"，与柬埔寨"结成守望相助的命运共同体"，与越南"成为具有战略意义的命运共同体"，与吉尔吉斯斯坦"树立命运共同体利益共同体意识"，与白俄罗斯"打造利益和命运共同体"等。此外，中国提出与非洲国家"历来是休戚与共的命运共同体"，积极打造周边共同体，携手建设中国—东盟命运共同体，推动构建中国—拉丁美洲命运共同体以及网络空间命运共同体等重要倡议。可以说，推动构建人类命运共同体倡议引起了国际社会的广泛关注并获得了很多赞誉。2017年2月，联合国社会发展委员会第55届会议通过了《非洲发展新伙伴关系的社会层面决议》，该决议倡导国际社会本着合作共赢和构建人类命运共同体的精神，不断加强对非洲经济社会发展支持。2017年3月23日，联合国人权理事会第34次会议通过了关于经济、社会、文化权利和粮食权的两个决议，表示要"构建人类命运共同体"。目前，联合国已经把"人类命运共同体"思想纳入了多项国际会议及决议中，这不仅是对中国的支持和鼓励，而且表明了国际社会对该思想理念与主张的认可和接受。

(三)"一带一路"建设取得丰硕成果

"一带一路"建设是在周边范围和地区层面落实推动构建人类命运共同体倡议，具体实践合作共赢新理念和构建新型国际关系的"中国方案"，是加深中国与共建"一带一路"国家实现政策沟通、设施联通、贸易畅通、资金融通、民心相通的重大战略举措，获得了共建"一带一路"国家和国际社会的普遍认同与赞誉。2013年，习近平主席在哈萨克斯坦和印度尼西亚先后提出了共建"丝绸之路经济带"与"21世纪海上丝绸之路"的重大倡议。2013年11月通过的《中共中央关于全面深化改革若干重大问题的决定》把"一带一路"倡议上升为国家战略，提出："建立开发性金融机构，加快同周边国家和区域基础设施互联互通建设，推进丝绸之路经济带、海上丝绸之路建设，形成全方位开放新格局。"2014年12月，中央经济工作会议把"一带一路"建设置于三大区域经济战略布局的首要地位。

截至2019年底，中国已与168个国家和国际组织签署了200份共建"一带一路"合作文件，"一带一路"建设已成为新时期国际合作重要共识和战略方案。《2019年中国对外投资合作发展报告》显示，2013~2018年，中国对"一带一路"建设相关国家的对外投资累计986.2亿美元。截至2018年末，中国境内投资者在"一带一路"沿线的63个国家设立境外企业超1万家，涉及国民经济 18 个行业大类，2018 年实现直接投资 178.9 亿美元，占同期中国对外直接投资流量的 12.5%。截至 2018 年末，中国对"一带一路"建设相关国家的直接投资存量为 1727.7 亿美元，占中国对外直接投资存量的 8.7%。2018 年，中国对"一带一路"建设相关国家和地区的投资行业日趋多元化，投资存量分布在多个行业领域，包括制造业、租赁和商务服务业、批发零售业、采矿业、电力热力燃气及水生产和供应业、建筑业、农林牧渔业等。其中，流向制造、电力生产、科学研究和技术服务、批发和零售业的投资增幅较大：流向制造业的投资为 58.8 亿美元，同比增长 42.6%，占 32.9%；流向批发和零售业的投资为 37.1 亿美元，同比增长 37.7%，占 20.7%；流向电力生产和供应业的投资为 16.8 亿美元，同比增长 87.5%，占 9.4%；流向科学研究和技术服务业的投资为 6 亿美元，同比增长 45.1%，占 3.4%。从国别构成看，主要流向新加坡、印度尼西亚、马来西亚、老挝、越南、阿联酋、柬埔寨、俄罗斯、泰国、孟加拉国等国家。

作为推动构建人类命运共同体的重要平台和"一带一路"建设的融资通道，亚洲基础设施投资银行从 2016 年 1 月开业以来，吸引了国际社会的广泛关注。截至 2019 年 7 月 12 日，亚洲基础设施投资银行成员数量扩容到 100 个。截至 2019 年 11 月 7 日，由中国筹资设立的丝路基金已签约 34 个项目，承诺投资总额累计达 123 亿美元。打造复合型区域基础设施网络关乎"一带一路"沿线长远发展，整体投资额度大，成果收效周期长，但经济效益和社会效用持久。亚洲基础设施投资银行开业以来蓬勃发展的态势彰显了"一带一路"建设的巨大活力和吸引力，为推动构建人类命运共同体提供了重要参考和典型示范。

(四) 对外援助的范围和支出扩大

按照联合国的要求，发达国家每年应该拿出 0.7% 的国民总收入用于发展援助，这成为衡量一个国家履行国际发展援助义务程度的标尺。2001～2013 年，中国对外援助额从 7.43 亿美元上升到 74.62 亿美元，年均增长率高达 21.20%，2015 年达到最高值 195.37 亿美元，2017 年回落到 168.7 亿美元，约占中国当年度国民总收入的 0.138%。

中国 2012 年首次明确提出"人类命运共同体"，2013 年发起"一带一路"倡议，对外援助与国际经贸合作开始有机结合，中国的对外援助进入了趋向理性成熟的阶段。2014 年中国发布第二份对外援助的白皮书，再次指出"相互尊重、平等相待、重信守诺、互利共赢是中国对外援助的基本原则"。2015 年习近平主席在联合国大会上宣布中国将设立"南南合作援助基金",支持联合国 2030 年可持续发展议程。2015 年 12 月中非合作论坛约翰内斯堡峰会上,习近平主席宣布中非将实施"十大合作计划",帮助非洲新增约 3 万千米的公路里程、超过 900 万吨/日的清洁用水处理能力,为非洲国家创造近 90 万个就业岗位。2017 年 1 月,习近平主席在联合国大会发表题为《共同构建人类命运共同体》的主旨演讲,系统阐述人类命运共同体理念。同年 5 月,习近平主席在"一带一路"国际合作高峰论坛发表题为《携手推进"一带一路"建设》的主旨演讲,指出中国将在未来 3 年向参与"一带一路"建设的发展中国家和国际组织提供 600 亿元援助,建设更多民生项目,并向"一带一路"沿线发展中国家提供 20 亿元紧急粮食援助,向南南合作援助基金增资 10 亿美元等。2017 年 2 月,中央全面深化改革领导小组第三十二次会议审议通过了《关于改革援外工作的实施意见》,强调要优化援外战略布局,改进援外资金和项目管理,改革援外管理体制机制,提升对外援助综合效应。2018 年 3 月,中国宣布组建国家国际发展合作署作为国务院的直属机构,使得中国对外援助机构变得更加有效和统一。这意味着中国对外援助工作上升到国家高度,实现与国际接轨,中国正逐渐形成一套独立的对外援助管理体系。同年 9 月,在中非合作论坛北京峰会开幕式上,中国承诺向非洲提供 600 亿美元支持,推动中国企业未来 3 年对非洲投资不少于 100 亿美元,免除受援国未偿还的政府间无息贷款债务。同年 11 月,国家国际发展合作署发布《对外援助管理办法(征求意见稿)》,标志着我国对外援助将朝着更加制度化和规范化方向发展。

中国对外援助范围从周边国家越南、朝鲜开始,逐渐扩展到古巴等其他社会主义国家,再扩到大部分亚非拉国家,最后遍及世界七大洲,从 1950 年 2 个受援国到 1978 年的 68 个受援国,到 2012 年的 160 多个受援国,再到 2018 年的 200 多个国家或国际组织。援外支出绝对额逐年增加,从 1950 年到 2016 年,中国累计对外提供援助金额达 4000 多亿元,实施各类援外项目 5000 多个,其中成套项目近 3000 个,举办 11000 多期培训班,为发展中国家培训各类人员 26 万多名。截至 2017 年,中国先后向 72 个国家和地区累计派遣医疗队员 2.5 万人次,诊治患者 2.8 亿人次。

2010 年中国援建投入使用的苏丹麦洛维大坝是世界最长的大坝,也是目前非洲大陆上建成的最大水电站,成为非洲永久性项目。2012 年建成的非盟会议中心是中国继坦赞铁路之后最大的援建项目，总投资2亿多美元。2017年建成通车的蒙内铁路是肯尼亚近百年来新建的第一条铁路。2018年开始运营的亚吉铁路是非洲第一条电气化铁路，被誉为"新时期的坦赞铁路"。在医疗卫生领域，中国援建了200多所医院和医疗服务中心，有也门塔兹医院、中非友谊医院、几内亚比绍卡松果医院、马里医院等，并设立了30个疟疾防治中心，援助了价值2亿多元的青蒿素的抗疟疾药物。在教育领域，自从2005年建立非洲大陆第一所孔子学院内罗毕大学孔子学院以来，截至2018年中国在非洲41个国家设立了54所孔子学院和27所孔子课堂，援建200多所学校，无偿提供教学设备和资料，培训发展中国家的师资，为留学生提供政府奖学金，极大地促进了受援国的教育事业发展。

(五)积极参与全球气候治理

自1992年联合国环境与发展大会后，中国政府率先组织制定了《中国21世纪议程——中国21世纪人口、环境与发展白皮书》，并从国情出发采取了一系列政策措施，为减缓全球气候变化做出积极贡献。2012年以来，我国加快推进生态文明顶层设计和制度体系建设，大力推动绿色发展，发布《中国落实2030年可持续发展议程国别方案》，实施《国家应对气候变化规划(2014—2020年)》，推动生态环境保护。在经济社会稳步发展的同时，中国单位GDP二氧化碳排放强度总体呈下降趋势。根据国际能源机构的统计数据，1990年中国单位GDP化石燃料燃烧二氧化碳排放强度为$5.47kgCO_2$/美元(2000年价)，2004年下降为$2.76kgCO_2$/美元，下降了49.5%，而同期世界平均水平只下降了12.6%，经济合作与发展组织国家下降了16.1%。

2011~2015年，我国单位GDP二氧化碳排放量累计下降20%左右，超额完成先前确定的17%的目标。根据"十三五"规划纲要，我国要在2016~2020年实现单位GDP二氧化碳排放量累计下降18%这一约束性指标。而2017年，我国单位GDP二氧化碳排放比2005年下降了46%，相当于减少二氧化碳排放40多亿吨，已经超过对外承诺的到2020年碳强度下降40%~45%的上限目标。为进一步推动绿色发展，2017年底，我国印发了《全国碳排放权交易市场建设方案(发电行业)》，标志着全国碳排放交易体系正式启动。作为环境保护的倡导者，中国在全球应对气候变化领域的领导作用十分突出，中国在全球气候治理中的"领跑"作用广受赞誉。

2015年，中国承诺在2030年达到能源的20%来自可再生能源。碳排放强度的降低，意味着即使 GDP 快速增长，碳排放的速度也不会随之增长。同时，中国承诺在 2030 年左右达到二氧化碳排放峰值。为实现这一目标，中国做出了全方位的努力。

第一，提升能源效率。当前，中国率先且广泛采用"超超临界"发电技术，发 1 千瓦·时电仅需 270 克煤，而 2008 年，发 1 千瓦·时电需要 315 克煤。钢铁、水泥等高能耗产业的能耗也大幅下降。此外，LED 灯已全面淘汰高能耗的白炽灯与荧光灯，通过断桥铝门窗等墙体保温设计实现了建筑节能。多种理念与举措共同成就了中国能效提升的速度和幅度。第二，改善能源结构。在煤炭、石油、天然气三种化石能源中，煤炭的碳排放量最高。因此，中国致力于减少煤炭消费、增加天然气消费。1998~2018 年，煤炭在中国能源消费结构的占比从 70% 下降到 59%。如此大幅度的下降可谓一个奇迹。中国在改善能源结构中更重要的举措，是增加零碳可再生能源的使用。中国水电技术一直居于世界前列，而太阳能光伏发电和风力发电技术虽然起步较晚，但是经过 10 多年快速发展，装机容量与发电量规模已领先于世界。2018 年，中国非化石能源消费占一次能源消费比重已提高至 14.3%。中国面对巨大能源消费总量和可再生能源技术的挑战，还能够实现当前的能源消费转型，这是一项了不起的成就。第三，大幅度提升碳汇。提升碳汇，即通过植树造林，提升植被吸收并固定二氧化碳的存量。在东部造林空间有限、西部干旱少雨的情况下，2018 年中国森林覆盖率达到 21.66%，在全球发展中国家中实属"逆势而行"。中国植树造林的面积、速度和森林成长质量，使森林碳汇大幅提升，为全球森林资源的增长做出了卓越贡献。第四，转变能源消费理念。2018 年，中国纯电动汽车的生产和消费量双双突破 100 万辆。深圳等城市公共交通已全部用纯电动汽车取代燃气车辆。此外，中国太阳能热水器的集热面积超过 4 亿平方米。云南一些地区高校的游泳池和学生宿舍已经率先用上了太阳能热水。

在推进生态文明建设过程中，中国创造了很多机遇和经济增长点，提供了很多新的思路，有助于各国在世界范围内应对气候变化。中国长期致力于应对气候变化国际合作，努力成为全球生态文明建设的重要参与者、贡献者和引领者。除了积极参与气候变化谈判，中国以大国外交和多边合作方式推动《巴黎协定》达成，并积极引导推进《巴黎协定》后续谈判进程。中国还通过切实行动推动和引导建立公平合理、合作共赢的全球气候治理体系，推动构建人类命运共同体。

中国对气候变化南南合作培训项目的开展，促进了应对气候变化国际合作，为发展中国家携手应对全球气候变化挑战、共谋全球生态文明建设、构建人类命运共同体搭建了有效的平台。气候变化是全人类面临的严峻挑战之一，关系到世界人民福祉和各国长远发展，需要国际社会通力合作，携手应对。中国一直是气候变化南南合作的积极推动者和实践者。南南合作，即发展中国家间的经济技术合作(因为发展中国家的地理位置大多位于南半球和北半球的南部分，所以发展中国家间的经济技术合作被称为"南南合作")，是促进发展的国际多边合作不可或缺的重要组成部分。

2011年，中国启动气候变化南南合作能力建设培训项目，旨在帮助其他发展中国家提高应对气候变化能力。2014年11月，中国发布《国家应对气候变化规划(2014—2020年)》，提出大力开展气候变化南南合作，支持发展中国家能力建设，拓展培训领域，创新培训方式，帮助有关发展中国家培训气候变化领域各类人才。2015年11月，习近平主席出席联合国气候变化巴黎大会开幕式，宣布了中国支持发展中国家的新举措，提出启动在发展中国家开展10个低碳示范区、100个减缓和适应气候变化项目及1000个应对气候变化培训名额的合作项目，得到国际社会广泛赞誉。2019年4月，习近平主席在第二届"一带一路"国际合作高峰论坛上发表主旨演讲，倡议同有关国家一道实施"一带一路"应对气候变化南南合作计划。"一带一路"建设将为南南合作培训项目提供新的动力，为与有关国家共同携手应对气候变化提供新的帮助。

截至2019年底，中国已与其他发展中国家签署30多份气候变化南南合作谅解备忘录，合作建设低碳示范区，开展减缓和适应气候变化项目，举办应对气候变化南南合作培训班。截至2019年底中国共举办了45期应对气候变化南南合作培训班，为120多个发展中国家培训了近2000名应对气候变化领域的官员、专家学者和技术人员，受到发展中国家的广泛好评。

英国石油公司首席经济学家戴思攀曾指出，中国正引领着全球可再生能源加速发展。2016年中国贡献了全球可再生能源增长的41%，超过经济合作与发展组织的总量。美国大自然保护协会政策顾问迪伦·默里2017年接受媒体采访表示，中国正在为实现碳排放达峰的目标采取切实措施。默里说："无论是限制温室气体排量，还是减少上路燃油车的数量，这些都是中国政府为应对全球气候变化作出的巨大努力。"在第23届联合国气候变化大会期间，联合国秘书长古特雷斯表示，多年来中国在经济发展、环境与气候等多个领域展现了重要领导力，是联合国在多边进程中的重要合作伙伴。美国芝加哥大学能源政策研究所 2018 年 3 月发表的报告称，2013～2017 年中国空气中细颗粒物水平平均下降 32%。报告称赞短短 4 年间，中国治理空气污染取得的进步"不管从哪种标准说都相当卓越"，而美国完成同样的任务用了数十年。

三、推动构建人类命运共同体的中国经验

推动构建人类命运共同体是重大时代创举，近年来中国以实际行动积极推动这一新理念新思想新主张落地生根，并取得了重要成果。从理论性内容的宣传推广到实体性项目的落实推进，中国不仅以推动构建人类命运共同体为中心，以"中国行动"为构建新型国际关系开创了新思路、新道路，为推动人类社会和平与互利长久交往提供了"中国方案"，还以首脑外交为载体和契机为化解世界难题和地区困局贡献了"中国智慧"，更以战略眼光敢为国先，脚踏实地从自身做起，率先为"一带一路"建设创立融资平台，致力推动地区合作机制与国家发展战略实现对接，助力全球化深入发展和全球治理升级转型。

(一) 以"中国倡议"丰富外交话语体系

推动构建人类命运共同体是有着丰富内涵的思想体系，包含很多与该思想相关的重大倡议，如新型大国关系、新型周边关系、新型伙伴关系、亚洲新安全观、新型义利观等。伴随中国综合国力的提升与发展，中美关系成为当今世界的关注焦点，中美两国是否会重蹈大国政治的历史悲剧？对此，中国给出了否定答案，认为太平洋有足够空间容纳中美两国，中美应成为构建新型大国关系的积极表率。2013 年 6 月，习近平主席与奥巴马总统在安纳伯格庄园会晤时，双方提出构建不冲突不对抗、相互尊重、合作共赢的中美新型大国关系。可以说，构建新型大国关系是中国总结了国际关系历史经验后提出的新倡议、新主张，旨在通过大国关系的和平稳定发展合理有效规避"历史陷阱"，避免陷入局部或全面的敌对冲突状态。在周边关系上，中国提出了"亲诚惠容"的理念，坚持"与邻为善、以邻为伴，睦邻、安邻、富邻"的方针，还首倡坚持正确义利观，即"对那些长期对华友好而自身发展任务艰巨的周边和发展中国家，要更多考虑对方利益，不要损人利己、以邻为

壑"。此外，中国提出了亚洲新安全观，即共同、综合、合作、可持续安全的新理念，奉行"结伴不结盟"原则，广交朋友并逐渐形成了全球伙伴关系网络。可以说，构建新型大国关系、"亲诚惠容"周边外交理念、正确义利观、亚洲新安全观、新型伙伴关系原则等作为新时期中国提出的重大倡议和具体主张，与推动构建人类命运共同体新理念新思想新主张殊途同归，旨在为世界各国共同开创持久和平与发展繁荣的良好局面。这不仅是对中国外交话语体系的极大丰富，还是对人类社会和平发展理念的新贡献。

(二) 以"中国智慧"引领新型首脑外交

在推动构建人类命运共同体和新型伙伴关系建设上，中国积极发挥元首外交的带动作用，多次在重要场合宣扬上述倡议与主张，并使之成为时代强音。以推动构建人类命运共同体为旗帜，不仅为当今世界首脑外交增添了"中国色彩"，还走出了凝聚"中国智慧"的新型大国外交之路。此外，中国在诠释、传播和实践推动构建人类命运共同体新理念新思想新主张上更加成熟和自信。习近平主席最早在莫斯科国际关系学院引述了"命运共同体"概念，之后在上海合作组织成员国元首理事会议上倡议"打造成员国命运共同体和利益共同体"，在博鳌亚洲论坛上宣示"应该牢固树立命运共同体意识"，在亚洲太平洋经济合作组织工商领导人峰会上呼吁"牢固树立亚太命运共同体意识"，在联合国教育、科学及文化组织总部发声"各国人民形成了你中有我、我中有你的命运共同体"，在亚洲相互协作与信任措施会议第四次峰会上提出亚洲"日益成为一荣俱荣、一损俱损的命运共同体"等。与之相应，中国领导人在外交活动中积极推动伙伴关系的建立升级。例如，2014年9月，国家主席习近平对马尔代夫进行国事访问，双方建立了面向未来的全面友好合作伙伴关系；同年11月，习近平对新西兰进行国事访问，双方宣布把中新关系提升为全面战略伙伴关系；2015年4月，习近平对巴基斯坦进行正式访问，双方宣布建立全天候战略合作伙伴关系。与此同时，中国领导人积极把推动构建人类命运共同体新理念新思想新主张融入周边外交新进展和周边秩序新建设中。2014年4月10日，李克强在博鳌亚洲论坛上指出："各国应坚持共同发展的大方向，结成亚洲利益共同体；构建融合发展的大格局，形成亚洲命运共同；维护和平发展的大环境，打造亚洲责任共同体。" 2016年3月23日，李克强在澜沧江—湄公河合作首次领导人会议上表示，各国要精心培育澜湄国家命运共同体，为在更广范围内构建亚洲命运共同体打下坚实基础。

（三）以"中国方案"发挥表率实干作用

推动构建人类命运共同体倡议提出后，中国作为表率积极行动起来。例如，中国牵头发起成立亚洲基础设施投资银行，出资 400 亿美元成立"丝路基金"并在 2017 年"一带一路"高峰论坛上宣布再增资 1000 亿元。中国以实际行动做出积极表率，不断开创与世界各国合作共赢的新局面。在推动构建人类命运共同体倡议由理念转向实践的过程中，为有效整合多方面资源，中国主动与"一带一路"建设参与国实现国家战略对接和资源优势互补。截至2017 年，中国不仅展开了与俄罗斯的"欧亚经济联盟"、东盟的"互联互通总体规划"、哈萨克斯坦的"光明之路"、土耳其的"中间走廊"、蒙古国的"草原之路"、越南的"两廊一圈"、英国的"英格兰北方经济中心"、波兰的"琥珀之路"等实现国家战略对接，还着手与老挝、柬埔寨、缅甸、匈牙利等国家战略规划形成互补。中国以实际行动积极实践着推动构建人类命运共同体倡议，为世界各国朝着这一共同发展方向前进积极探索着可行性路径。

四、推动构建人类命运共同体的现实挑战和应对策略

（一）现实挑战

1. 国家利益的冲突性

国家利益的概念最早出现在欧洲的民族国家形成之后，当时的法国主教黎塞留首先提出了国家至上的理论，由此可见国家是最高的本源，国家主权拥有至高无上的地位，神圣不可侵犯，而国家利益源于国家主权，维护国家利益是主权国家对外政策与行动的出发点和落脚点。在变化发展的历史进程中，每个国家都极力强调其自身利益的重要性和不可替代性。而当前层出不穷的国际问题很大程度上就是国家间利益争夺导致的结果，这种纯粹的国家利益至上的考虑，使得互惠互利、共同发展不断沦为外交辞令，许多国家依旧把对本国利益的单纯追求作为国际关系的本质和国家行为的根本动力，导致国家利益观的扭曲。

作为全球化倡导者的西方国家，在资本利益的驱动之下，不断推动经济全球化深入发展。正是在这一过程之中，以美国、英国等为代表的西方国家

凭借自身较先进的科学技术和雄厚的经济基础逐步建立起符合自身利益的世界经济秩序，确立了全球化主导地位。21世纪以来，以中国、印度等为代表的发展中国家深入参与全球化，促进了经济的快速发展、实现了国力的显著提升，不仅改变着全球经济格局，而且在一定程度上动摇着西方国家的主导地位。仅以全球 GDP 占比为例，早在 1990 年，新兴国家的 GDP 仅占全球总额的 19%，经过二十余年的发展，2015 年新兴国家的全球 GDP 占比快速攀升至 39.2%，而同期西方发达国家却从 1990 的 78.7% 骤降至 2015 年的 56.8%。也正因如此，始终以自身利益为核心的西方国家便将狭隘的目光仅仅聚焦于新兴国家的快速发展，而忽略自身在全球化过程中所获得的巨大利益，甚至错误地认为发展中国家成为全球化的最大受益者，自身却日渐沦为全球化的最大受损者。在此背景下，始终秉承"国家利益至上"的西方国家开始重新思考自身的国际定位，政治孤立主义就此悄然登场。其中，美国最具代表性。早在 2001 年，美国政府便不顾国际社会的一致反对，退出《京都议定书》，理由是"减少温室气体排放将会影响美国经济发展"。17 年后，美国政府再次背信弃义，单方面宣布退出《巴黎协定》，试图以此来逃避全球生态治理责任。除此之外，美国政府为保持自身在国际贸易中的主导地位，同样在经济贸易领域实行孤立主义。例如，美国曾故意避开 WTO 而重新组织跨太平洋伙伴关系协定(TPP)谈判，试图以此来脱离多边主义，强调"美国优先"原则。近年来，美国政府虽然宣布退出 TPP，但是其后美墨边界筑墙、禁穆令等政策的出台同样在一定程度上展现了美国新政府政策的孤立主义倾向。

2. 国家实力的不均衡性

在人类历史演进的过程中，绝大多数的统治者认为，弱肉强食丛林法则不仅存在于动物世界之中，而且在人类社会也同样适用，各国之间的冲突和矛盾如同猛兽之间的角逐一样，只能由自身实力的强弱决定，国家之间的实力悬殊是导致各国发展不平衡的重要因素。在复杂的国际环境中，国家间的争夺与斗争可谓屡见不鲜。中美贸易摩擦毫无疑问是美国基于自身大国实力和狭隘利益而挑起的大国争端，这一争端是我们必须直面的大国间"合作悖论"事件。贸易摩擦从来都不是单纯的经济利益之争，它往往会引发政治博弈等。历史经验证明，大国之间特别是"守成大国"和"新兴国家"之间的经济贸易摩擦，更多的不是以经济利益为目的，而是一种以国家安全为核心诉求的国际政治行为。客观上看，世界秩序在演化进程中，由"合作悖论"衍生的对抗、冲突和战争的历史从反面凸显了人类安全感诉求的道义理想。可以明确的是，战争不是天然的解决国际争端的政治形式。跳出战争的魔咒，是世界各国人民共同的生存命题。在此意义上，构建人类命运共同体的目的在于积聚世界人民的道义力量，而不仅仅出于道义上的理想设计。它的现实性在于，它能够在国际政治经济交往中，遏制战争冲动，引导各国建构共商共建共享的新型国际关系。

3. 社会治理的不确定性

国家治理能力是国家运用制度管理社会事务的能力，包括改革发展稳定、内政外交国防等各个方面。在无政府的国际社会，全球治理实质上是以全球治理制度而非中央政府权威为基础的。冷战结束以后，治理制度化尽管已经成为全球治理不可逆转的发展趋势，但是，全球治理制度仍然存在着许多在短时间内无法解决的问题，其展现出的多种弊端严重影响了全球性问题的治理进度。例如，在"逆全球化"背景下，西方国家一方面为了缓和国内中产阶级与精英阶层的矛盾，另一方面为了顺应民意以维护自身统治，便"饮鸩止渴"式地实行贸易保护主义，试图缓解国内压力，解决经济发展问题。其中，贸易壁垒就是西方国家所采取的主要贸易保护措施。这也恰如习近平所言："保护主义政策如饮鸩止渴，看似短期内能缓解一国内部压力，但从长期看将给自身和世界经济造成难以弥补的伤害。"实际上，逆全球化思潮是欧美国家试图按照更加符合其国家利益的方向重塑全球化。21世纪以来，以中国为代表的东方文明逐渐成为新一轮全球化的主要动力。前总理李克强在2018年《政府工作报告》中指出："五年来，我国国内生产总值从54万亿元增加到82.7万亿元，年均增长7.1%，占世界经济比重从11.4%提高到15%左右，对世界经济增长贡献率超过30%。"

中国也在积极推进国家治理体系和治理能力现代化，这一举措对于提升全球治理能力，重塑全球治理秩序有着重要作用，但目前国与国间依然缺少权威性的立法机构及执法体系，这使某些国家即使在某一问题上取得一致，也难以让所有国家自觉自愿地信守执行，最终可能不能发挥实际作用。构建人类命运共同体，跳出了西方媒体和思想界的议题设置，彰显了中国共产党和中国人民大无畏的革命斗争精神和战略定力，在滚滚向前的经济全球化历史车轮中把稳方向，在浩浩荡荡的时代中勇立潮头。

(二)应对策略

构建人类命运共同体是反映新时代中国对外关系发展实践逻辑的切实方

案。当前，中国经济面临一定的下行压力和不少困难，如产能过剩和需求结构升级矛盾突出，经济增长内生动力不足，金融风险有所积聚，部分困难增多，但这些都是我国在发展中存在的问题。目前，中国正致力于通过激发增长动力和市场活力，建设现代化经济体系，提升经济增长的质量和效益，加强中国对外关系的发展，以解决发展中的问题，推进人类命运共同体的建设。

1. 构建开放型经济新体制

全面开放是对抗"逆全球化"浪潮的有效手段，而深化改革又是全面开放的前提和基础。党的十一届三中全会以来，中国共产党人在立足本国国情的基础之上推进改革、扩大开放，实现了经济的快速增长，创造了举世瞩目的"中国奇迹"。可以说，中国人民用改革开放40多年的伟大实践向世人证明：开放创新是大势所趋，故步自封没有未来。对此，习近平总书记明确指出："变革创新是推动人类社会向前发展的根本动力。谁排斥变革，谁拒绝创新，谁就会落后于时代，谁就会被历史淘汰。"

习近平指出："站在新的历史起点上，实现'两个一百年'奋斗目标、实现中华民族伟大复兴的中国梦，必须适应经济全球化新趋势、准确判断国际形势新变化、深刻把握国内改革发展新要求，以更加积极有为的行动，推进更高水平的对外开放，加快实施自由贸易区战略，加快构建开放型经济新体制。"我国开放型经济新体制的总目标是互利共赢、多元平衡、安全高效，内容主要包括建立市场配置资源新机制和形成经济运行管理新模式、全方位开放新格局、国际合作竞争新优势，而实质则在于，以"一带一路"建设为重点，丰富对外开放内涵，提高对外开放水平，打造国际合作新平台，协同推进战略互信、投资经贸合作，努力形成深度融合的互利合作格局，开创对外开放新局面。面对来自世界经济的多重风险和挑战，中国构建开放型经济新体制的目的就在于做强自身，以对外开放的主动赢得经济发展的主动，赢得国际竞争的主动。

2. 推进"一带一路"建设

习近平指出："'一带一路'建设是我国在新的历史条件下实行全方位对外开放的重大举措、推行互利共赢的重要平台。我们必须以更高的站位、更广的视野，在吸取和借鉴历史经验的基础上，以创新的理念和创新的思维，扎扎实实做好各项工作，使沿线各国人民实实在在感受到'一带一路'给他们带来的好处。"截至2020年3月底，中国政府已与125个国家、29个国际组织签署 173 份合作文件。2017 年"一带一路"国际合作高峰论坛的胜利召开，更是以事实证明了"一带一路"建设的现实科学性和历史必然性。"一带一路"建设作为促进人类命运共同体建设的重要形式，不仅可以为中国的发展带来保障，而且也可以促进沿线国家的发展。"我国是'一带一路'建设的倡导者和推动者，但建设'一带一路'不是我们一家的事。'一带一路'建设不应仅仅着眼于我国自身发展，而是要以我国发展为契机，让更多国家搭上我国发展'快车'，帮助他们实现发展目标。我们要在发展自身利益的同时，更多考虑和照顾其他国家利益。"因此，"一带一路"建设是从全球视野来思考产业链、能源链、供应链、价值链的发展问题的，促进的是中国及沿线国家乃至整个世界的共同发展。

3. 积极参与全球治理

习近平总书记指出："随着国际力量对比消长变化和全球性挑战日益增多，加强全球治理、推动全球治理体系变革是大势所趋。"中国历来认为，全球性问题和挑战需要世界各国携手共同应对、共同解决，全球治理体系运行要由各国人民共同商量，不能由一个国家说了算，不能由少数国家说了算。中国坚持共商共建共享原则，积极参与全球治理，促使关于全球治理体系变革的主张转化为各方共识，努力为完善全球治理贡献中国智慧和力量，同世界各国人民一道，推动国际秩序和全球治理体系的健康发展。一方面，由于"全球治理格局取决于国际力量对比，全球治理体系变革源于国际力量对比变化"，因此中国只有苦练内功，做好自己，提升国际竞争力，才能提高我国参与全球治理的能力，才能主动承担起国际责任，为世界各国人民发声；另一方面，面对经济全球化发展中存在的共同问题，中国必须发出声音，提出共同解决的方案，在经济全球化中不当旁观者、跟随者，而做建设者、引领者，通过构建人类命运共同体，推动开放、包容、普惠、平衡、共赢的经济全球化发展，推动相互尊重、公平正义、合作共赢的新型国际关系建设。

4. 抓住新技术革命机遇

数字革命期是发展中国家抓住新技术革命机遇、突破原有世界经济格局的窗口期，也是中国通过发展智能制造引领产业变革的机遇期。此前，在互联网经济大发展时期，中国引领了消费模式创新和业态创新，并在需求端形成了一批具有世界级竞争力的商业平台。近年来，这种变革的力量逐渐向生产端传递，如果中国能够在生产制造的供给端再形成一批世界级的数字化产业平台，率先引领制造业的数据驱动模式，显著提升资源配置效率，就更能通过双擎推动来改变全球制造业现有格局，使得全球制造业技术资源、制造资源、服务资源和市场资源在数字化平台上实现"聚同化异、和合共生"，各个国家的制造业在数字孪生世界中形成"你中有我、我中有你"的紧密关系。

中国制造业正面临逆全球化冲击的严重挑战，以美国为代表的发达国家试图通过贸易摩擦、产业转移和技术封锁限制中国在全球价值链中的影响力，导致近年来全球价值链出现了分裂和断流的趋势，部分价值链正明显走向解耦和脱钩，一些创新渠道被堵塞，一些产业正在离开中国，中国进一步参与全球制造业中高端领域的价值创造模式受到限制。面临如此困境，以市场换技术、以妥协求合作的传统跟随式发展模式难以为继，中国制造业亟待开展新的系统工程，必须寻找新的价值创造模式，建立自主可控的制造业价值创造通道，进而突破发达国家限制，主动构建更加公平和更加开放的全球价值链。伴随着智能制造的发展，数字平台、智能装备和智能产品开始成为资源配置的重要方向。各类资源高度共享，在网络上被充分连接、快速调用，进而在数字联通和业务协同的基础上有效实现资源共享、风险共担和利益共谋，打破此前全球价值链中存在的"中心—边缘"型分工格局。由数字技术贯穿的全球价值链将更灵活、更包容，也更具有韧性，敏捷、灵活的生产网络也将有助于削弱固有全球价值链中存在的高度复杂性和高度不确定性。大力发展智能制造将进一步推动全球制造业走向开放、共享、共赢和平衡，成为构筑人类命运共同体的重要基础之一。

2020 年，在中国共产党的带领下打赢了脱贫攻坚战，全面建成了小康社会，走出了一条中国特色减贫道路，形成了中国特色反贫困理论。但乡村仍是我国发展不平衡不充分的突出领域，实施乡村振兴战略是决胜全面建成小康社会、全面建设社会主义现代化国家的重大历史任务，实施乡村振兴战略与新型城镇化是建设现代化经济体系及推进现代化建设的必由之路，必须统筹推进。城乡统筹发展的关键是要坚持以人民为中心，坚持共享发展理念，不断保障和改善民生。

第一节

全面建成小康社会

一、小康及小康社会的提出

(一) 小康及小康社会的传统概念

"小康"是一个充满中国特色、文化色彩的概念。中华民族对于"小康"的企盼早在 2500 年前就已经开始了。此后，中华儿女向往"小康"，孜孜以求。"小康"一词，最早出自《诗经》，《诗经·大雅·民劳》中曰："民亦劳止，汔可小康。"它的意思是讲，老百姓终日劳作不止，最大的希望就是过上小康的生活。作为一种小康社会模式，"小康"最早在西汉的《礼记·礼运》中第一次得到了完整的表达："以著其义，以考其信，著有过，刑仁讲让，示民有常。如有不由此者，在势者去，众以为殃。是谓小康。"在我国古代的历史发展中，"小康"及小康社会的传统内涵包括了安定的生活状态、理想的社会模式、宽裕的经济状况三方面内容。

(二) 小康及小康社会的现代含义

邓小平第一次使用"小康"概念是在 1979 年 12 月 6 日会见日本首相大平正芳时，他说："我们要实现的四个现代化，是中国式的四个现代化。我们的四个现代化的概念，不是像你们那样的现代化的概念，而是'小康之家'。""就算达到那样的水平，同西方来比，也还是落后的。所以，我只能说中国到那时也还是一个小康的状态。"由此，"小康"就成为邓小平理论中一个非常重要的概念。在《邓小平文选》第二卷、第三卷中，一共有 40 多处地方使用了"小康"概念，有的称"小康之家"，有的称"小康水平"，还有的称"小康的社会"或"小康的国家"。1984 年 3 月 25 日，邓小平会见日本首相中曾根康弘时指出："翻两番，人均国民生产总值达到八百美元，就是到本世纪末在中国建立一个小康社会。这个小康社会，叫作中国式的现代化。翻两番、小康社会、中国式的现代化，这些都是我们的新概念。"

邓小平强调指出，"小康社会"是我们的一个"新概念"。1983 年 3 月 2 日，他谈到了人均接近 1000 美元后，社会是一个什么状况的问题：人民的吃穿用问题解决了，基本生活有了保障；住房问题解决了，人均达到 20 平方米；就业问题解决了，城镇基本上没有待业劳动者了；人不再外流了，农村的人总想往大城市跑的情况已经改变；中小学教育普及了，教育、文化、体育和其他公共福利事业有能力自己安排了；人们的精神面貌变化了，犯罪行为大大减少。由此可见，邓小平所设计的小康社会，是一个吃穿不愁、人民安居乐业的社会，是一个经济、政治、文化全面发展的社会，是一个中国特色社会主义的社会。

第一，现代"小康"及小康社会是以坚持社会主义为发展方向。邓小平所讲的"小康社会"是建立在公有制为主体、多种所有制经济共同发展的基本经济制度之上，以人民共同富裕为目标的中国特色社会主义的小康社会。邓小平在论述小康社会时指出，"不坚持社会主义，中国的小康社会形成不了"，"我们社会主义制度是以公有制为基础的，是共同富裕，那时候我们叫小康社会，是人民生活普遍提高的小康社会"。

第二，现代"小康"及小康社会是中国式现代化的发展阶段。邓小平多次把"中国式的现代化"界定为"小康社会"，1984 年 4 月在会见外国客人时，邓小平全面阐述了"三步走"的战略构想："我们原定的目标是，第一步在八十年代翻一番。以 1980 年为基数，当时国民生产总值人均只有二百五十美元，翻一番，达到五百美元。第二步是到本世纪末，再翻一番，人均达到一千美元。实现这个目标，意味着我们进入小康社会，把贫困的中国变成小康的中国。那时国民生产总值超过一万亿美元，虽然人均数还很低，但是国家的实力有很大增强。我们制定的目标更重要的还是第三步，在下世纪用三十到五十年再翻两番，大体上达到人均四千美元。做到这一步，中国就达到中等发达的水平。这是我们的雄心壮志。"

第三，现代"小康"及小康社会是以人民生活普遍提高为发展目标。邓小平强调，小康社会应是共同富裕、人民生活普遍提高的小康社会。1991 年在党中央、国务院制定的《关于国民经济和社会发展十年规划和第八个五年计划纲要》的报告中，对小康的内涵又作了如下描述："我们所说的小康生活，是适应我国生产力发展水平，体现社会主义基本原则的人民生活的提高，既包括物质生活的改善，也包括精神生活的充实；既包括居民个人生活水平的提高，也包括社会福利和劳动环境的改善。"

第四，现代"小康"及小康社会是以对内深化改革、对外扩大开放为发展路径。靠什么来建设现代"小康"，建设现代化，邓小平一再强调，"改革是中国发展生产力的必由之路"，"改革开放使中国真正活起来"，"思想更解放一些，改革的步子更快一些"，"改革开放政策稳定，中国大有希望"。正如邓小平所说："改革的意义，是为下一个十年和下世纪的前五十年奠定良好的持续发展的基础。没有改革就没有今后的持续发展。所以，改革不只是看三年五年，而是要看二十年，要看下世纪的前五十年。这件事必须坚决干下去。"

二、全面建成小康社会的内涵

"小康"是中华民族自古以来孜孜追求的社会理想。党的十八大提出 2020 年要全面建成小康社会。在以习近平同志为核心的党中央坚强领导下，全党和全国各族人民持续奋斗，全面建成小康社会扎实推进并最终实现。

(一) 全面建成小康社会是国家整体目标

习近平总书记在 2019 年 4 月 22 日召开的中央财经委员会第四次会议上指出："总体而言，我国已经基本实现全面建成小康社会目标，成效比当初预期的还要好。"这是以习近平同志为核心的党中央立足我国国情，从综合发展指标、人民生活水平、基础设施和公共服务等多方面、多角度充分论证作出的重要判断，是几代人一以贯之、接续奋斗的重要成果。整体目标讲求宏观全面，是国家总体发展战略的一个重要坐标定位。牢牢把握整体目标，就是从全局上把握事物的联系，立足于全面，统筹兼顾各方，选择最佳方案，实现整体的最优目标，从而达到整体功能大于部分功能之和的理想效果。全面小康的核心指标都是硬指标，是必须完成的硬任务。

(二)全面建成小康社会强调的是"全面"

"小康"是发展水平的要求，"全面"是发展平衡性、协调性、可持续性的要求。全面小康覆盖的领域是经济、政治、文化、社会、生态文明全面发展的小康。其中，经济发展是基础，全面建成小康社会必须坚持以经济建设为中心，通过经济发展带动整个社会进步。全面小康覆盖的人口，是惠及全体人民的小康，特别是让农村和欠发达地区人民一道迈入小康，共享发展成果是全面建成小康社会的内在要求。全面小康覆盖的区域，是城乡区域共同的小康。没有农村的全面小康和欠发达地区的全面小康，就没有全国的全面小康。全面建成小康社会要求统筹城乡区域发展，逐步缩小城乡区域发展差距，促进城乡区域共同繁荣。

(三)全面小康不是平均主义，不是人人同步同等小康

党的十八大以来，中国经济社会整体稳中向好，取得了实实在在、有目共睹的优异成绩。但是，建成了全面小康社会并不意味着人人都过上同样的平均式的小康生活。我国文化风俗、发展基础千差万别，实现每个个体目标完全均等发展显然是不现实的。就目前而言，在小康生活的实现程度上，如果生硬地用一把标尺来丈量每一个个体，很可能会得出不平等、不公正的错误结论来。因此，在制定个体发展目标时，大到一个地区、一个省、一个县，小到一个乡镇、一个村、一个家庭、一个个体，都要量体裁衣、设定客观实际的"小目标"，避免好高骛远、盲目攀比，防止不切实际吊高胃口。

(四)补短板是全面建成小康社会的硬任务

在小康目标上，既不搞一刀切、整齐划一，也要坚持底线目标、底线思

维，毕竟整体目标具有长远性，全局性，事关国家发展战略。同时，整体目标又是所有个体目标的集合与有机构成体，表达的是一个休戚相关的命运共同体。为了更好地实现整体目标，就需要在一个个个体目标上下真功夫，补短板、抓重点、强弱项，不能把整体和个体目标对立、割裂开来。

三、中国特色减贫道路

党的十八大以来，党中央把脱贫攻坚摆在治国理政的突出位置，把脱贫攻坚作为全面建成小康社会的底线任务，组织开展了声势浩大的脱贫攻坚战。2021年2月25日，习近平总书记庄严宣告："经过全党全国各族人民共同努力、在迎来中国共产党成立一百周年的重要时刻，我国脱贫攻坚战取得了全面胜利，现行标准下9899万农村贫困人口全部脱贫，832个贫困县全部摘帽、12.8万个贫困村全部出列，区域性整体贫困得到解决，完成了消除绝对贫困的艰巨任务，创造了又一个彪炳史册的人间奇迹！"①

(一)脱贫攻坚取得的历史性成就

第一，农村贫困人口全部脱贫，为实现全面建成小康社会目标任务作出了关键性贡献。党的十八大以来，平均每年1000多万人脱贫，相当于一个中等国家的人口脱贫。贫困人口收入水平显著提高，全部实现"两不愁三保障"，脱贫群众不愁吃、不愁穿，义务教育、基本医疗、住房安全有保障，饮水安全也有了保障。

第二，脱贫地区经济社会发展大踏步赶上来，整体面貌发生历史性巨变。脱贫地区发展步伐显著加快，经济实力不断增强，基础设施建设突飞猛进，社会事业长足进步，行路难、吃水难、用电难、通信难、上学难、就医难等问题得到历史性解决。

第三，脱贫群众精神风貌焕然一新，增添了自立自强的信心和勇气。脱贫攻坚取得了物质上的累累硕果，也取得了精神上的累累硕果。广大脱贫群众被激发了奋发向上的精气神，社会主义核心价值观得到广泛传播，文明新风得到广泛弘扬，艰苦奋斗、苦干实干、用自己的双手创造幸福生活的精神在广大脱贫地区蔚然成风。

① 习近平. 在全国脱贫攻坚总结表彰大会上的讲话[M]. 北京：人民出版社，2021：1.

第四，党群干群关系明显改善，党在农村的执政基础更加牢固。各级党组织和广大共产党员坚决响应党中央号召，以热血赴使命、以行动践诺言，在脱贫攻坚这个没有硝烟的战场上呕心沥血、建功立业。广大扶贫干部舍小家为大家，同贫困群众结对子、认亲戚，常年加班加点、任劳任怨，困难面前豁得出，关键时候顶得上，把心血和汗水洒遍千山万水、千家万户。哪里有需要，他们就战斗在哪里。党群关系、干群关系得到极大巩固和发展。

第五，创造了减贫治理的中国样本，为全球减贫事业作出了重大贡献。摆脱贫困一直是困扰全球发展和治理的突出难题。改革开放以来，按照现行贫困标准计算，我国 7.7 亿农村贫困人口摆脱贫困；按照世界银行国际贫困标准，我国减贫人口占同期全球减贫人口 70%以上。特别是在全球贫困状况依然严峻，一些国家贫富分化加剧的背景下，我国提前 10 年实现《变革我们的世界：2030 年可持续发展议程》减贫目标，赢得国际社会广泛赞誉，为推动构建人类命运共同体贡献了中国力量。

(二)中国特色反贫困理论

习近平强调，脱贫攻坚取得举世瞩目的成就，靠的是党的坚强领导，靠的是中华民族自力更生、艰苦奋斗的精神品质，靠的是新中国成立以来特别是改革开放以来积累的坚实物质基础，靠的是一任接着一任干的坚守执着，靠的是全党全国各族人民的团结奋斗。我们立足我国国情，把握减贫规律，出台一系列超常规政策举措，构建了一整套行之有效的政策体系、工作体系、制度体系，走出了一条中国特色减贫道路，形成了中国特色反贫困理论。

第一，坚持党的领导，为脱贫攻坚提供坚强政治和组织保证。我们坚持党中央对脱贫攻坚的集中统一领导，把脱贫攻坚纳入"五位一体"总体布局、"四个全面"战略布局，统筹谋划，强力推进。我们强化中央统筹、省负总责、市县抓落实的工作机制，构建五级书记抓扶贫、全党动员促攻坚的局面。事实充分证明，中国共产党具有无比坚强的领导力、组织力、执行力，是团结带领人民攻坚克难、开拓前进最可靠的领导力量。只要我们始终不渝坚持党的领导，就一定能够战胜前进道路上的任何艰难险阻，不断满足人民对美好生活的向往！

第二，坚持以人民为中心的发展思想，坚定不移走共同富裕道路。始终坚定人民立场，强调消除贫困、改善民生、实现共同富裕是社会主义的本质要求，是我们党坚持全心全意为人民服务根本宗旨的重要体现，是党和政府的重大责任，把群众满意度作为衡量脱贫成效的重要尺度，集中力量解决贫困群众基本民生需求。党的十八大以来，中央、省、市、县财政专项扶贫资金累计投入近 1.6 万亿元，其中中央财政累计投入 6601 亿元。事实充分证明，做好党和国家各项工作，必须把实现好、维护好、发展好最广大人民根本利益作为一切工作的出发点和落脚点，更加自觉地使改革发展成果更多、更公平地惠及全体人民。只要我们始终坚持以人民为中心的发展思想，一件事情接着一件事情办，一年接着一年干，就一定能够不断推动全体人民共同富裕取得更为明显的实质性进展！

第三，坚持发挥我国社会主义制度能够集中力量办大事的政治优势，形成脱贫攻坚的共同意志、共同行动。广泛动员全党全国各族人民以及社会各方面力量共同向贫困宣战，举国同心，合力攻坚，党政军民学劲往一处使，东西南北中拧成一股绳。构建专项扶贫、行业扶贫、社会扶贫互为补充的大扶贫格局，形成跨地区、跨部门、跨单位、全社会共同参与的社会扶贫体系。事实充分证明，中国共产党领导和我国社会主义制度是抵御风险挑战、聚力攻坚克难的根本保证。只要我们坚持党的领导、坚定走中国特色社会主义道路，就一定能够办成更多像脱贫攻坚这样的大事难事，不断从胜利走向新的胜利！

第四，坚持精准扶贫方略，用发展的办法消除贫困根源。脱贫攻坚，贵在精准，重在精准。坚持对扶贫对象实行精细化管理、对扶贫资源实行精确化配置、对扶贫对象实行精准化扶持，建立了全国建档立卡信息系统，确保扶贫资源真正用在扶贫对象上、真正用在贫困地区。围绕扶持谁、谁来扶、怎么扶、如何退等问题，我们打出了一套政策组合拳，因村因户因人施策，因贫困原因施策，因贫困类型施策，对症下药、精准滴灌、靶向治疗，真正发挥拔穷根的作用。事实充分证明，精准扶贫是打赢脱贫攻坚战的制胜法宝，开发式扶贫方针是中国特色减贫道路的鲜明特征。只要我们坚持精准的科学方法、落实精准的工作要求，坚持用发展的办法解决发展不平衡不充分问题，就一定能够为经济社会发展和民生改善提供科学路径和持久动力！

第五，坚持调动广大贫困群众积极性、主动性、创造性，激发脱贫内生动力。注重把人民群众对美好生活的向往转化成脱贫攻坚的强大动能，实行扶贫和扶志扶智相结合，既富口袋也富脑袋，引导贫困群众依靠勤劳双手和顽强意志摆脱贫困、改变命运。引导贫困群众树立"宁愿苦干、不愿苦熬"的观念。鼓足"只要有信心，黄土变成金"的干劲，增强"弱鸟先飞、滴水穿石"的韧性，让他们心热起来、行动起来。事实充分证明，人民是真正的英雄，激励人民群众自力更生、艰苦奋斗的内生动力，对人民群众创造自己的美好生活至关重要。只要我们始终坚持为了人民、依靠人民，尊重人民群众主体地位和首创精神，把人民群众中蕴藏着的智慧和力量充分激发出来，就一定能够不断创造出更多人间奇迹！

第六，坚持弘扬和衷共济、团结互助美德，营造全社会扶危济困的浓厚氛围。推动全社会践行社会主义核心价值观，传承中华民族守望相助、和衷共济、扶贫济困的传统美德，引导社会各界关爱贫困群众、关心减贫事业、投身脱贫行动。我们完善社会动员机制，搭建社会参与平台，创新社会帮扶方式，形成了人人愿为、人人可为、人人能为的社会帮扶格局。事实充分证明，社会主义核心价值观、中华优秀传统文化是凝聚人心、汇聚民力的强大力量。只要我们坚定道德追求，不断激发全社会向上向善的正能量，就一定能够为中华民族乘风破浪、阔步前行提供不竭的精神力量！

第七，坚持求真务实、较真碰硬，做到真扶贫、扶真贫、真脱贫。把全面从严治党要求贯穿脱贫攻坚全过程和各环节，拿出抓铁有痕、踏石留印的劲头，把脱贫攻坚一抓到底。我们突出实的导向、严的规矩，不搞花拳绣腿，不搞繁文缛节，不做表面文章，坚决反对大而化之、撒胡椒面，坚决反对搞不符合实际的"面子工程"，坚决反对形式主义、官僚主义，把一切工作都落实到为贫困群众解决实际问题上。事实充分证明，一分部署，九分落实，真抓实干、埋头苦干保证了脱贫攻坚战打得赢、打得好。只要我们坚持实干兴邦、实干惠民，就一定能够把全面建设社会主义现代化国家的宏伟蓝图一步步变成现实！

这些重要经验和认识，是我国脱贫攻坚的理论结晶，是马克思主义反贫困理论中国化最新成果，必须长期坚持并不断发展。脱贫攻坚战的全面胜利，标志着我们党在团结带领人民创造美好生活、实现共同富裕的道路上迈出了坚实的一大步。同时，脱贫摘帽不是终点，而是新生活、新奋斗的起点。解决发展不平衡不充分问题、缩小城乡区域发展差距、实现人的全面发展和全体人民共同富裕仍然任重道远。要切实做好巩固拓展脱贫攻坚成果同乡村振兴有效衔接各项工作，让脱贫基础更加稳固、成效更可持续。

中国特色城镇化

一、城镇化水平显著提高

改革开放以来，我国工业化、现代化快速推进。乡镇企业发展带动了人口向小城镇集聚，小城镇获得了快速发展。1984 年后，城市经济体制改革的全面展开为城市发展注入了新的活力。20 世纪 90 年代初，广东等南方省份工业部门的迅速崛起带动了农村劳动力的大规模迁移，大量农业富余劳动力进入城镇。

我国城镇化水平显著提高，城市综合实力持续增强。2019 年末，我国常住人口城镇化率为 60.60%，比 1978 年末提高 42.68 个百分点。城镇化空间格局持续优化，城市群、中小城市和小城镇加速发展。城镇基础设施和公共服务不断加强，可持续发展能力不断增强。

二、城镇化存在的突出问题

我国城镇化的快速推进，有力推动了产业转型升级和经济结构优化，不断提高我国经济发展质量，成为我国社会主义现代化建设的重要动力和显著标志，成为提高我国经济发展水平和人民生活水平的重要载体。同时，城镇化在快速推进过程中也出现了一些问题，比较突出的有以下四个方面：

第一，一些地方把物质形态的工程建设作为城镇化的重要内容，甚至主要内容。不同程度存在的"重物轻人"问题导致土地城镇化快于人口城镇化，产业集聚与人口集聚不同步。一些新城新区公共服务不配套、不完善，影响城镇人口的集聚和生活质量。

第二，一些地方对"人"这一城镇化主体的关注不够。很多长期在城镇工作和生活的农业转移人口难以享受到同本地市民相同的权益，家人难以随迁进城，造成大量儿童、老人留守农村，影响人民群众的幸福感。

第三，忽视生态环境和传统文化保护。一些地方围绕项目建设推进城镇化，存在"一切服从项目"的误区，空气、土壤、河流、湖泊等受到污染，对具有重要文化价值的历史建筑、传统街区和文物保护不力。

第四，全社会资源配置效率不高，城乡协调发展有待加强。大量人口长期流动于城乡之间，很多农村地区住房、基础设施和公共服务设施实际利用率不高，影响全社会资源配置效率。

三、新型城镇化的提出与内涵

解决城镇化进程中积累的各种问题，充分发挥城镇化的功能和作用，必须贯彻以人民为中心的发展思想，大力推进以人为核心的新型城镇化。以习近平同志为核心的党中央高度重视推进以人为核心的新型城镇化。2012 年11 月，党的十八大报告提出坚持走中国特色新型工业化、信息化、城镇化、农业现代化道路。2013 年 7 月，中共中央政治局会议提出积极稳妥推进以人为核心的新型城镇化。2013 年 12 月，习近平同志在中央城镇化工作会议上发表重要讲话，分析城镇化发展形势，明确了推进城镇化的指导思想、主要目标、基本原则、重点任务。2014 年 3 月，中共中央、国务院颁布《国家新型城镇化规划（2014—2020 年）》，提出走以人为本、四化同步、优化布局、生态文明、文化传承的中国特色新型城镇化道路。新型城镇化的提出，是经济发展进入新常态推进新型城镇化的新要求、新部署。

中国特色城镇化道路的基本内涵：在创新、协调、绿色、开放、共享的新发展理念下，按照统筹城乡、布局合理、节约土地、功能完善、以大带小的原则，以增强综合承载能力为重点，以特大城市为依托，形成辐射作用大的城市群，培育新的经济增长极，同时以城市群为主体构建大中小城市和小城镇协调发展的城镇格局。

第一，以人为本。以人为本是新型城镇化的实质，也是城镇化科学发展的根本保证。坚持城市建设和城镇化同步推进，不断提高城镇基础设施和公共服务水平，使城乡居民平等参与城镇化进程，共同分享城镇化发展成果，过上更加幸福美好的生活。

第二，四化同步。四化同步就是推动信息化和工业化深度融合、工业化和城镇化良性互动、城镇化和农业现代化相互协调，促进城镇发展与产业支撑、就业转移和人口集聚相统一，促进城乡要素平等交换和公共资源均衡配置，形成以工促农、以城带乡、工农互惠、城乡一体的新型工农、城乡关系。

第三，优化布局。优化布局就是根据资源环境承载能力构建科学合理的城镇化宏观布局，科学规划建设城市群，合理控制城镇开发边界，优化城市内部空间结构。

第四，生态文明。生态文明就是把生态文明理念全面融入城镇化全过程，着力推进绿色发展、循环发展、低碳发展，节约集约利用土地、水、能源等资源，强化环境保护和生态修复，减少对自然的干扰和损害，推动形成绿色低碳的生产生活方式和城市建设运营模式。

第五，文化传承。文化传承就是根据不同地区的自然历史文化禀赋，体现区域差异性，提倡形态多样性，防止千城一面，发展有历史记忆、文化脉络、地域风貌、民族特点的美丽城镇，形成符合实际、各具特色的城镇化发展模式。

四、中国特色新型城镇化之路

根据国内外城镇化发展的经验教训，结合城镇化自身规律，推进以人为核心的新型城镇化建设面临的主要任务如下：

(一)有序推进农业转移人口市民化

城镇化的本质是农民进城就业、生活，解决已经转移到城镇就业的农业转移人口落户问题，努力提高农民融入城镇的素质和能力是新型城镇化的首要任务。一是全面放开建制镇和小城市落户限制，有序放开中等城市落户限制，合理确定大城市和特大城市落户条件。二是适应农业转移人口高流动性要求，尽快实现社会保险权益可顺畅转移、接续，逐步建立全国统一的教育、就业、医疗卫生、养老、住房、基本生活保障等公共服务体系。三是坚持房地产调控不动摇，引导房地产市场健康发展和房地产价格理性回归，同时，积极完善多层次、多元化的住房保障体系，逐步将农业转移人口纳入住房保障体系。四是加强对农业转移人口的教育和培训，提高农民工的就业能力和收入水平。五是多渠道筹措资金，解决农民工市民化的高额成本。

(二)优化城镇化布局和形态

在国家现代化战略布局的框架下，认真研究制定我国城镇化发展的中长期规划和综合性的政策措施，既要优化宏观布局，也要搞好城市微观空间治理。合理确定大中小城市和小城镇的功能定位、产业布局、开发边界，形成基本公共服务和基础设施一体化、网络化发展的城镇化新格局。特别应遵循城市发展的客观规律，考虑不同规模和类型城镇的承载能力，以大城市为依托，以中小城市为重点，合理引导人口流向和产业转移，逐步形成辐射作用大的城市群，促进大中小城市和小城镇科学布局。科学规划城市群内各城市功能定位和产业布局，强化中小城市产业功能，增强小城镇公共服务和居住功能。积极挖掘现有中小城市发展潜力，优先发展区位优势明显、资源环境承载能力较强的中小城市。

(三) 提高城镇化管理和城镇建设水平

加强城镇化宏观管理，制定并实施好国家新型城镇化规划，加强重大政策统筹协调，坚持以人为本、科学发展、改革创新、依法治市，转变城市发展方式，完善城市治理体系，提高城市治理能力，建立多元可持续的资金保障机制，着力解决"城市病"等突出问题，不断提升城市环境质量、人民生活质量、城市竞争力，建设和谐宜居、富有活力、各具特色的现代化城市。在实际工作中，应注重统筹空间、规模、产业三大结构，提高城市工作全局性；统筹规划、建设、管理三大环节，提高城市工作的系统性；统筹改革、科技、文化三大动力，提高城市发展持续性；统筹生产、生活、生态三大布局，提高城市发展的宜居性；统筹政府、社会、市民三大主体，提高各方推动城市发展的积极性。

(四) 推动城乡发展一体化

坚持工业反哺农业、城市支持农村和多予、少取、放活方针，加大统筹城乡发展力度，推动新型城镇化乡村振兴协调发展，形成城乡共同发展新格局。一是完善城乡发展一体化体制机制。加快消除城乡二元结构的体制机制障碍，推进城乡要素平等交换和公共资源均衡配置。二是发展特色县域经济。培育发展充满活力、特色化、专业化的县域经济，提升承接城市功能转移和辐射带动乡村发展能力。三是加快建设美丽宜居乡村。推进农村改革和制度创新，增强集体经济组织服务功能，激发农村发展活力，全面改善农村生产生活条件。四是推进城乡基本公共服务均等化。统筹规划城乡基础设施网络，推动城镇公共服务向农村延伸，把社会事业发展重点放在农村和接纳农业转移人口较多的城镇，逐步实现城乡基础设施建设、基本公共服务制度并轨、标准统一。

第三节

乡村振兴

农业是国民经济的基础，没有农村农业的现代化，就不可能有国家的现代化。从世界各国现代化历史看，有的国家没有处理好工农关系、城乡关系，农业发展跟不上，农村发展跟不上，农产品供应不足，不能有效吸纳农村劳动力，大量失业农民涌向城市贫民窟，乡村和乡村经济走向凋敝，工业化和城镇化走入困境，甚至造成社会动荡，最终掉入"中等收入陷阱"。

改革开放以来，中国共产党制定了一系列正确的方针政策，使中国的农业生产力得到了极大释放，农业保持了多年的持续增长，国家粮食安全得到了有效保障，农业产业结构不断优化，农民收入不断保持稳定增长，生活水平日益提高，初步形成中国特色的农村农业发展道路。

进入 21 世纪以来，党中央坚持把"三农"问题作为全党工作的重中之重，采取了一系列促进农村、农业和农民发展的政策措施，制定和实行工业反哺农业、城市支持农村和"多予、少取、放活"的方针，推出一系列支农惠农的政策，提出了建设社会主义新农村的战略思想。特别是在党的十九大报告中提出的乡村振兴战略，这一重大战略是关系全面建设社会主义现代化国家的全局性、历史性任务，是新时代"三农"工作总抓手。

一、乡村振兴与新型城镇化

如今的农村，路越修越宽，房子越盖越大，现代化的设施也越来越多。从形式上看，农民的物质条件越来越好，但不可否认的是，农村人力资源向城市的过量流失，导致农业、农村的可持续发展面临后继乏力的现实问题。

党的十九大报告提出乡村振兴战略，作为决胜全面建成小康社会七大重大战略部署之一。实施这个战略与推进新型城镇化既非对立的关系，也非在侧重点上有所不同，而是你中有我、我中有你，相互补充、相互促进的关系。特别需要认识到的是，只有把乡村振兴战略与新型城镇化战略同时推进，才可以使后者的目标更加明确，实施手段更加协调和统筹兼顾，推进过程更加健康和可持续。

实施乡村振兴战略与推进新型城镇化都是建设现代化经济体系及推进现代化建设的必由之路，两者不仅目标是相同的，而且推进手段也是一致和互补的。高度城镇化是经济社会现代化的一个综合体现，也是各国现代化过程中都要追求的结果。但是，达到这个结果的过程本身，却因国情的不同应该有差异性。换句话说，就城镇化而言，可以有且必然有推进过程中的中国特色，却没有且不应该有最终目标上的中国例外。而实施乡村振兴战略，就是为了保证这个有中国特色的城镇化过程与必然走向高度城镇化结果之间的一致性。

二、乡村振兴的内涵

(一)乡村振兴的总目标：农业农村现代化

农村现代化既包括"物"的现代化，也包括"人"的现代化，还包括乡村治理体系和治理能力的现代化。我们要坚持农业现代化和农村现代化一体设计、一并推进，实现农业大国向农业强国跨越。

(二)乡村振兴的总方针：坚持农业农村优先发展

坚持农业农村优先发展的总方针，就是要始终把解决好"三农"问题作为全党工作重中之重。在资金投入、要素配置、公共服务、干部配备等方面采取有力举措，加快补齐农业农村发展短板，不断缩小城乡差距，让农业成为有奔头的产业，让农民成为有吸引力的职业，让农村成为安居乐业的家园。

(三)乡村振兴的总要求：产业兴旺、生态宜居、乡风文明、治理有效、生活富裕

产业兴旺，是解决农村一切问题的前提，从"生产发展"到"产业兴旺"，反映了农业农村经济适应市场需求变化、加快优化升级、促进产业融合的新要求。

生态宜居，是乡村振兴的内在要求，从"村容整洁"到"生态宜居"反映了农村生态文明建设质的提升，体现了广大农民群众对建设美丽家园的追求。

乡风文明，是乡村振兴的紧迫任务，重点是弘扬社会主义核心价值观，保护和传承农村优秀传统文化，加强农村公共文化建设，开展移风易俗，改善农民精神风貌，提高乡村社会文明程度。

治理有效，是乡村振兴的重要保障，从"管理民主"到"治理有效"，是要推进乡村治理能力和治理水平现代化，让农村既充满活力，又和谐有序。

生活富裕，是乡村振兴的主要目的，从"生活宽裕"到"生活富裕"，反映了广大农民群众日益增长的美好生活需要。

三、中国特色乡村振兴需注意的问题

实施乡村振兴战略，首先要按规律办事。中国是一个拥有 14 亿多人口的大国，实现乡村振兴是前无古人、后无来者的伟大创举，没有现成的、可照抄照搬的经验。

(一) 重视人地关系

我国人多地少矛盾较为突出，户均耕地规模仅相当于欧盟的四十分之一、美国的四百分之一。"人均一亩三分地、户均不过十亩田"，是我国许多地方农业的真实写照。这样的资源禀赋决定了我们不可能各地都像欧美那样搞大规模农业、大机械作业，多数地区要通过健全农业社会化服务体系，实现小规模农户和现代农业发展有机衔接。当前和今后一个时期，要突出抓好农民合作社和家庭农场两类农业经营主体发展，赋予双层经营体制新的内涵，不断提高农业经营效率。

(二) 重视法治与德治

我国农耕文明源远流长、博大精深，是中华优秀传统文化的根。我国很多村庄有几百年甚至上千年的历史，至今保存较为完整。很多风俗习惯、村规民约等具有深厚的优秀传统文化基因，至今仍然发挥着重要作用。要在实行自治和法治的同时，注重发挥好德治的作用，推动礼仪之邦、优秀传统文化和法治社会建设相辅相成。

(三) 重视城乡融合发展

要把乡村振兴战略做好，必须走城乡融合发展之路。中国一开始就没有提城市化，而是提城镇化，目的就是促进城乡融合。要向改革要动力，加快

建立健全城乡融合发展体制机制和政策体系。要健全多元投入保障机制，增加对农业农村基础设施建设投入，加快城乡基础设施互联互通，推动人才、土地、资本等要素在城乡间双向流动。要建立健全城乡基本公共服务均等化的体制机制，推动公共服务向农村延伸、社会事业向农村覆盖。要深化户籍制度改革，强化常住人口基本公共服务，维护进城落户农民的土地承包权、宅基地使用权、集体收益分配权，加快农业转移人口市民化。

四、中国特色乡村振兴的基本原则

实施乡村振兴战略，必须把握以下基本原则：

（一）坚持党管农村工作

毫不动摇地坚持和加强党对农村工作的全面领导，健全党管农村工作领导体制机制和党内法规，确保党在农村工作中始终总揽全局、协调各方，为乡村振兴提供坚强有力的政治保障。

（二）坚持农业农村优先发展

把实现乡村振兴作为全党的共同意志、共同行动，做到认识统一、步调一致，在干部配备上优先考虑，在要素配置上优先满足，在资金投入上优先保障，在公共服务上优先安排，加快补齐农业农村短板。

（三）坚持农民主体地位

充分尊重农民意愿，切实发挥农民在乡村振兴中的主体作用，调动亿万农民的积极性、主动性、创造性，把维护农民群众根本利益、促进广大农民共同富裕作为出发点和落脚点，促进农民持续增收，不断提升农民的获得感、幸福感、安全感。

（四）坚持乡村全面振兴

准确把握乡村振兴的科学内涵，挖掘乡村多种功能和价值，统筹谋划农村经济建设、政治建设、文化建设、社会建设、生态文明建设和党的建设，注重协同性、关联性，整体部署，协调推进。

（五）坚持城乡融合发展

坚决破除体制机制弊端，使市场在资源配置中起决定性作用和更好发挥政府作用，推动城乡要素自由流动、平等交换，推动新型工业化、信息化、城镇化、农业现代化同步发展，加快形成工农互促、城乡互补、协调发展、共同繁荣的新型工农城乡关系。

(六) 坚持人与自然和谐共生

牢固树立和践行绿水青山就是金山银山的理念，落实以节约优先、保护优先、自然恢复为主的方针，统筹山水林田湖草沙系统治理，严守生态保护红线，以绿色发展引领乡村振兴。

(七) 坚持因地制宜、循序渐进

科学把握乡村的差异性和发展走势分化特征，做好顶层设计，注重规划先行、突出重点、分类施策、典型引路。既尽力而为，又量力而行，不搞层层加码，不搞"一刀切"，不搞形式主义，久久为功，扎实推进。

第四节

不断保障和改善民生

党和国家一直以来都十分重视民生问题，随着社会经济的发展，民生问题被放在了越来越重要的位置。党的十八大报告指出："加强社会建设，必须以保障和改善民生为重点。提高人民物质文化生活水平，是改革开放和社会主义现代化建设的根本目的。要多谋民生之利，多解民生之忧，解决好人民最关心最直接最现实的利益问题，在学有所教、劳有所得、病有所依、老有所养、住有所居上持续取得新进展，努力让人民过上更好生活。""十三五"规划纲要对民生保障工作作了具体部署，指出"按照人人参与、人人尽力、人人享有的要求，坚守底线、突出重点、完善制度、引导预期，注重机会公平，保障基本民生，不断提高人民生活水平，实现全体人民共同迈入全面小康社会"。纲要对增加公共服务供给、实施救援优先战略、缩小收入差距、改革完善社会保障制度、积极应对人口老龄化、保障妇女及未成年人和残疾人基本权益等方面做了详细的规划。

一、民生保障的内涵

民生保障是指在一定的经济发展水平下，社会为保证人民群众能够获得最基本的生存权和发展权而提供的各种条件的总和。民生保障所涵盖的领域包括教育、卫生、就业、医疗、住房、基本公共服务、环境保护、养老等，这些领域关系到人民群众最关心、最直接、最现实的利益。

民生保障与社会保障既相互联系，又存在明显的区别。社会保障是为了使社会成员在失去劳动能力、遇到困难和意外事故等情况下仍然能够获得必要的生活保障，而民生保障作用的范围和对象则要大得多。民生保障有如下特点：

第一，公共性。民生保障提供的是人们生活和发展不可或缺的物质和精神条件，仅仅依靠市场的力量是无法实现的，因此国家需要承担保障民生的主要任务，建立相应的民生保障体制。

第二，普遍性。民生保障的对象不仅仅是社会中的弱势群体，它的覆盖面惠及全体人民群众。国家应把人民群众的普遍性需求作为社会建设的重点，如教育、医疗、就业等需求。

第三，公平性。民生保障的实施在客观上起到了维护社会公平和公正的作用，这种公平性主要体现在社会成员享受民生保障的权利和机会是均等的。民生保障应平等实施，因此国家应提高民生保障活动的透明度，完善监督和管理措施，健全民生保障体制。

二、社会保障体系的基本框架

目前，我国社会保障体系的基本框架初步形成，并不断健全和完善，主要包括七个方面。

(一) 社会保险

社会保险是我国社会保障体系的核心组成部分。我国的社会保险主要包括养老保险、医疗保险、失业保险、工伤保险和生育保险五项。健全养老保险制度体系，促进基本养老保险基金长期平衡。实现基本养老保险全国统筹，放宽灵活就业人员参保条件，实现社会保险法定人群全覆盖。完善划转国有资本充实社保基金制度，优化做强社会保障战略储备基金。完善城镇职工基本养老金合理调整机制，逐步提高城乡居民基础养老金标准。发展多层次、多支柱养老保险体系，提高企业年金覆盖率，规范发展第三支柱养老保险。健全基本医疗保险稳定可持续筹资和待遇调整机制，完善医保缴费参保政策，实行医疗保障待遇清单制度。完善基本医疗保险门诊共济保障机制，健全重大疾病医疗保险和救助制度。推进失业保险、工伤保险向职业劳动者广覆盖，实现省级统筹。增强生育政策包容性，推动生育政策与经济社会政策配套衔接，完善生育保险制度。推进社保转移接续，完善全国统一的社会保险公共服务平台。

(二) 社会救助

社会救助是指国家通过国民收入再分配，对因自然灾害或其他经济社会因素而无法维持最低生活水平的公民给予无偿帮助，以保障其最低生活水平。以城乡低保对象、特殊困难人员、低收入家庭为重点，健全分层分类的社会救助体系，构建综合救助格局。健全基本生活救助制度和医疗、教育、住房、就业、受灾人员等专项救助制度，完善救助标准和救助对象动态调整机制。健全临时救助政策措施，强化急难社会救助功能。加强城乡救助体系统筹，逐步实现常住地救助申领。积极发展服务类社会救助，推进政府购买社会救助服务。

(三) 社会福利

社会福利是指政府和社会向生活能力较弱的老人、残疾人、儿童等群体，提供必要的社会服务政策和服务措施，以提高他们的生活水平和自立能力。加强老年福利服务设施建设，推进养老服务社会化，开展居家养老服务；发展残疾人事业，通过完善救助、社区康复、福利企业集中安置等多种方式，切实保障残疾人的合法权益；通过社会收养、集中供养、公民助养、家庭寄养等方式加强孤儿救助，使孤残儿童回归家庭、回归社会。

(四) 慈善事业

慈善事业是指政府通过税收优惠等政策，支持和鼓励社会团体、社会成员进行慈善捐赠和社会互助。慈善事业的发展主要靠政府支持、社会兴办和公众参与。健全慈善政策法规，完善慈善捐赠税收制度，培育城乡各类慈善组织，充分发挥各级民政部门和群众团体组织的作用，开展经常性的捐助活动，在全社会弘扬"一方有难，八方支援"的慈善文化，增强全民的慈善意识，营造乐善好施的社会氛围。

(五)商业保险

商业保险是指投保人通过自愿投保来满足更高层次和多样化的保障需求。通过投保人的自愿投保建立保险基金，对约定的灾害事故或意外损失给予经济补偿；开展资金融通、资金运用，实现资金保值增值；参与社会安全管理、社会救助活动和社会公共事务的各个环节，满足不同层次的社会保障需求。

(六)住房保障

住房保障是指政府为了解决低收入家庭住房困难而向他们提供保障性住房。保障性住房主要包括廉租住房、保障性租赁住房、经济适用住房、保障性商品房以及其他用于保障用途的住房。有效增加保障性住房供给，完善住房保障基础性制度和支持政策。以人口流入多、房价高的城市为重点，扩大保障性租赁住房供给，着力解决困难群体和新市民住房问题。单列租赁住房用地计划，探索利用集体建设用地和企事业单位自有闲置土地建设租赁住房，支持将非住宅房屋改建为保障性租赁住房。完善土地出让收入分配机制，加大财税金融支持力度。因地制宜发展共有产权住房。处理好基本保障和非基本保障的关系，完善住房保障方式，健全保障对象、准入门槛、退出管理等政策。改革完善住房公积金制度，健全缴存、使用、管理和运行机制。

(七)优抚安置

优抚安置是指国家为烈士家属、复员退伍军人、现役军人及其家属设置的一种特殊政策待遇，主要包括扶持生产、群众优待、国家抚恤等内容，具有褒扬性、补偿性、优待性等特征。完善退役军人事务组织管理体系、工作运行体系和政策制度体系，提升退役军人服务保障水平。深化退役军人安置制度改革，加大教育培训和就业扶持力度，拓展就业领域，提升安置质量。建立健全新型待遇保障体系，完善和落实优抚政策，合理提高退役军人和其他优抚对象待遇标准，做好随调配偶子女工作安排、落户和教育等工作。完善离退休军人和伤病残退役军人移交安置、收治休养制度，加强退役军人服务中心（站）建设，提升优抚医院、光荣院、军供站等建设服务水平。加强退役军人保险制度衔接。大力弘扬英烈精神，加强烈士纪念设施建设和管护，建设军人公墓。

总而言之，在全面建设社会主义现代化国家的进程中，我国必须健全覆盖全民、统筹城乡、公平统一、可持续的多层次社会保障体系。在保障项目上，坚持以社会保险为主体，社会救助保底层，积极完善社会福利、慈善事业、优抚安置等制度；在组织方式上，坚持以政府为主体，积极发挥市场作用，促进社会保险与补充保险、商业保险相衔接。要积极构建基本养老保险、职业（企业）年金与个人储蓄性养老保险、商业保险相衔接的养老保险体系，协同推进基本医疗保险、大病保险、补充医疗保险、商业健康保险，在保基本的基础上满足人民群众多样化、多层次的保障需求。

三、保障和改善民生的重点任务

第一，优先发展教育事业。全面贯彻党的教育方针，落实立德树人根本任务，培养德智体美全面发展的社会主义建设者和接班人。坚持以人民为中心发展教育，加快建设高质量教育体系，发展素质教育，促进教育公平，建设教育强国。推动城乡义务教育优质均衡发展和一体化发展，强化学前教育、特殊教育普惠发展，坚持高中阶段学校多样化发展，完善覆盖全学段学生资助体系。推进职普融通、产教融合、科教融汇。加快中国特色、世界一流的大学和优势学科建设，实现高等教育内涵式发展。引导和规范社会力量兴办教育。加强师德师风建设，培养高素质教师队伍，弘扬全社会尊师重教社会风尚。推进教育数字化，建设全民终身学习的学习型社会、学习型大国，大力提高国民素质。

第二，提高就业质量和人民收入水平。坚持就业优先战略和积极就业政策，实现更高质量和更充分就业。大规模开展职业技能培训，注重解决结构性就业矛盾，鼓励创业带动就业。提供全方位公共就业服务，促进高校毕业生等青年群体、农民工多渠道就业创业。破除妨碍劳动力、人才社会性流动的体制机制弊端，使人人都有通过辛勤劳动实现自身发展的机会。完善政府、工会、企业共同参与的协商协调机制，构建和谐劳动关系。坚持按劳分配原则，完善按要素分配的体制机制，促进收入分配更合理、更有序。鼓励勤劳守法致富，扩大中等收入群体，增加低收入者收入，调节过高收入，取缔非法收入。坚持在经济增长的同时实现居民收入同步增长、在劳动生产率提高的同时实现劳动报酬同步提高。拓宽居民劳动收入和财产性收入渠道。履行好政府再分配调节职能,加快推进基本公共服务均等化,缩小收入分配差距。

第三,完善基本养老保险全国统筹制度,发展多层次、多支柱养老保险体系。实施渐进式延迟法定退休年龄。扩大社会保险覆盖面,健全基本养老、基本医疗保险筹资和待遇调整机制,推动基本医疗保险、失业保险、工伤保险省级统筹。促进多层次医疗保障有序衔接,完善大病保险和医疗救助制度,落实异地就医结算,建立长期护理保险制度,积极发展商业医疗保险。加快完善全国统一的社会保险公共服务平台。健全社保基金保值增值和安全监管体系。健全分层分类的社会救助体系。坚持男女平等基本国策,保障妇女儿童合法权益。完善残疾人社会保障制度和关爱服务体系,促进残疾人事业全面发展。

第四,优化人口发展战略,建立生育支持政策体系,降低生育、养育、教育成本。实施积极应对人口老龄化国家战略,发展养老事业和养老产业,优化孤寡老人服务,推动实现全体老年人享有基本养老服务。深化医药卫生体制改革,促进医保、医疗、医药协同发展和治理。促进优质医疗资源扩容和区域均衡布局,坚持预防为主,加强重大慢性病健康管理,提高基层防病治病和健康管理能力。深化以公益性为导向的公立医院改革,规范民营医院发展。发展壮大医疗卫生队伍,把工作重点放在农村和社区。重视心理健康和精神卫生。促进中医药传承创新发展。创新医防协同、医防融合机制,健全公共卫生体系,提高重大疫情早发现能力,加强重大疫情防控救治体系和应急能力建设,有效遏制重大传染性疾病传播。深入开展健康中国行动和爱国卫生运动,倡导文明健康生活方式。

第五,打造共建共治共享的社会治理格局。加强社会治理制度建设,完善党委领导、政府负责、社会协同、公众参与、法治保障的社会治理体制,提高社会治理社会化、法治化、智能化、专业化水平。加强预防和化解社会矛盾机制建设,正确处理人民内部矛盾。健全公共安全体系,完善安全生产责任制,坚决遏制重特大安全事故,提升防灾减灾救灾能力。加快社会治安防控体系建设,依法打击和惩治黄赌毒黑拐骗等违法犯罪活动,保护人民人身权、财产权、人格权。加强社会心理服务体系建设,培育自尊自信、理性平和、积极向上的社会心态。加强社区治理体系建设,推动社会治理重心向基层下移，发挥社会组织作用，实现政府治理和社会调节、居民自治良性互动。

第六，有效维护国家安全。完善国家安全战略和国家安全政策，坚决维护国家政治安全，统筹推进各项安全工作。健全国家安全体系，加强国家安全法治保障，提高防范和抵御安全风险能力。严密防范和坚决打击各种渗透颠覆破坏活动、暴力恐怖活动、民族分裂活动、宗教极端活动。加强国家安全教育，增强全党全国人民国家安全意识，推动全社会形成维护国家安全的强大合力。

四、保障和改善民生的经验总结

(一)实现经济发展和民生改善良性循环

一方面，经济发展是前提，离开经济发展谈改善民生是无源之水、无本之木；另一方面，民生改善既能有效调动人们发展生产的积极性，又能释放居民消费潜力、拉动内需，催生新的经济增长点，对经济发展有重要促进作用。要通过发展经济、做大"蛋糕"，为持续改善民生奠定坚实物质基础，同时要通过持续不断改善民生，有效解决群众后顾之忧，扩大消费需求，为经济发展、转型升级提供强大内生动力。

(二)社会政策要托底

群众对生活的期待是不断提升的，需求是多样化、多层次的，而国力、财力是有限的。因此，政府保障和改善民生，主要是发挥好保基本、兜底线的作用。也就是说，要在义务教育、医疗、养老等方面提供基本保障，满足人们基本的生存和发展需要，同时对特殊困难人群进行特殊扶持和救助，守住他们生活的底线。

习近平总书记在 2012 年 12 月中央经济工作会议上，提出"守住底线、突出重点、完善制度、引导舆论"的工作思路。"守住底线"就是要形成以保障基本生活为主的社会公平保障体系，织牢民生安全网的"网底"；"突出重点"就是要对重点群体和重点地区进行倾斜；"完善制度"就是要形成系统全面的制度保障；"引导舆论"就是要促进形成良好舆论氛围和社会预期。

(三)抓住人民最关心、最直接、最现实的利益问题

保障和改善民生是一项长期工作，没有终点站，只有连续不断的新起

点。抓民生要抓住人民最关心、最直接、最现实的利益问题，抓住最需要关心的人群，一件事情接着一件事情办、一年接着一年干，锲而不舍向前走。要多谋民生之利，多解民生之忧，在学有所教、劳有所得、病有所医、老有所养、住有所居上持续取得新进展。

(四) 创新社会治理

社会治理是社会建设的重大任务，是国家治理的重要内容。改革开放以来，党和政府高度重视社会管理，取得了重大成绩，积累了宝贵经验。同时，也要看到，当前我国改革处于攻坚期和深水区，维护国家安全和社会稳定的任务十分繁重艰巨，社会管理面临新情况、新问题，必须通过深化改革，实现从传统社会管理向现代社会治理转变。习近平总书记指出："治理和管理一字之差，体现的是系统治理、依法治理、源头治理、综合施策。"必须着眼于维护最广大人民根本利益，最大限度增加和谐因素，增强社会发展活力，提高社会治理水平，全面推进平安中国建设，维护国家安全，确保人民安居乐业、社会安定有序。

党作出我国社会主要矛盾已经转化为人民日益增长的美好生活需要和不平衡不充分的发展之间的矛盾这一重大论断，在继续推动发展的基础上着力解决发展不平衡不充分问题，大力提高发展质量和效益，更好满足人民在经济、政治、文化、社会、生态等方面日益增长的需要；抓住人民最关心最直接最现实的利益问题，不断保障和改善民生，促进社会公平正义，在更高水平上实现幼有所育、学有所教、劳有所得、病有所医、老有所养、住有所居、弱有所扶，使人民获得感、幸福感、安全感更加充实、更有保障、更可持续，向实现全体人民共同富裕不断迈进。

第五节

以人民为中心

坚持以人民为中心是习近平新时代中国特色社会主义思想的重要内容。坚持以人民为中心，要求把增进人民福祉、促进人的全面发展、朝着共同富裕方向稳步前进作为经济社会发展的出发点和落脚点，在人民中寻找发展动力、依靠人民推动发展、使发展造福人民，深刻揭示了新时代坚持和发展中国特色社会主义的根本立场，深刻反映了习近平新时代中国特色社会主义思想的精髓要义，深刻彰显了中国共产党人的初心和使命。

一、以人民为中心是新时代社会主义发展的根本指针

历史唯物主义认为，物质生产活动是人类最基本也是最重要的实践活动，人民群众是历史的创造者，是社会变革的决定力量。坚持人民立场，是无产阶级政党同其他政党的根本区别。习近平总书记指出："坚持以人民为中心的发展思想。发展为了人民，这是马克思主义政治经济学的根本立场……把增进人民福祉、促进人的全面发展、朝着共同富裕方向稳步前进作为经济发展的出发点和落脚点……部署经济工作、制定经济政策、推动经济发展都要牢牢坚持这个根本立场。"[1]坚持以人民为中心的发展思想，是新时代社会主义经济发展的根本指针，体现了社会主义基本经济规律的要求。

坚持以人民为中心的发展，体现了社会主义本质特征和社会主义生产目的的要求。"让广大人民群众共享改革发展成果，是社会主义的本质要求，是社会主义制度优越性的集中体现，是党坚持全心全意为人民服务根本宗旨的重要体现。"[2]社会主义经济发展与资本主义经济发展的根本区别，归根结底体现为是以人民为中心还是以资本为中心，是为了多数人的利益还是为了少数人的利益，这是两种截然不同的发展道路和发展思想。坚持以人民为中心的发展，就是在生产资料社会主义公有制为主体的制度基础上，社会生产以不断满足人民日益增长的需要、实现共同富裕和人的全面发展为根本目的。这是社会主义经济的本质特征，在社会主义经济发展中起着支配性作用。

坚持以人民为中心的发展，决定着社会主义经济发展的一切主要方面和一切主要过程。具体来说，就是要充分发挥市场在资源配置中的决定性作用，更好发挥政府作用，把市场经济的长处和社会主义制度的优势都发挥出来；就是要紧紧抓住经济建设这个中心不动摇，大力发展社会生产力，实现高质量发展，生产出更多更好的物质精神产品以满足人民不断增长的美好生

① 十八大以来重要文献选编（下）[M]. 北京：中央文献出版社，2018：4.
② 十八大以来重要文献选编（中）[M]. 北京：中央文献出版社，2016：827.

活需要；就是要坚持公有制为主体、多种所有制经济共同发展，毫不动摇地巩固和发展公有制经济，更好地发挥国有经济在保障人民根本利益方面的重大作用，同时毫不动摇地鼓励、支持、引导非公有制经济发展，调动各个经济主体的积极性和创造性；就是要坚持按劳分配为主体、多种分配方式并存，调整收入分配格局，维护社会公平正义；就是要切实保障和改善民生，全面解决好人民群众关心的教育、就业、收入、社会保障、医疗卫生、食品安全等问题，让改革发展成果更多、更公平、更实在地惠及广大人民群众；就是要健全体制机制，强化以工补农、以城带乡，推动形成工农互促、城乡互补、协调发展、共同繁荣的新型工农城乡关系，让广大农民平等参与现代化进程、共同分享现代化成果；就是要坚持扩大内需这个战略基点，使生产、流通、分配和消费更多依托国内市场，形成国民经济良性循环，加快构建以国内大循环为主体、国内国际双循环相互促进的新发展格局。总之，坚持以人民为中心的发展，是贯穿中国特色社会主义经济全部过程和一切环节的逻辑主线，只有牢牢把握住这条主线，才能保证我国经济沿着正确道路健康发展。

二、坚持共享发展理念

坚持以人民为中心的发展思想，关键在于坚持共享发展理念。

第一，全民共享。这是就共享的覆盖面而言的。共享发展是人人享有、各得其所，不是少数人共享、一部分人共享。

第二，全面共享。这是就共享的内容而言的。共享发展就是要共享国家经济、政治、文化、社会、生态各方面建设成果，全面保障人民在各方面的合法权益。

第三，共建共享。这是就共享的实现途径而言的。共建才能共享，共建的过程也是共享的过程。要充分发扬民主，广泛汇聚民智，最大限度激发民力，形成人人参与、人人尽力、人人都有成就感的生动局面。

第四，渐进共享。这是就共享发展的推进进程而言的。一口吃不成胖子，共享发展必将有一个从低级到高级、从不均衡到均衡的过程，即使达到很高的水平也会有差别。应立足国情、立足经济社会发展水平思考设计共享政策，既不裹足不前、铢施两较、该花的钱也不花，也不好高骛远、寅吃卯粮、口惠而实不至。

三、贯彻以人民为中心的发展思想

以人民为中心的发展思想不是一个抽象的概念，不能只停留在口头上、止步于思想环节，而要体现在社会主义经济社会发展的各个环节，落实到具体的行动之中。

第一，紧紧抓住经济建设这个中心不动摇，大力发展社会生产力，提高经济发展质量和效益，生产出更多更好的物质精神产品，不断满足人民对美好生活的需要。

第二，发展人民民主，维护社会公平正义，保障人民平等参与、平等发展权利，特别是要发扬经济民主，将人民当家作主的原则贯彻到国家经济管理的各个领域和各个方面。

第三，坚持完善中国特色社会主义所有制，毫不动摇地巩固和发展公有制经济，更好发挥国有企业在保障人民共同利益方面的重大作用。毫不动摇地鼓励、支持、引导非公有制经济发展，在非公有制经济中建立和谐的劳动关系，使其成为中国特色社会主义事业建设者。

第四，坚持中国特色完善社会主义基本分配制度，调整收入分配格局，完善以税收、社会保障、转移支付等为主要手段的再分配调节机制，维护社会公平正义，解决好收入差距问题，使发展成果更多、更公平地惠及全体人民，实现社会成员的共同富裕。

第五，坚持经济发展以保障和改善民生为出发点和落脚点，全面解决好人民群众关心的教育、就业、收入、社保、医疗卫生、食品安全等问题，让改革发展成果更多、更公平、更实在地惠及广大人民群众。

第六，增加公共服务供给，坚持普惠性、保基本、均等化、可持续方向，从解决人民最关心、最直接、最现实的利益问题入手，增强政府职责，提高公共服务共建能力和共享水平。

第七，坚持就业优先战略，实施更加积极的就业政策，创造更多就业岗位，着力解决结构性就业矛盾。完善创业扶持政策，鼓励以创业带就业，建立面向人人的创业服务平台。

第八，形成政府主导、覆盖城乡、可持续的基本公共服务体系，更加公平、更可持续的社会保障体系，安全、有效、方便、价廉的公共卫生和基本医疗服务体系。

第九，普遍提高人民群众的生活水平，提高欠发达地区基础教育质量和医疗服务水平，推进欠发达地区基本公共服务均等化。

第十，健全体制机制，形成以工促农、以城带乡、工农互惠、城乡一体的新型工农城乡关系，让广大农民平等参与现代化进程、共同分享现代化成果。